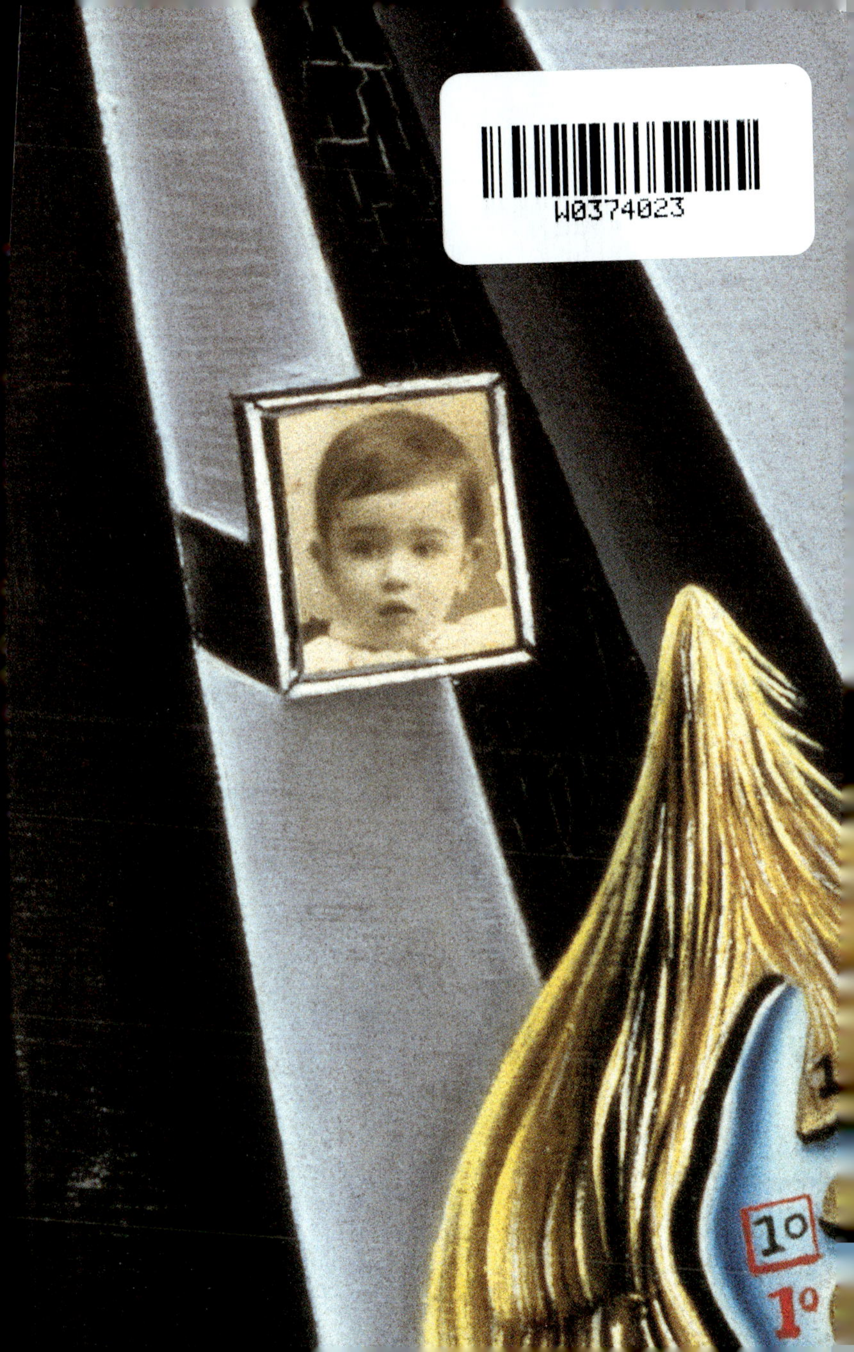

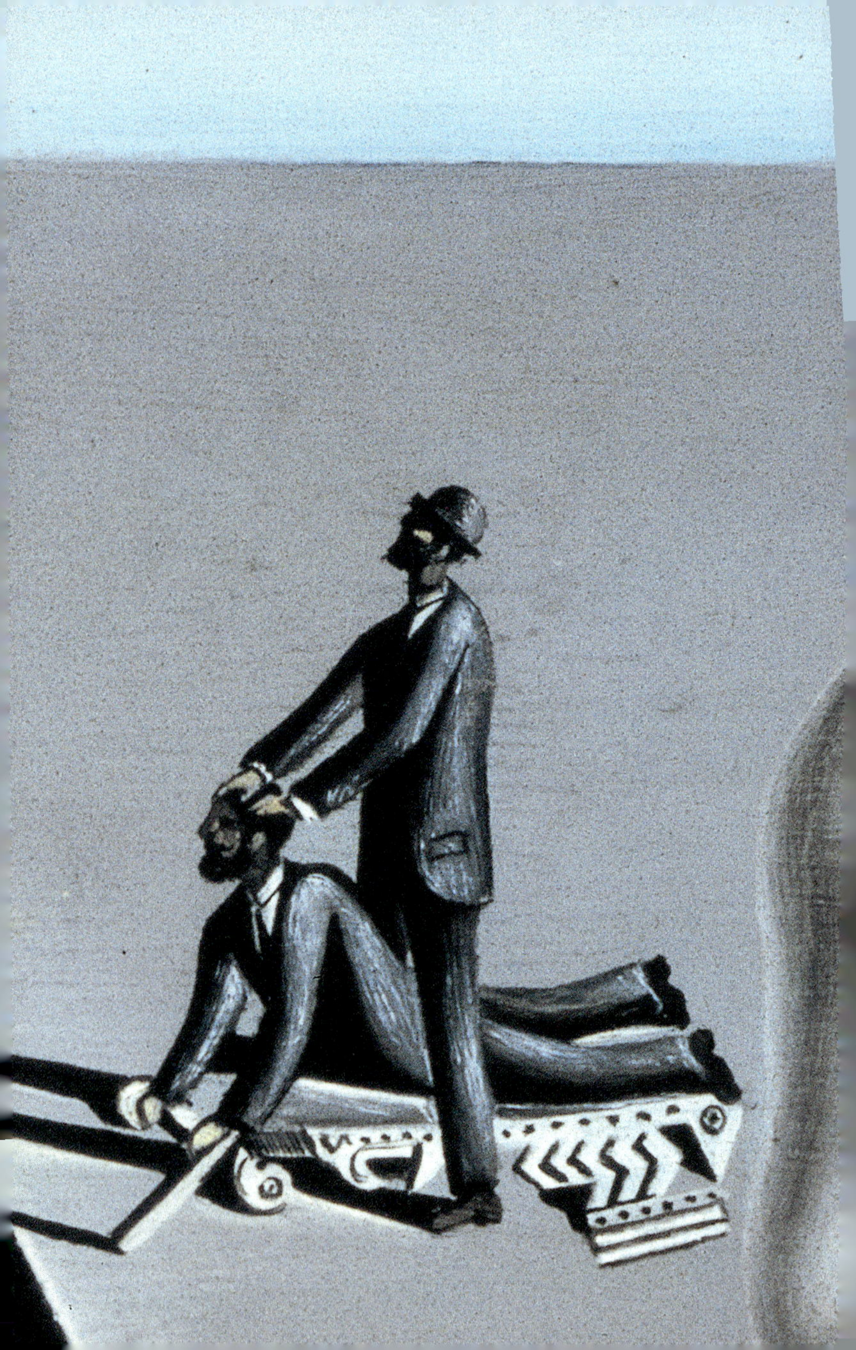

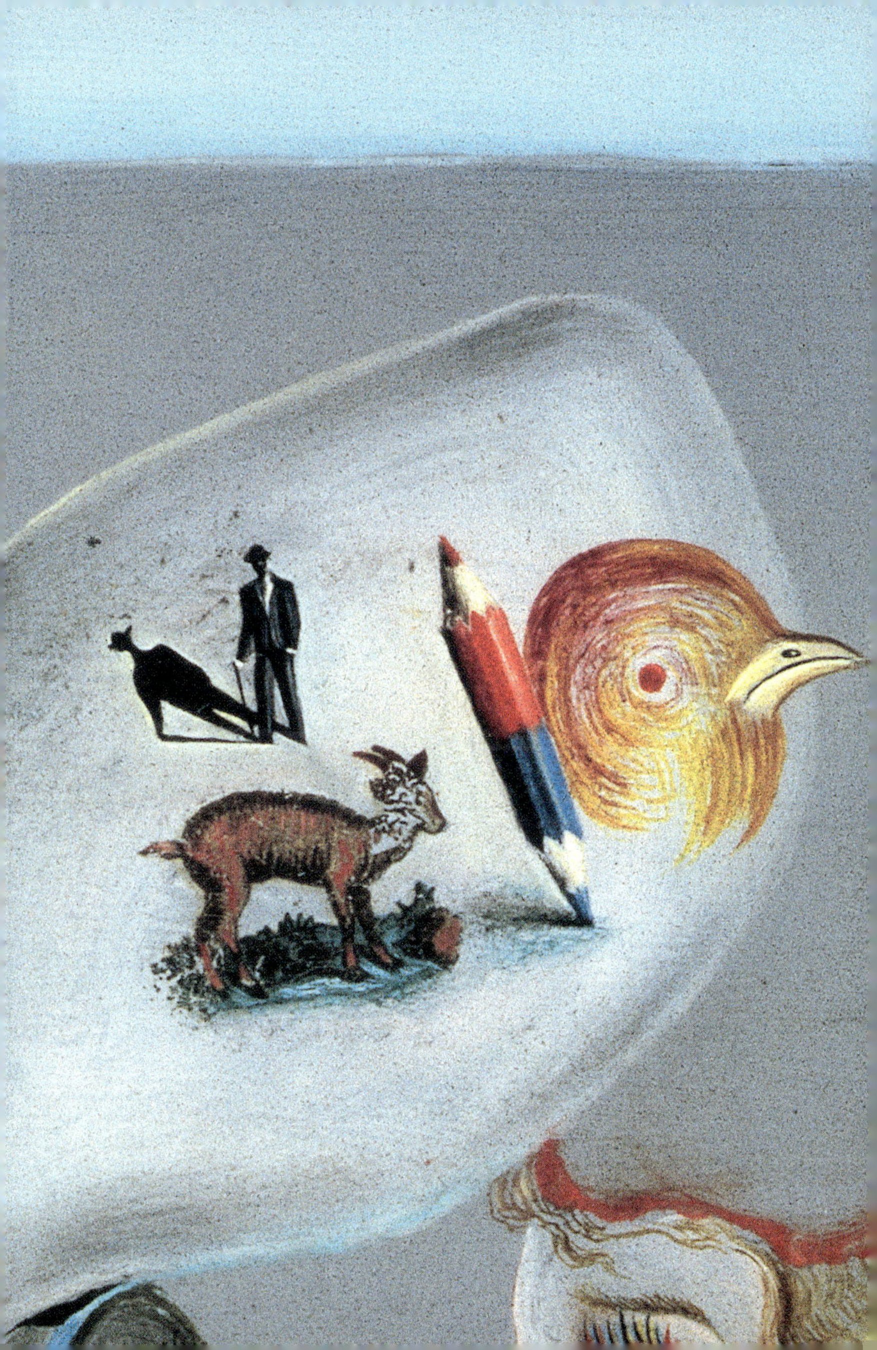

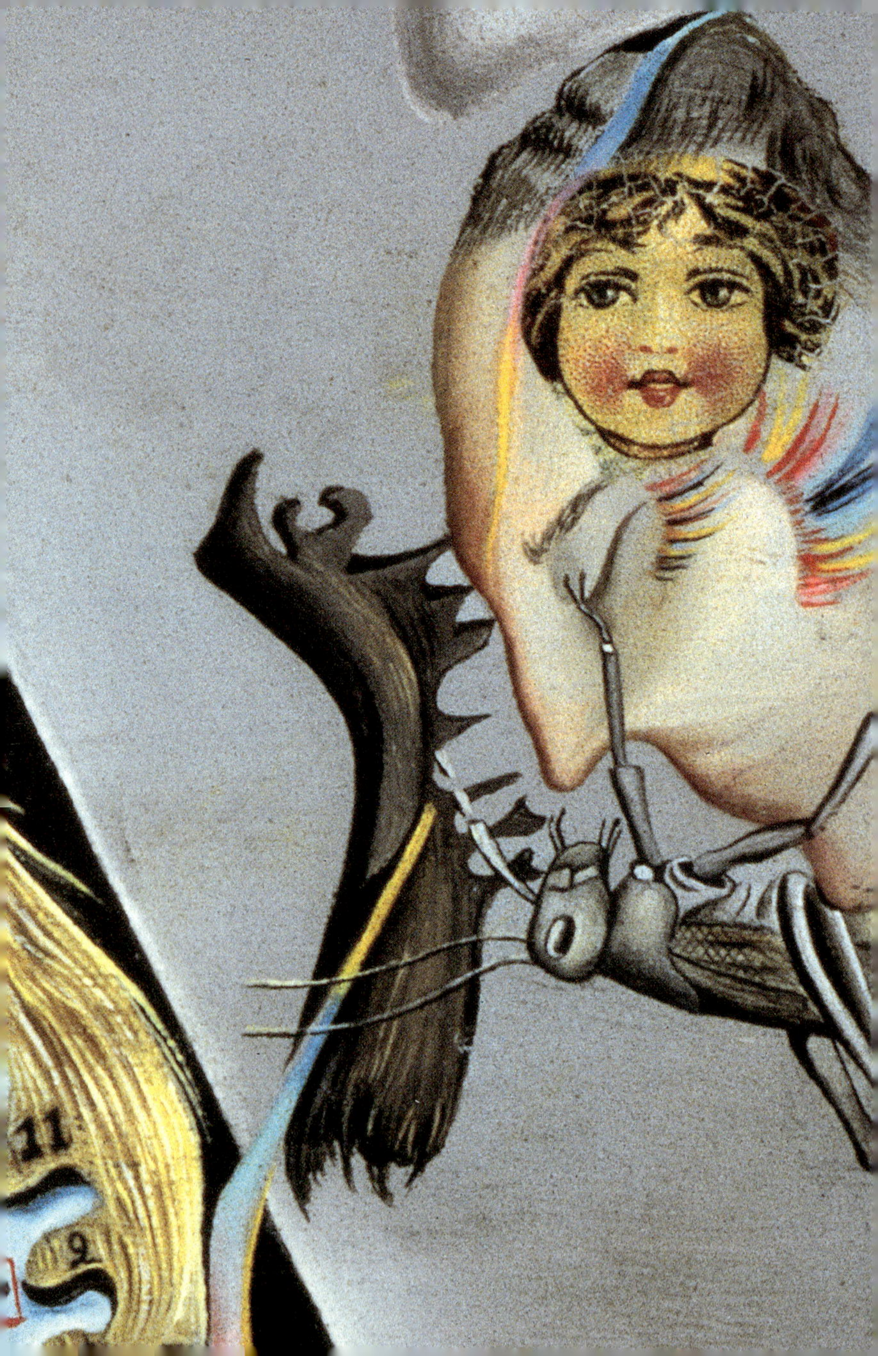

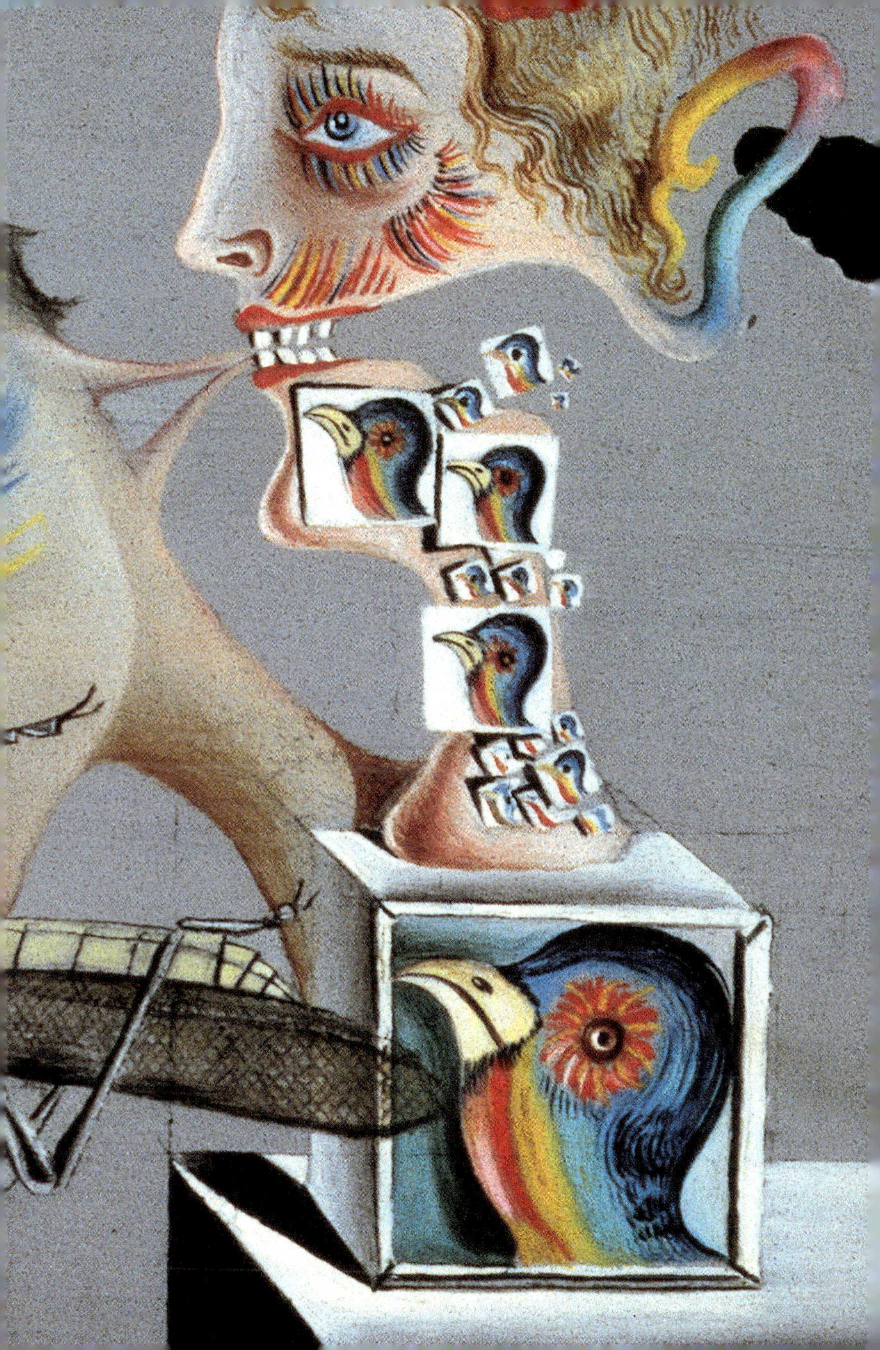

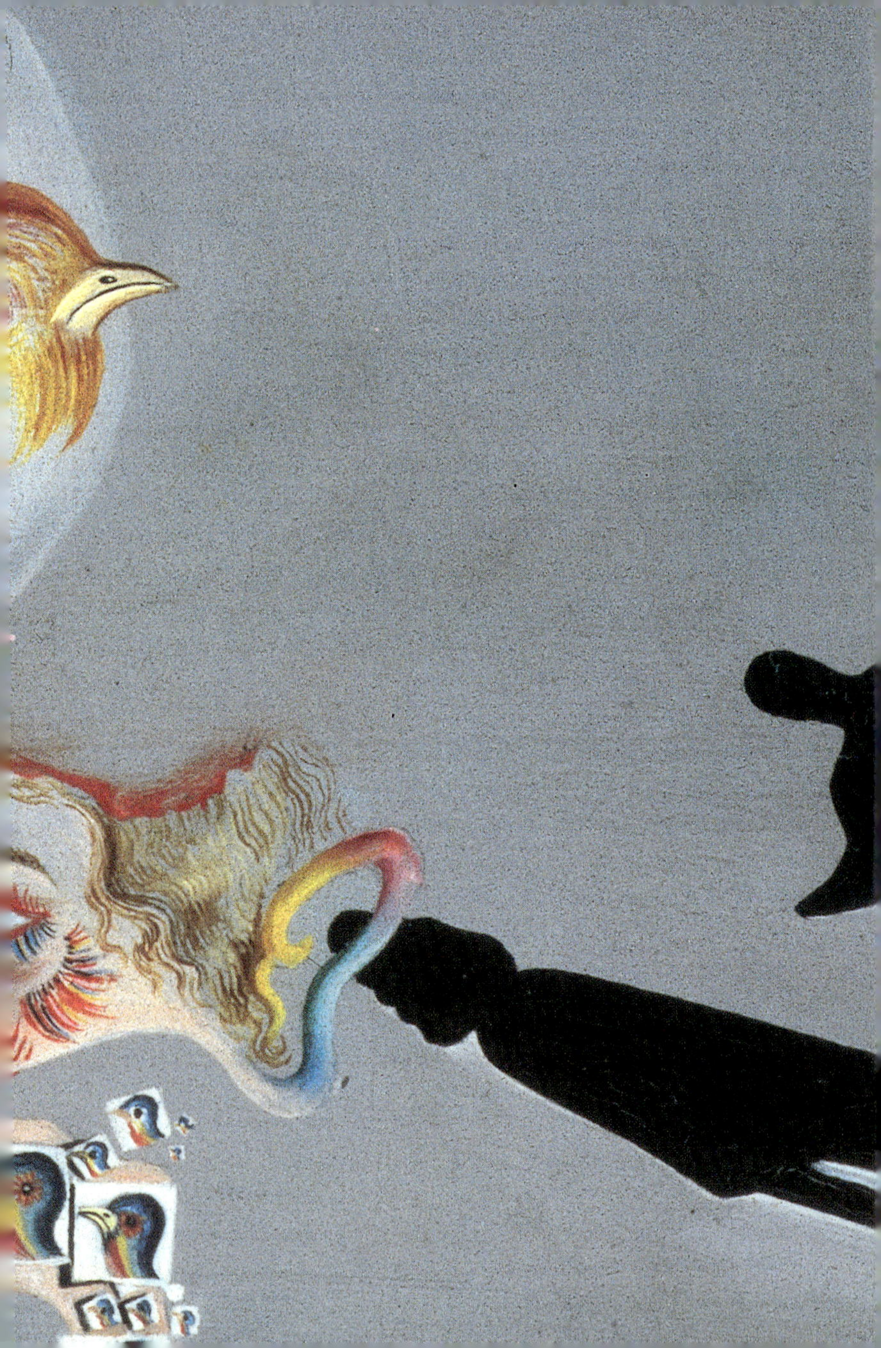

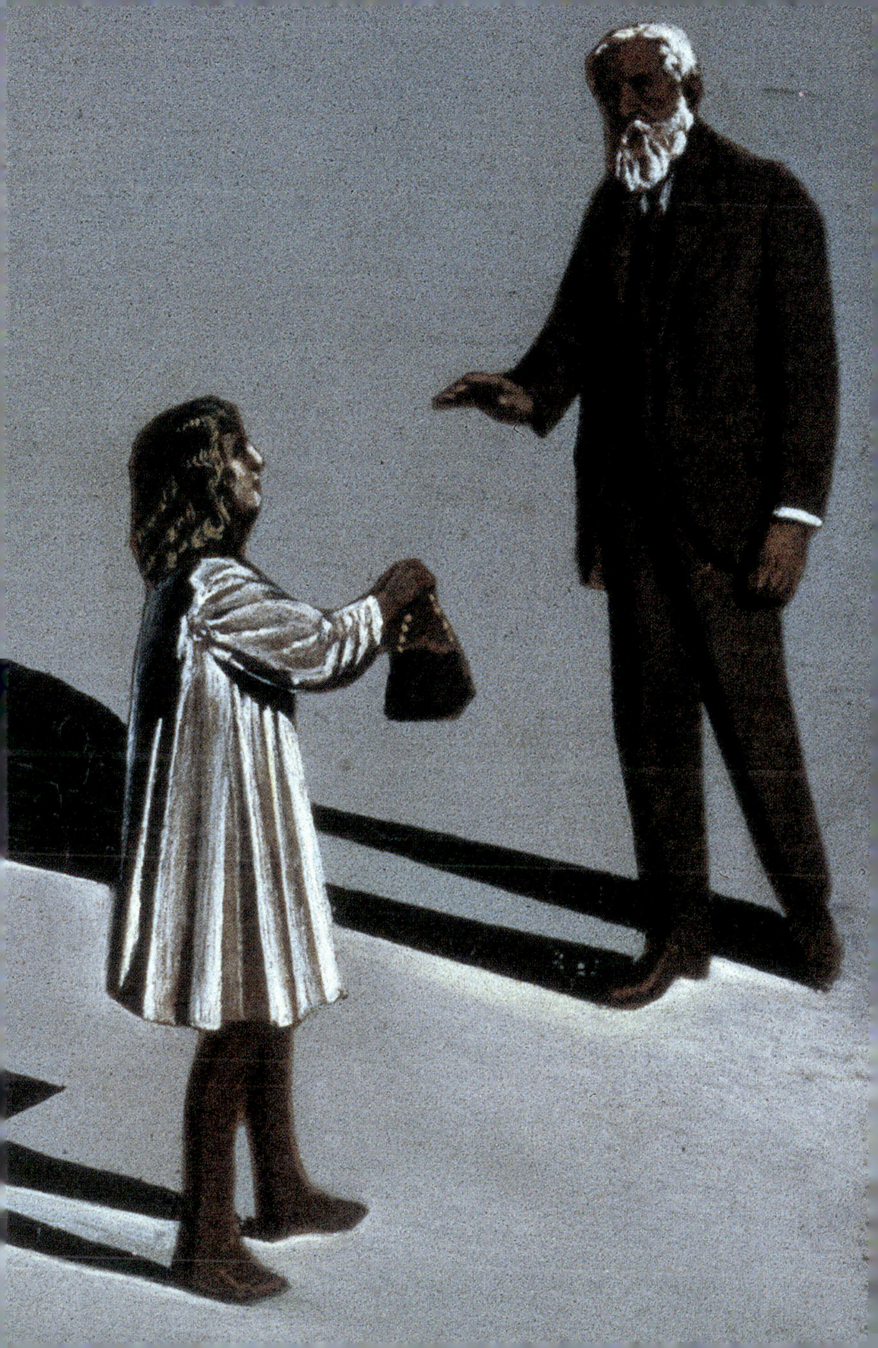

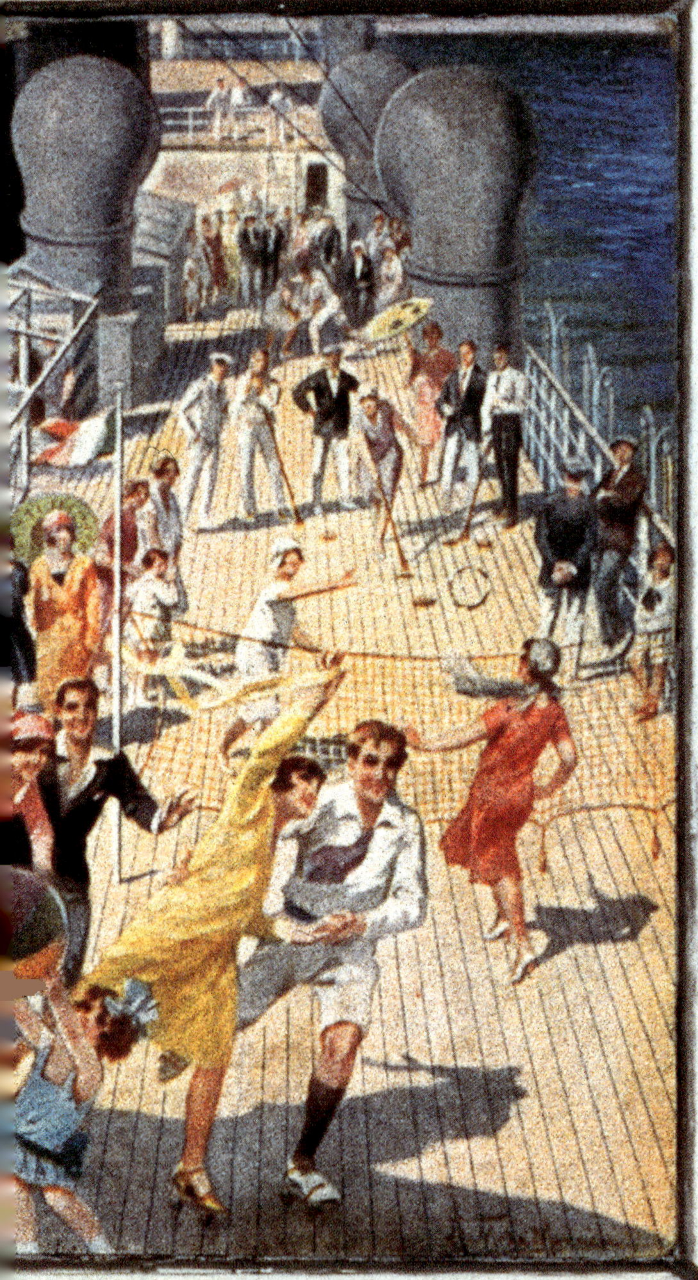

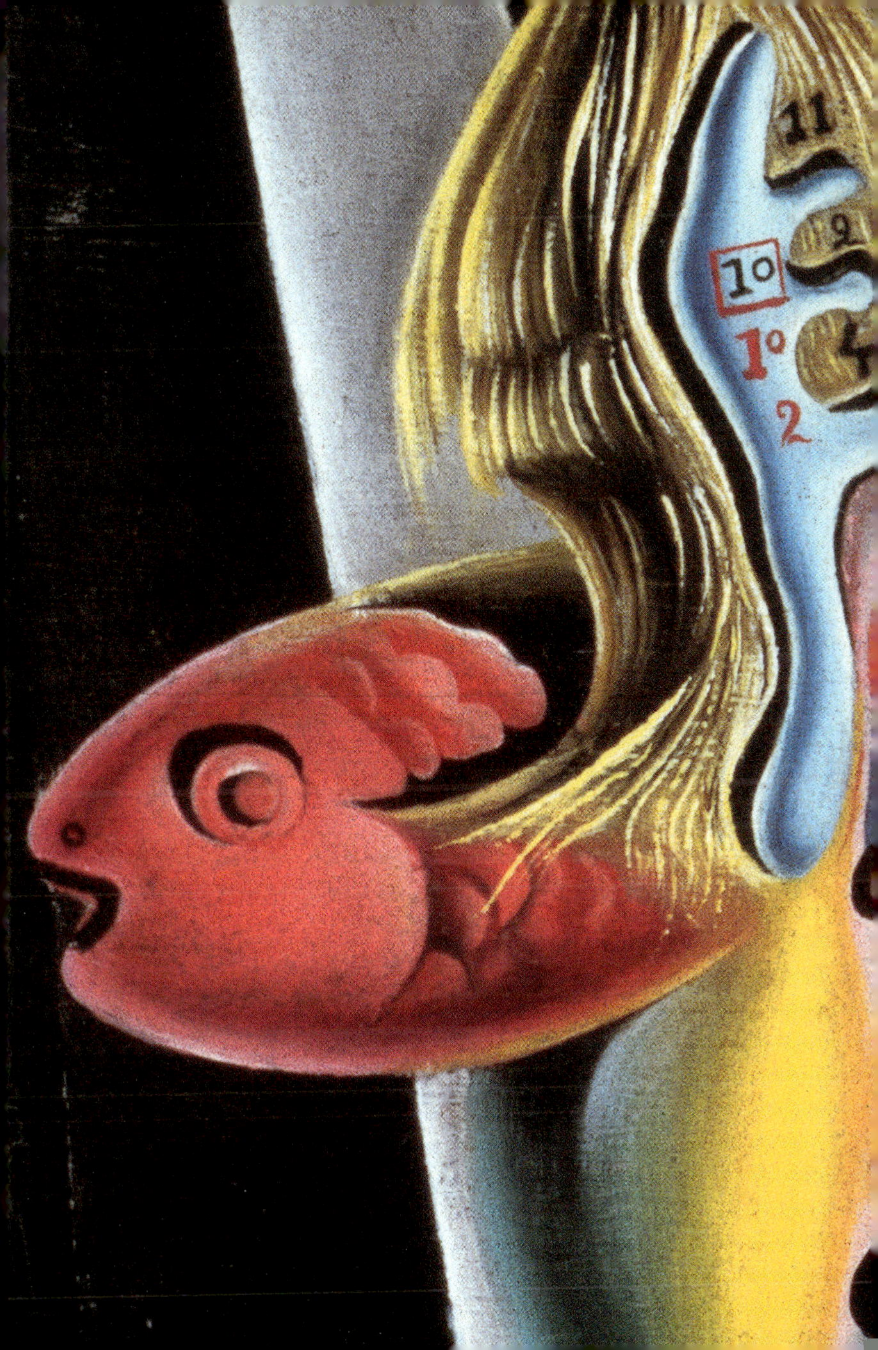
11
9
10
2

SOMMAIRE

DALI
LE GRAND PARANOÏAQUE

Jean-Louis Gaillemin

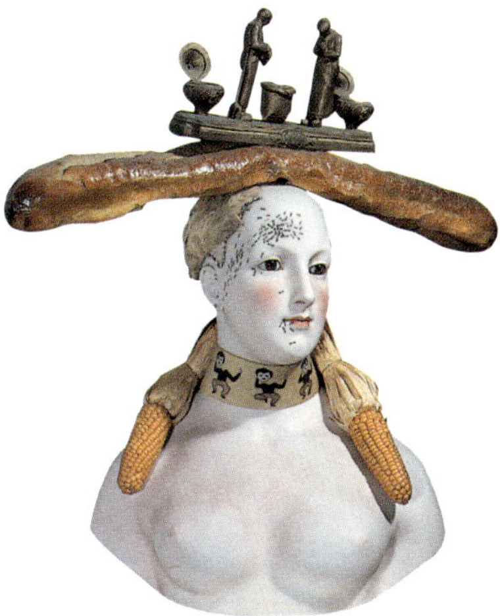

DÉCOUVERTES GALLIMARD
ARTS

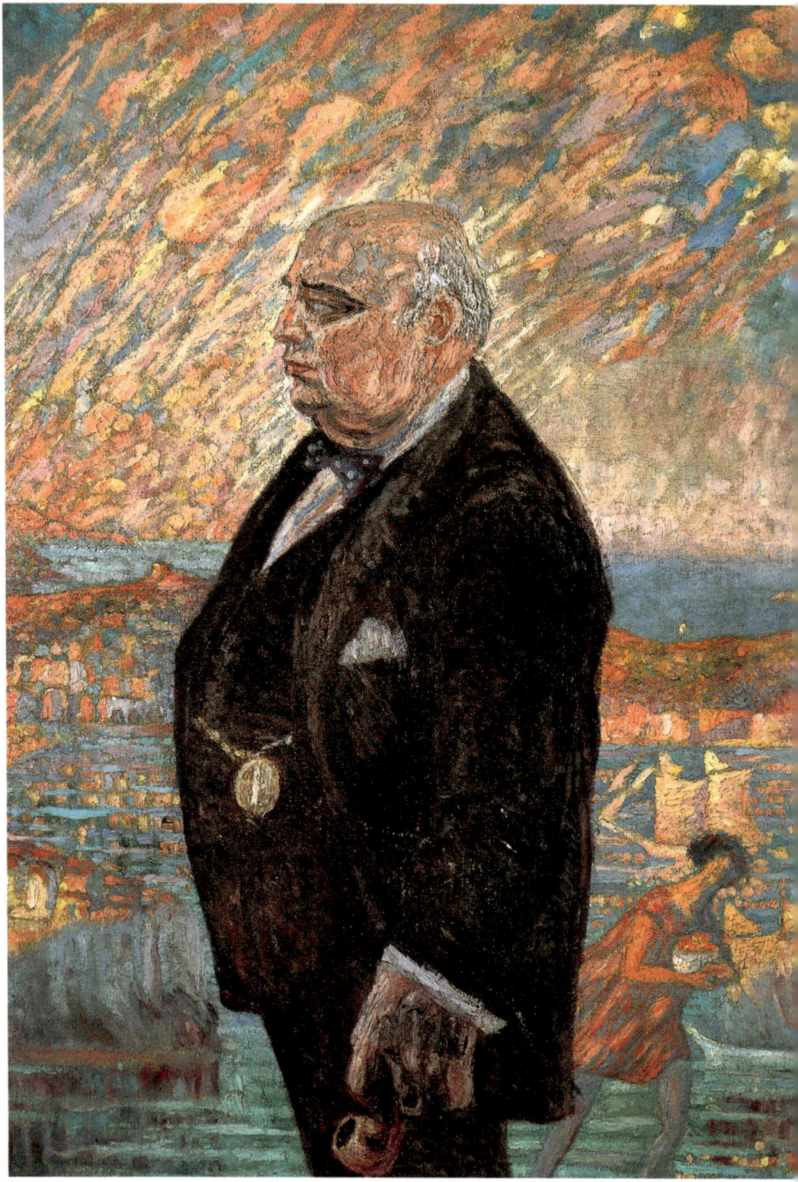

Une famille catalane de notables et d'intellectuels, des amis musiciens et peintres, tout encourageait Dali à embrasser une carrière artistique. La ville de Barcelone, avec le Park Güell et la Sagrada Familia de Gaudí, et le paysage de Cadaquès forment ses premières impressions esthétiques. À seize ans, il confie à son carnet : « Je serai un génie et le monde m'admirera. »

CHAPITRE 1

UNE ENFANCE CATALANE

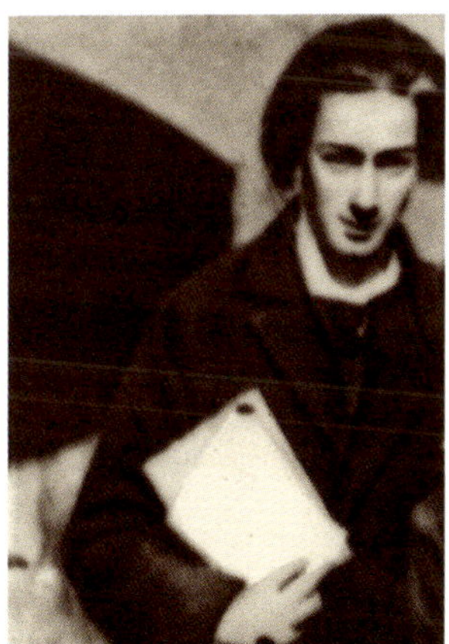

À seize ans, en 1920, inscrit à l'école de dessin de Figueras, Salvador (ci-contre) aime se perdre dans les beautés de la nature et se veut impressionniste, comme le montre la même année le portrait de son père (page de gauche), l'irascible notaire de Figueras, campé devant la baie de Cadaquès dans la lumière du couchant. Dali est déjà décidé à suivre les cours de l'Académie de Madrid et à poursuivre ses études à Rome.

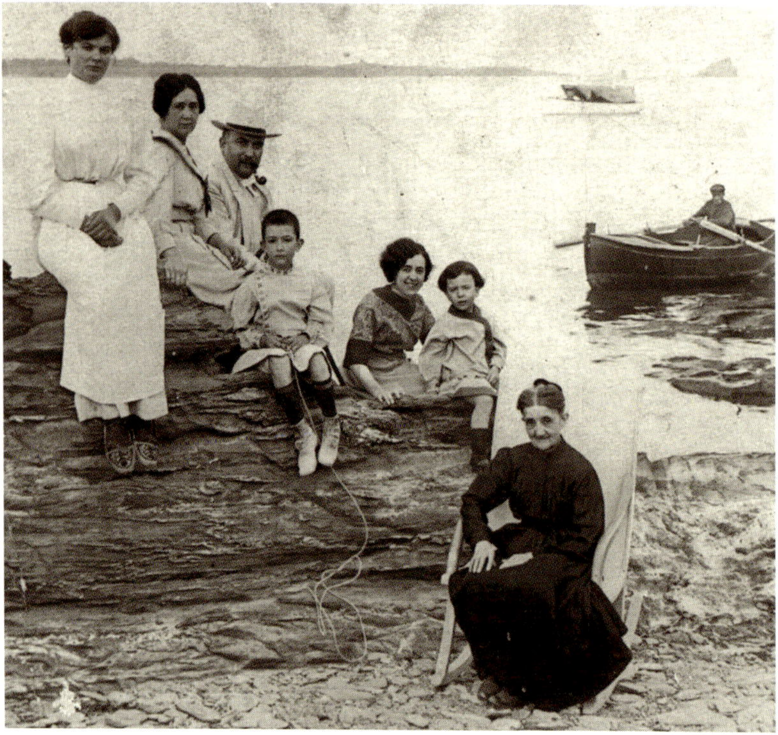

Les Dali, qui habitent dans l'arrière-pays, passent tous les étés dans leur petite maison de Cadaquès, sur la plage de Es Llaner. Pris de la terrasse, ce portrait de famille (ci-dessus, vers 1910) montre, de gauche à droite, la tante Maria Teresa, la mère et le père, Salvador lui-même, la tante Catalina, la sœur Ana Maria et la grand-mère Ana. Ils y retrouvent, près de là, les Pitchot, amis de Picasso.

Le 11 mai 1904, neuf mois et dix jours après la mort d'un frère aîné prénommé Salvador Galo Anselmo, naît un nouveau Salvador Felipe Jacinto, celui que nous connaissons. Charmeur, colérique, impérieux, capricieux, choyé, aimé, pourri par trois femmes, sa mère, sa grand-mère puis par sa sœur cadette, sans oublier les nombreuses bonnes, Bébé Salvador est le tyran d'une famille idolâtre, sous l'autorité d'un père imposant à qui il mettra vingt-cinq ans à s'opposer.

Figueras et Barcelone

La famille est avant tout catalane, de Barcelone ou des environs de Figueras, le gros bourg agricole de la riche plaine de l'Ampurdan. Être catalan, c'est lutter pour une Espagne fédérale, pour l'usage du catalan, c'est se sentir international, grâce à Barcelone, un port riche, actif, qui importe les richesses cubaines dont les Catalans sont les principaux propriétaires. Être catalan, c'est aussi, comme chez les Dali, être libre penseur et cultiver un anticléricalisme teinté de socialisme. Enfin, c'est vouer à la France, et particulièrement à Paris, un amour et une fidélité affirmés pendant la Première Guerre. Les créations modernes des architectes, parmi lesquels Gaudí, l'activité de galeries d'art contemporain, comme la galerie Dalmau, ou de librairies, comme celle tenue par le propre oncle maternel de Salvador, Anselm Domenech, ses nombreuses salles de musique et de spectacle font de Barcelone un foyer artistique vivant, international.

Les Dali habitent Figueras, au pied des Pyrénées, non loin de la frontière française. Les jours de marché, le bourg est envahi par les paysans des environs et, le dimanche, il se donne des airs de grande ville avec son orphéon qui joue *Cavalleria rusticana* sous le kiosque à musique. Les vacances d'hiver sont l'occasion de visiter la famille barcelonaise, en particulier l'oncle Domenech dans sa librairie, et de se promener dans l'incroyable Park Güell, commencé par Gaudí en 1900.

L'inspiration dans la nature

L'été, la famille se retrouve à Cadaquès, le port d'une presqu'île difficile d'accès, un ancien pays de vignes ruiné par le phylloxéra et péniblement reconverti à la pêche. Cette catastrophe écologique donne au paysage son aspect minéral, dur, austère, les terrasses créées pour les vignes soulignant avec encore plus de rigueur les pentes arides des collines. Pour achever sa particularité, le cap Creus, pointe extrême orientale de l'Espagne, est formé de rochers de mica-schiste rongés et sculptés par la tramontane en « un grandiose délire géologique », selon l'expression de Dali qui est fasciné par ces monstres polymorphes, tour à tour coq, chameau, enclume, seins de femme. Un des rochers, dont le visage semble tenir sur le bout du nez, donnera corps

Salvador était choyé et habillé comme une idole. Libre penseur, son père l'avait envoyé à l'école communale, expérience décisive, apparemment, pour le futur mégalomane : « Comment ne me serais-je pas considéré comme tout à fait exceptionnel, précieux et délicat, moi le gosse de riches, au milieu de ces gamins en haillons qui m'entouraient ? [...] Mes cheveux brossés amoureusement étaient toujours parfumés et les enfants s'approchaient de moi à tour de rôle pour renifler ma tête. »

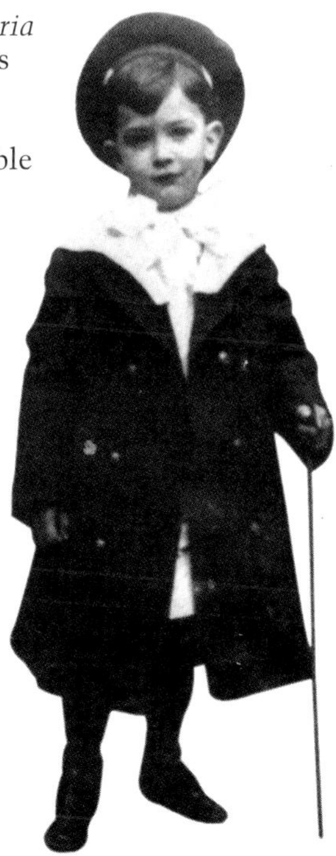

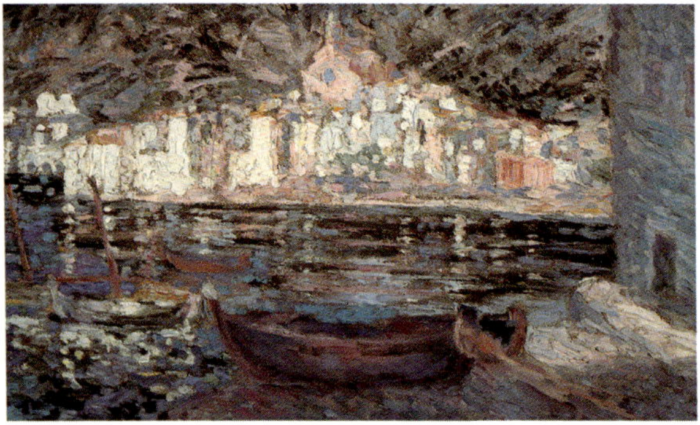

Située au centre d'une presqu'île, Cadaquès, peinte ici par Dali en 1920 depuis la plage de Poal, est coupée du continent par un col mais ouverte par sa baie et ses criques sur la Méditerranée. Dali reviendra toute sa vie se ressourcer dans le paysage qui a forgé ses premières émotions esthétiques : « Chaque colline, chaque roche semble dessinée par Leonardo lui-même. [...] Les murs de soutènement des anciennes vignes, semblables à des lignes géodésiques, dessinent des gradins irréguliers par lesquels toute la montagne semble majestueusement descendre jusqu'à la mer. » Cet aspect architectonique sera exalté par le peintre « objectif » de 1925 et Cadaquès célébrée pour la plénitude et l'exactitude de ses lignes. Dans les années trente, le paysage tourmenté de ses côtes excite l'imagination de Dali qui y voit aussi la source d'inspiration de Gaudí pour les sculptures organiques de la Sagrada Familia. Le cap Creus est formé de rochers friables aux formes fantastiques. L'un d'entre eux, semblable à un visage appuyé sur son nez (en haut, à droite), donnera naissance à une image clé de la mythologie de Dali : le « Grand Masturbateur ».

au « Grand Masturbateur », image clé des œuvres des années trente. Parmi les voisins de Cadaquès, la famille Pitchot, dont les membres sont tous doués pour les arts. En 1910, Picasso et Fernande Olivier viennent visiter Pepito Pitchot : le peintre Salvador n'a alors que huit ans.

L'éveil paranoïaque

Dali enfant est envoyé par son radical de père dans une école primaire laïque dirigée par le lunatique Trayter qui l'initie aux mystères de la lanterne magique, mais Salvador préfère, comme au cap Creus, cultiver sa propre projection de formes : « Au cours de mes interminables et épuisantes rêveries, mes yeux suivaient sans relâche les vagues irrégularités de ces silhouettes moisies (du plafond) et je vis émerger, de ce chaos qui était aussi informe que des nuages, des images qui devenaient progressivement concrètes et qui étaient pourvues par degrés d'une personnalité de plus en plus précise, détaillée et réaliste. » En 1916, il entre au lycée local pour suivre des études secondaires en castillan et à l'école des Frères maristes pour leur enseignement en français. Enfin, il est inscrit aux cours du soir de l'école municipale de dessin sur les conseils de Pepito Pitchot.

Au courant de tout

Les premiers articles publiés par Dali dans *Studium*, une revue lancée par un groupe d'amis, lui

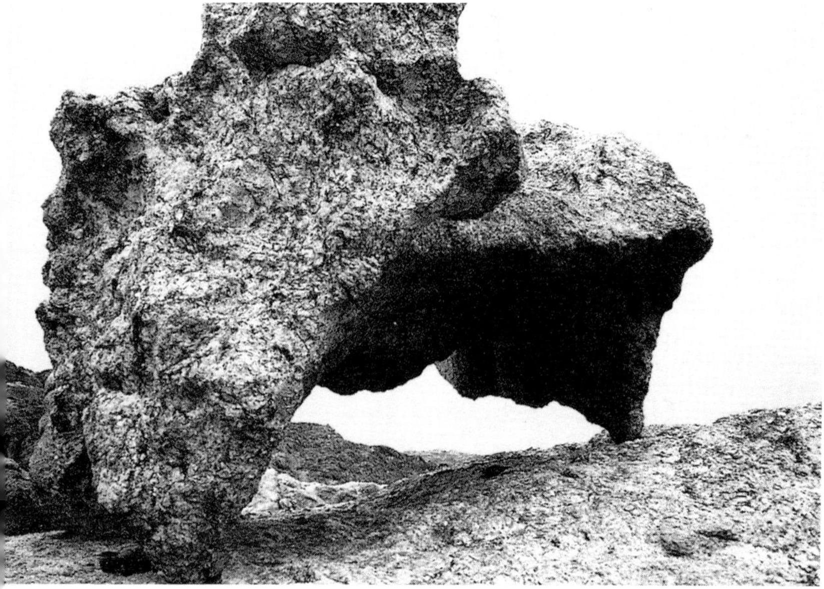

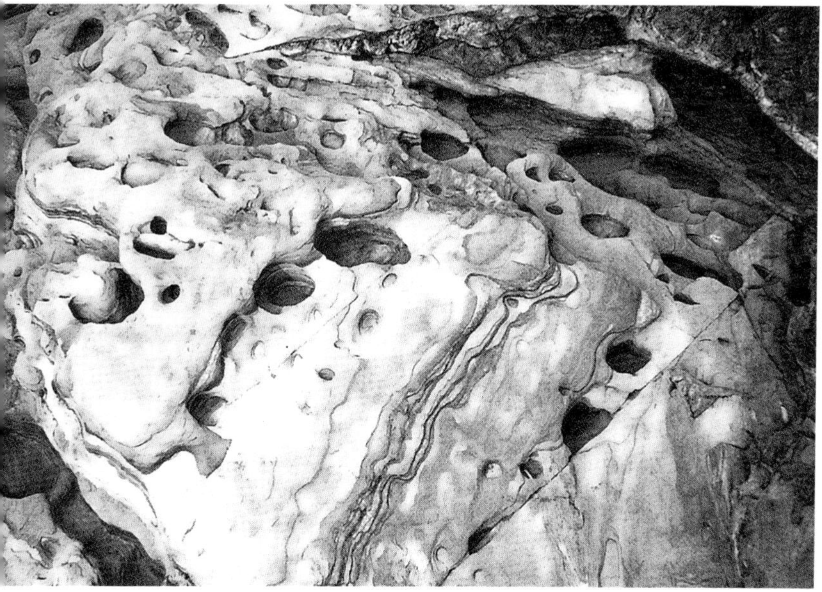

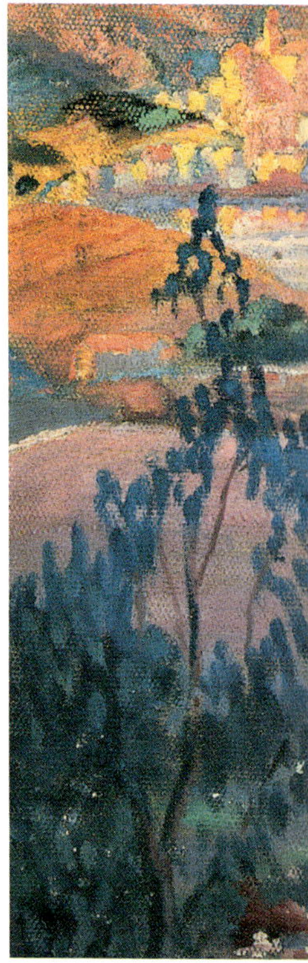

permettent d'analyser avec passion les grands maîtres. Sa typographie et ses illustrations sont viennoises comme on pouvait l'être à Paris quelques années plus tôt, mais ses premières toiles sont impressionnistes. « J'admire toujours les grands impressionnistes français, Manet, Degas, Renoir. J'espère qu'ils me guideront avec fermeté sur la voie. J'ai changé de technique, mes gammes sont beaucoup plus claires », écrit-il à son oncle Anselm qui lui fera parvenir *Valori Plastici* et *L'Esprit nouveau*, tandis que Pepito Pitchot lui fait découvrir les futuristes et les cubistes français. Salvador partage son temps entre les promenades campagnardes, les flâneries citadines et un flirt fort sage avec une condisciple, Carme Roger. Dali père ne fait rien pour encourager ces expérienccs. Sur le grand piano du salon, il a placé en évidence un livre médical aux chromos criards sur les maladies vénériennes.

Entre esthétique et politique

Mais ses carnets personnels montrent une conscience politique plus déterminée encore que celle de son père, il suit avidement la Guerre civile en Russie et appelle de ses vœux une révolution en Catalogne : « Alors viendra le temps du terrorisme, des jours sombres, des exécutions en masse… Mais cette fois-ci, ce sera au tour des humbles et des opprimés, fous et fanatiques, d'épancher, dans le sang des rues de Barcelone, leur soif de justice et de haine… Trotsky a prophétisé que l'Espagne suivrait l'exemple russe… »

Sa carrière de peintre, Salvador y croit. En mai 1920, il jouit de l'été qui s'annonce : « Après un an d'épreuves, d'émotions et de mensonges, je pourrai commencer le travail en toute conscience, le travail sacré de celui qui crée… Plus de lumière… plus de bleu… plus de soleil… m'abstraire dans la nature,

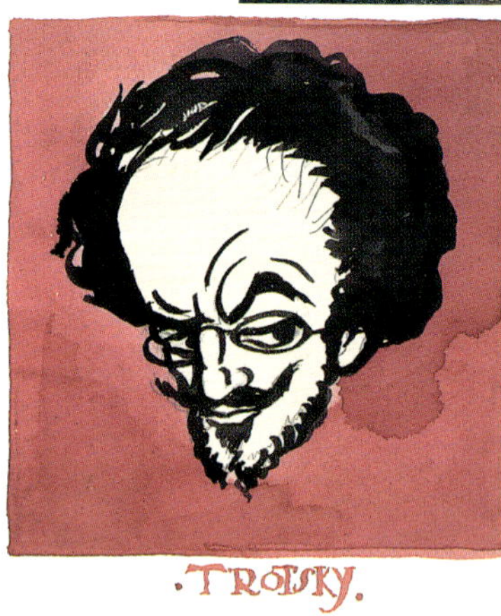

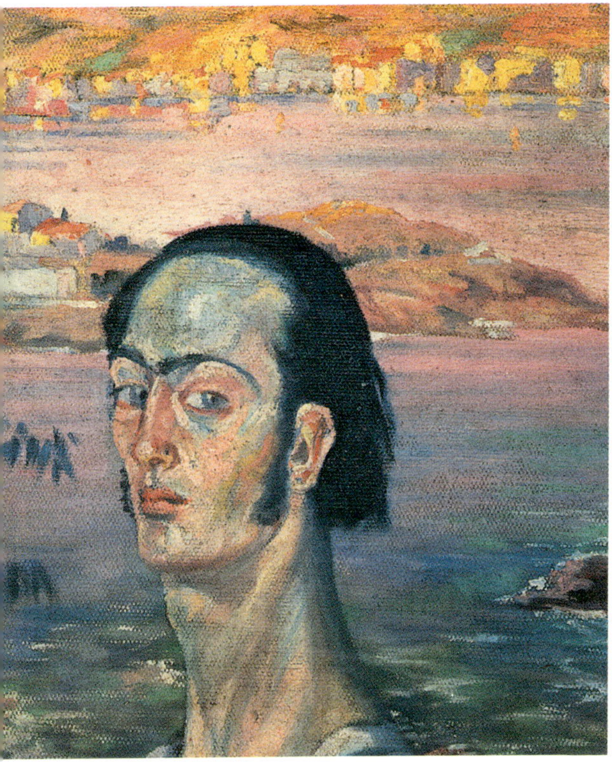

Autoportrait de Dali : « J'avais laissé pousser mes cheveux comme ceux d'une jeune fille et, en me contemplant devant les miroirs, j'aimais adopter la pose et le regard mélancolique de Raphaël dans son autoportrait. J'attendis avec impatience l'apparition du premier duvet que je pourrais raser, en laissant toutefois pousser des favoris. Il me fallait faire un chef-d'œuvre de ma tête, me composer un visage. Souvent, au risque d'être surpris, j'entrais dans la chambre de ma mère pour lui dérober un peu de poudre et un crayon dont je noircissais mes sourcils. Dans la rue, je mordais mes lèvres pour qu'elles paraissent plus rouges et j'aimais les regards curieux des promeneurs qui, en me croisant, murmuraient : "Ce garçon est le fils du notaire Dali. C'est lui qui a brûlé un drapeau !" » Sur un autre autoportrait, un chapeau à large bord et une pipe (que Dali ne fumait pas) achèvent le portrait de l'« artiste anarchiste » qu'il affectionnait. Époque d'intense révolte, comme en témoignent un portrait méphistophélique de Trotsky (à gauche) et une vignette de propagande « URSS, Vive la Russie, mort à la guerre ».

en être un élève soumis… Oh j'en deviendrai fou ! » Ramon Pitchot lui prête son atelier dans une misérable maison de pêcheur. L'hiver suivant, il s'installe lui-même dans une maison abandonnée de Figueras. En attendant, il se donne l'allure artiste avec ses cheveux longs, sa lavallière et enfin un chapeau de feutre qu'il commande spécialement – surtout ne pas être à la mode. Les succès de l'année 1922 tempèrent le choc de la mort de sa mère : une exposition commune est montée par l'Association des étudiants catalans en janvier à la galerie Josep Dalmau, qui allait accueillir quelques mois plus tard une exposition de Picabia présentée par André Breton en personne. Leurs chemins se croiseront sept ans plus tard, à Paris.

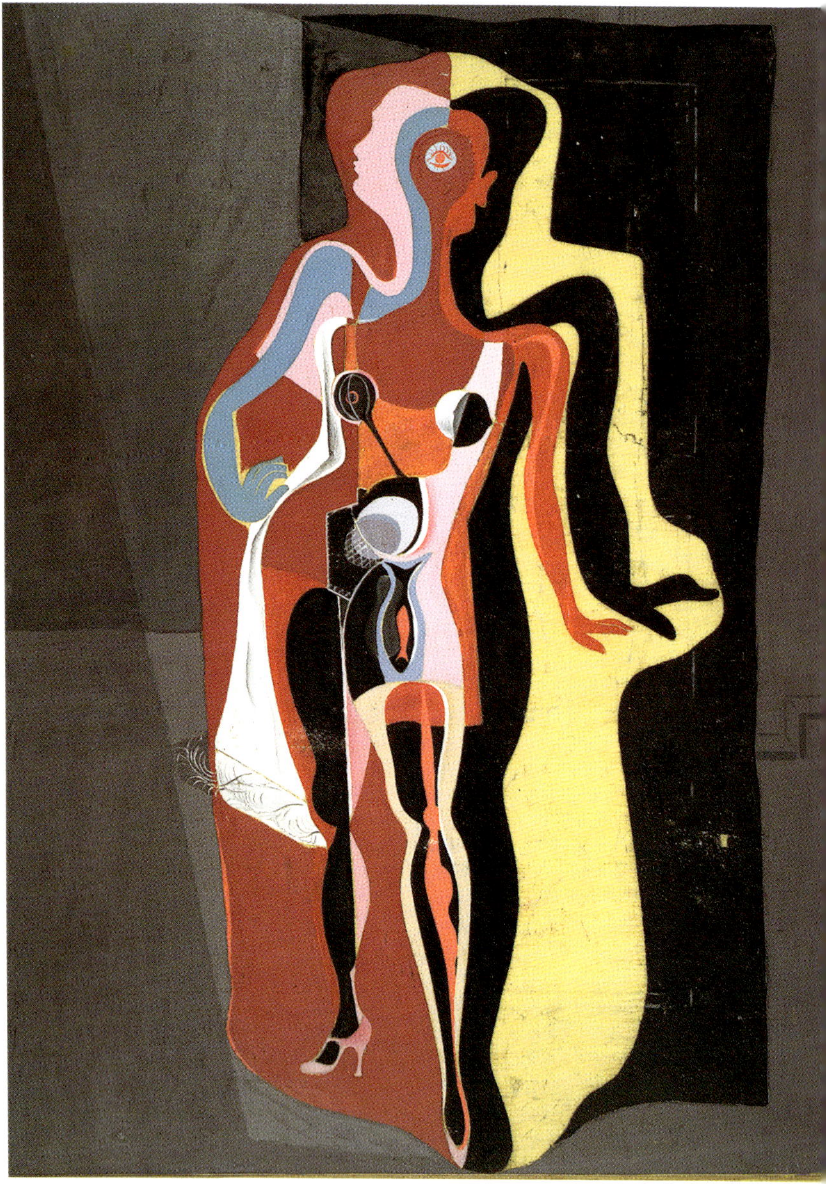

Dali rencontre Federico García Lorca et Luis Buñuel à Madrid. Ils jouent tous deux un rôle essentiel dans son évolution esthétique. Avec Lorca, qui lui dédie une *Ode*, il élabore une esthétique puriste sous le patronage de saint Sébastien, symbole de l'artiste moderne. Buñuel, en l'entraînant dans l'aventure du *Chien andalou*, lui permet de renouveler son inspiration picturale et de rencontrer les surréalistes parisiens.

CHAPITRE 2

DALI, LORCA, BUÑUEL

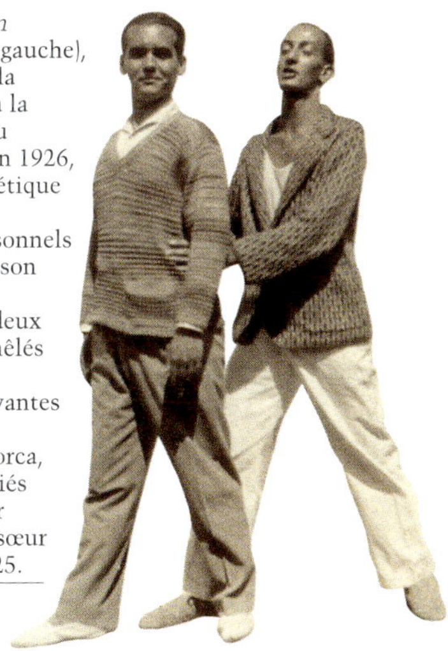

Le *Mannequin barcelonais* (à gauche), présenté pour la première fois à la galerie Dalmau de Barcelone en 1926, mêle une esthétique puriste à des fantasmes personnels comme le poisson flottant dans la cuisse. Les deux visages entremêlés deviendront les années suivantes ceux de Dali et de García Lorca, ici photographiés à Cadaquès par Ana Maria, la sœur de Dali, en 1925.

Le milieu intellectuel madrilène change la donne. Dali loge à la Residencia de Estudiantes, un internat conçu sur le modèle anglais accueillant près de cent cinquante étudiants de différentes facultés et grandes écoles. La « Resi » est une institution libérale, indépendante de l'État comme de l'Église et ne possède pas de chapelle ; sa bibliothèque est abonnée aux revues internationales. H. G. Wells, Albert Einstein, Paul Valéry, Max Jacob y donneront des conférences. En avril 1925, Aragon y exécute un brillant numéro de provocation surréaliste : « Ah ! banquiers, étudiants, ouvriers, fonctionnaires, domestiques, vous êtes les fellateurs de l'utile, les branleurs de la nécessité... Et d'abord nous ruinerons cette civilisation qui vous est chère... Monde occidental, tu es condamné à mort. »

Dali suit consciencieusement les cours de l'école spéciale de Peinture, Sculpture et Gravure dépendant de l'académie royale des Beaux-Arts, s'enferme le soir dans sa chambre et consacre ses dimanches à visiter le Prado. La timidité et la mise extravagante du provincial font sourire les dandys anglo-saxons de la Resi. « Il rougissait

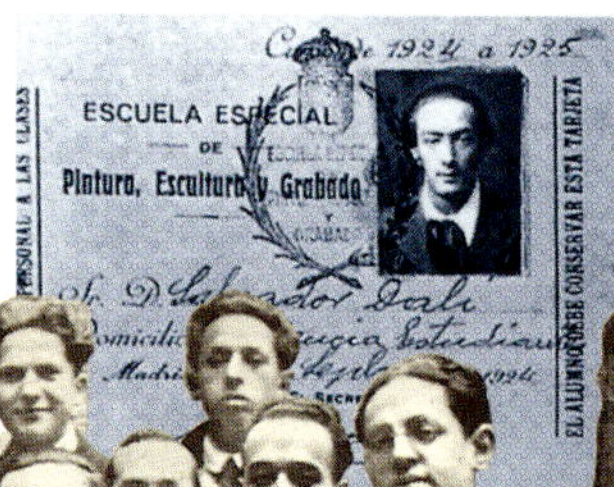

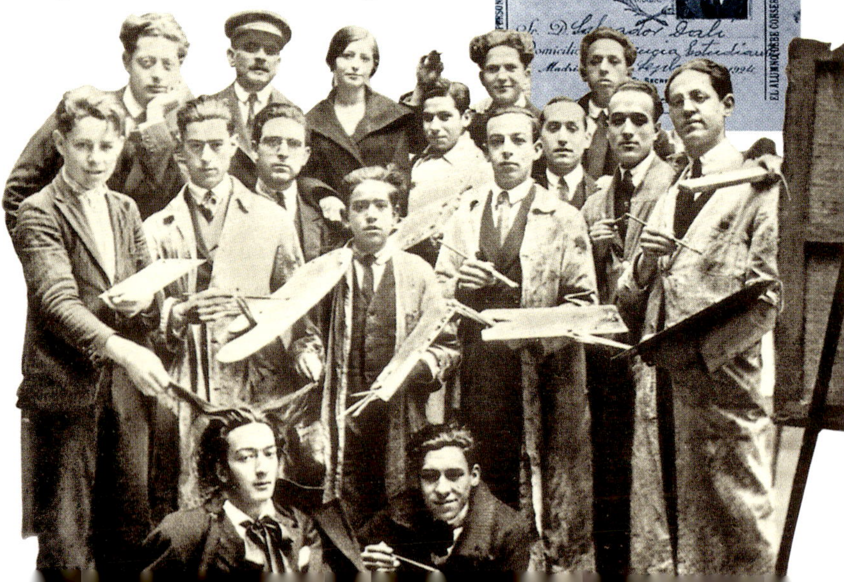

La carte d'étudiant 1924-1925 à l'école spéciale de Peinture, Sculpture et Gravure de Madrid présente un Dali aux cheveux longs et à la lavallière « artiste ». Sur la photo de classe, Dali, au premier rang à gauche, est taquiné par un camarade qui lui tire les cheveux. Exclu l'année précédente pour désordre et emprisonné préventivement sous la dictature de Primo de Rivera, Dali est devenu une vedette en rébellion ouverte contre ses professeurs pour qui l'impressionnisme est encore une valeur sûre.

souvent et semblait totalement indifférent à la gent féminine », se souviendra Pepin Bello, le premier à le sortir de sa coquille comme le rappelle Dali : « Un jour, alors que j'étais sorti, la femme de chambre avait laissé ma porte ouverte et Pepin Bello, en passant, aperçut mes deux peintures cubistes. Il ne put s'empêcher de faire part de sa découverte aux autres membres du groupe. Ils me connaissaient de vue, et j'étais même l'objet de leur humour caustique. Ils m'appelaient "le musicien", ou "l'artiste", ou encore "le Polonais" »...

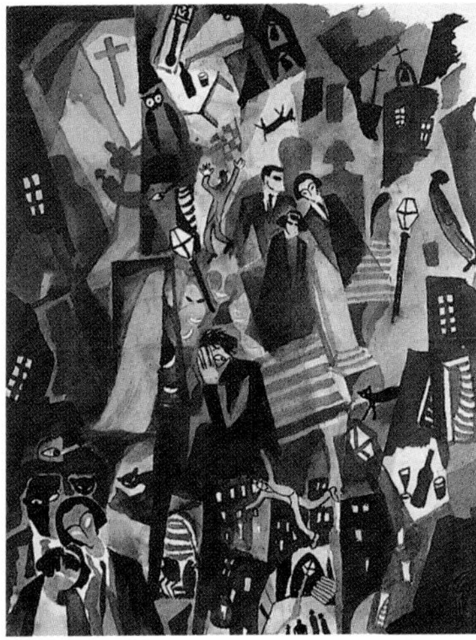

Songes noctambules évoque les équipées nocturnes de Dali avec ses amis « ultra » : le peintre uruguayen Rafael Perez Baradas et Luis Buñuel, avec sa carrure de colosse. Appuyée contre Dali, reconnaissable à ses sourcils arqués et ses cheveux longs, Maruja Mallo, une amie de l'école. Les escaliers, les clochers, les bouteilles de vin, les chats et l'homme ivre rappellent le Madrid des « années de débauche » racontées complaisamment par Dali dans ses mémoires : « Il était cinq heures du matin et le Rector's Club allait fermer... Nous débouchâmes une nouvelle bouteille de champagne. Mes amis en avaient les larmes aux yeux. »

Le groupe des ultraïstes

Figure marquante du groupe, l'Aragonais Luis Buñuel est surnommé « Tarquin le Superbe » pour son physique avantageux, ses prouesses sportives et sa fréquentation des bordels madrilènes. Il cherche alors sa voie dans les sciences naturelles, tout en adhérant aux idées d'« Ultra », un groupe d'artistes qui professent un modernisme militant dans le sillage du purisme et du futurisme : leurs maîtres à penser sont Guillermo de Torre et Ramon Gomez de la Serna, un ami de Tzara et de Picasso qui lance la mode des « greguerias », comparaisons concises dadaïstes : « Elle me regardait comme si j'étais un taxi libre. » Ayant appris qu'un romantique attardé avait osé déclamer du Verlaine, Guillermo de Torre interrompt une réunion en hurlant : « Universelle haine de la lune, a dit Marinetti. Qu'est ce que je viens d'apprendre ? une récitation de Verlaine ? Indignes fils de l'an 1923, à quoi vous sert d'être nés sous l'aile d'un avion ? Et vous osez vous appeler avant-gardistes ? quand vous ne savez même pas qu'un moteur à explosion fait un meilleur son que n'importe quel décasyllabe ? » Dali se laisse apprivoiser, adopte leur coiffeur, leurs cocktails et apprend le charleston lors de leurs virées nocturnes, du Rector's Club aux bars de la vieille ville.

Les débuts d'une amitié

Le « cubisme » de Dali est hautement éclectique. Les influences de Juan Gris mais aussi de Giorgio Morandi additionnées d'une touche de « vibrationnisme » ou de « planisme », mouvements d'avant-garde barcelonais, se lisent dans la décomposition de ses autoportraits où s'insèrent collages de journaux (*L'Humanité* à laquelle il est abonné ou *La Publicitat*) et éléments urbains. Les scènes noctambules ajoutent une note expressionniste à ces figurations éclatées. C'est alors qu'intervient Federico García Lorca. Poète publié, musicien hors pair, son entrain et son aisance en font une vedette, même si certains appréhendent son homosexualité que les plus indulgents appellent son « défaut ». L'arrivée du Grenadin fait pâlir l'étoile des ultraïstes. « Seul García Lorca m'impressionnait. Il personnifiait à lui seul le phénomène poétique dans sa totalité, en chair et en os, confus, sanguinolent, visqueux et sublime, frémissant de mille feux obscurs et souterrains, comme toute matière prête à trouver sa forme originale. »

Dali et Lorca ont en commun une ambition artistique féroce, une insatisfaction sexuelle et un humour caustique. Similitudes qui permettent aux caractères de s'affronter : « La première étape de ma vie à Madrid, au début de ma grande amitié avec Lorca, est déjà caractérisée par l'antagonisme violent de son esprit hautement religieux (érotique) et de mon antireligiosité (sensuelle). Je me souviens

Ce portrait de Lorca par Dali (ci-dessous), sans doute réalisé dans sa chambre de la Residencia, témoigne de leurs préoccupations plastiques communes et de leur proximité. Lorca est représenté lisant à haute voix

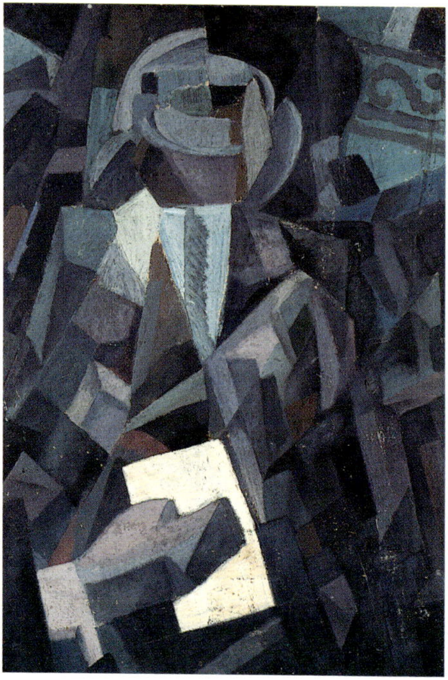

un de ses poèmes comme il aimait le faire devant ses camarades résidents (à droite, dans la photo de groupe prise à la Residencia, Lorca et Dali en veste claire au premier rang). À droite, l'*Autoportrait à « L'Humanité »*.

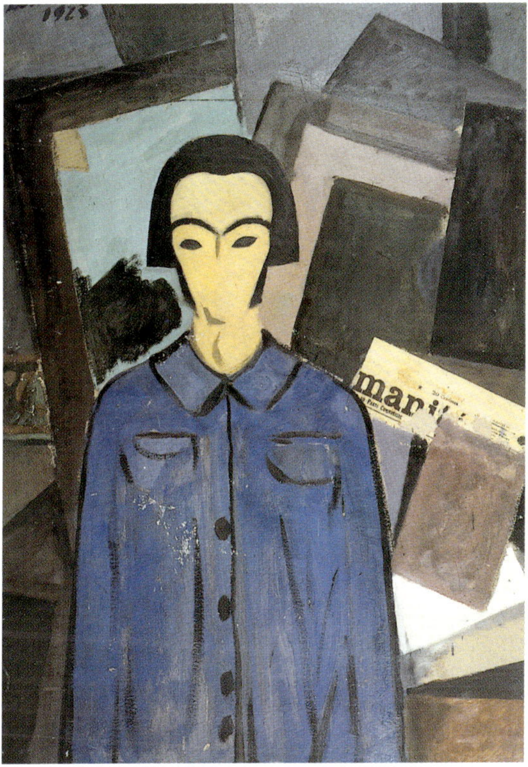

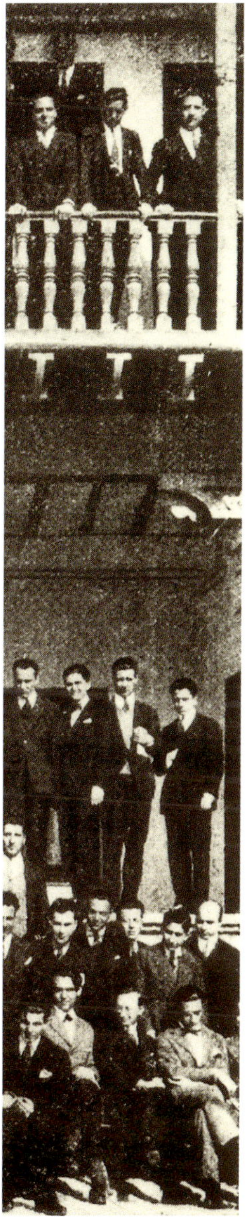

de nos discussions interminables qui duraient jusqu'à 3 heures et 5 heures du matin. »

En un an, Dali est métamorphosé. Une exclusion injuste, un emprisonnement préventif, aux débuts de la dictature de Primo de Rivera, en font un héros lorsqu'il rentre à la Resi en septembre 1924. Son attraction à l'égard de Lorca va croissant : « Le seul moment de ma vie où j'entrevis les tortures de la jalousie. Parfois, nous nous promenions tout le long du Paseo de la Castellana pour nous rendre au café où nous avions coutume de nous tenir. Je savais que Lorca allait y briller comme un diamant de feu et, tout à coup, je m'envolais en courant et disparaissais pendant trois jours. »

Peut-être aussi redoute-t-il une passion qu'il place sous le signe de Maldoror, le héros des *Chants* de Lautréamont. Dali a dû être frappé, comme les surréalistes parisiens, par Merwyn, cet adolescent, dont la beauté est comparée avec « la rencontre fortuite, sur une table de dissection, d'une machine à coudre et d'un parapluie », objet de la passion amoureuse et meurtrière de Maldoror que Dali ne peut s'empêcher d'associer à Lorca : « L'ombre de Maldoror s'étendit sur ma vie, et ce fut précisément à cette période que, pour la durée d'une éclipse, une autre ombre, celle de Federico García Lorca, survint et obscurcit l'originalité virginale de mon esprit et de ma chair. » Dali n'est pas insensible aux attentions du poète même s'il se sent incapable, par peur, d'y répondre. « Ce fut un amour érotique et tragique, du fait qu'il n'a pu être partagé », devait préciser Dali, trois ans avant sa mort, à son biographe Ian Gibson.

La liaison s'affirme lors des vacances de Pâques où le poète, invité à Cadaquès, conquiert toute la famille. Federico, définitivement sous le charme, invite Dali à le rejoindre en Andalousie pour l'été. Dali décline l'invitation, désireux de tenir les délais de sa première exposition chez Josep Dalmau en septembre.

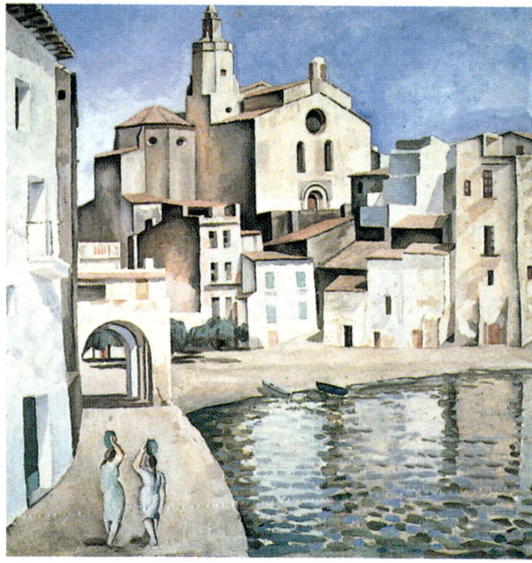

Peint vers 1923-1924, *Port Alguer* représente Cadaquès dont les maisons géométrisées et simplifiées témoignent d'un cubisme tempéré par le néo-plasticisme découvert dans la revue italienne *Valori Plastici*. Au premier plan, la silhouette en S des porteuses de jarre se retrouve dans beaucoup des compositions contemporaines du peintre où l'hommage à la femme catalane est lié aux traditions et aux festivités locales. Lorca séjourne pour la première fois à Cadaquès à Pâques 1925. Il séduit sans peine toute la famille Dali par ses récitations, improvisations et interprétations au piano. Les promenades au cap Creus initient le poète à la vision « paranoïaque » du peintre.

Sous le signe du purisme

Le cubisme madrilène, éphémère hommage à l'avant-garde, a été suivi d'un « retour à l'ordre » favorisé par les vacances et les séjours à Cadaquès. Les natures mortes de 1924 baignent dans la lumière froide aux ombres marquées d'un Morandi. L'une d'entre elles, intitulée *Nature morte puriste*, est un hommage à l'eurythmie formelle des puristes Le Corbusier et Ozenfant. Les personnages qui sont campés dans ces volumes aux ombres nettes comme *L'Harlequin à la pipe et à la guitare* ont la fixité des mannequins de Chirico. Une vue du port de Cadaquès témoigne de ce glissement vers une vision plus froide et géométrique où le soleil méditerranéen accuse implacablement les volumes nets des maisons blanches.

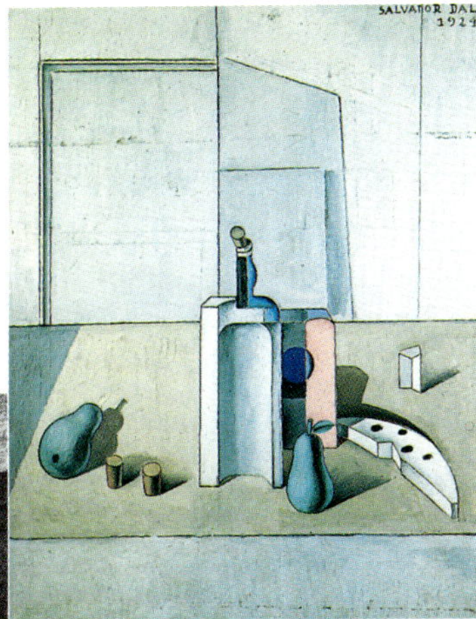

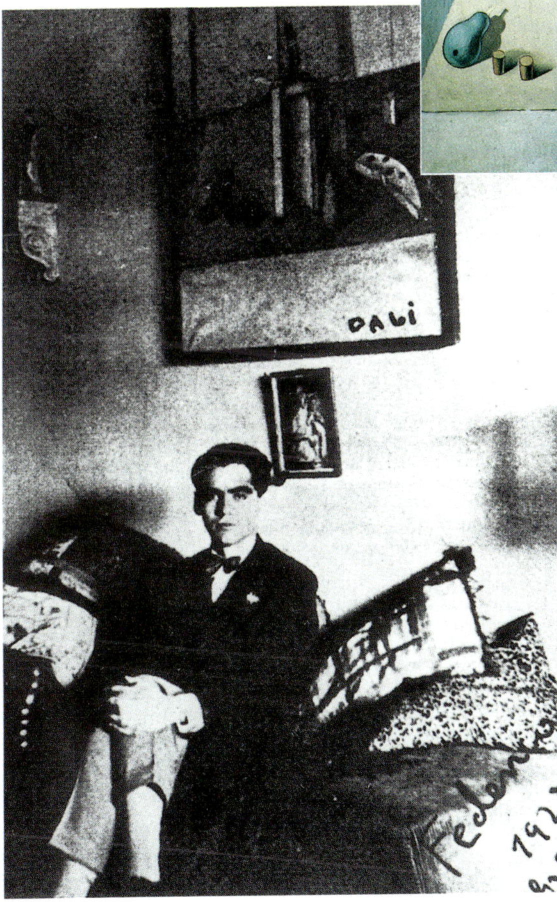

Cette *Nature morte* de 1924, encore appelée *Siphon et bouteille de rhum*, avec sa bouteille en creux, sa tranche de pastèque géométrique, son imbrication de cadres et de boîtes, mêle le cubisme inspiré du Gris des années dix à une fascination pour les natures mortes de Carlo Carra et de Giorgio Morandi. « La construction musicale de la peinture exprime une exactitude limpide et une harmonie triomphante », estimait le critique madrilène de *Buen Humor*. Offerte à Lorca en 1927, comme en témoigne cette photographie de la chambre du poète, elle semble illustrer une strophe de son *Ode à Salvador Dali* : « Les peintres d'aujourd'hui dans leurs ateliers blancs coupent la fleur aseptique des racines carrées. »

En deux ans, le retour à l'ordre est achevé avec des dessins d'une facture tout ingresque et les portraits de sa sœur dont la structure massive, intégrée dans un environnement architectural strict, affirme un réalisme brutal – démenti, il est vrai, par d'insidieux détails. L'effigie impassible d'Ana Maria à Cadaquès est en effet « minée » par l'incohérence anatomique : le décolleté plat révèle une absence de poitrine tandis que la robe est emportée par un bouillonnement de plis aux inquiétantes protubérances. Dans *Figure à la fenêtre*, la silhouette massive et ronde d'Ana Maria, de dos, nous invite à la contemplation d'une nature maîtrisée. Les murs nus de la chambre encadrent la fenêtre où se découpe un morceau de mer calme, aux vagues sculpturales, bien définies, « que l'on peut compter ». Rien ne vient déranger cette vision intimiste sinon un mouchoir chiffonné sur l'appui de la fenêtre. Au même moment, les figures reprennent du poids dans les grandes compositions où *Vénus et marin* acquièrent une dimension monumentale devant des ports joyeux où flottent les fanions des navires. À Cadaquès, Dali attend avec impatience l'*Ode* que Lorca lui dédie,

Cet autoportrait de 1927 (ci-dessous) – sourcils arqués et oreilles décollées – rappelle d'autres têtes mêlées dont certaines représentent Lorca et Dali. En bas, Salvador et Ana Maria photographiés au milieu des années vingt. À droite, la *Vénus et marin* de 1925 fait partie d'une série où la sculpturale plastique de la femme réduit l'homme au rôle de pantin.

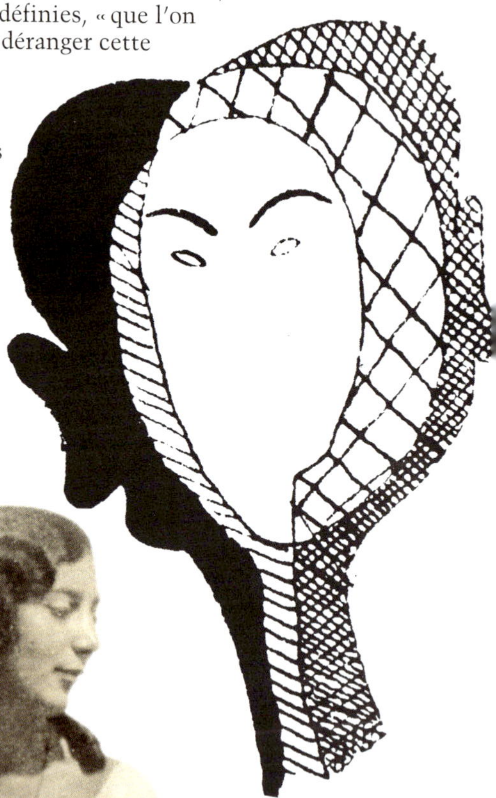

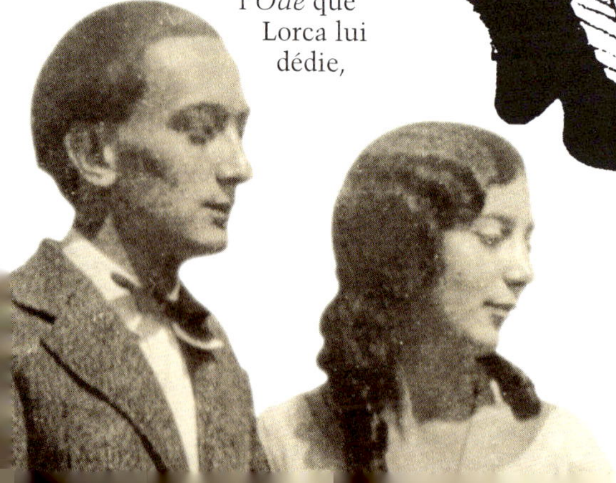

et lui écrit, sur un ton taquin et affectueux: « Maintenant, regarde bien avec quelle tendresse je vais écrire ton nom, sans respirer: Federico García Lorca, et maintenant je signe Salvador Dali. Tu m'aimes? »

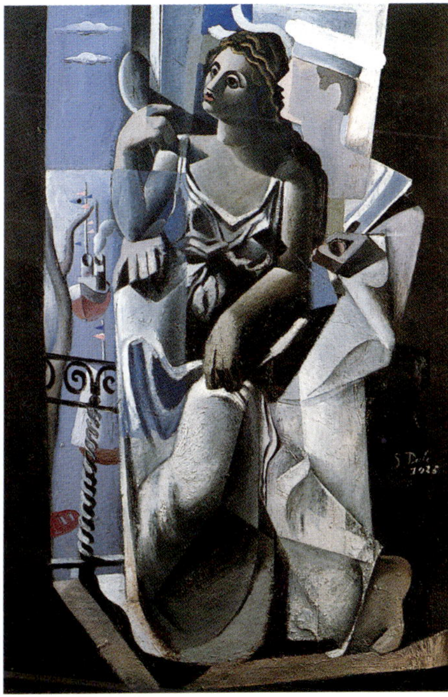

L'« Ode à Salvador Dali »

Le 11 avril, chaperonné par sa tante et sa sœur, Dali prend le train pour Paris où les attendent Buñuel et Manuel Angel Ortiz, un ami de Lorca qui l'introduit auprès de Picasso, dans son atelier de la rue de La Boétie. « Je suis venu vous voir, avant de visiter le Louvre », lui dit Dali, intimidé. « Vous avez bien fait », répond Picasso avant de lui montrer ses dernières productions, natures mortes et grandes figures néoclassiques. Les Dali se rendent ensuite à Bruxelles où Salvador peut voir l'œuvre de deux de ses dieux: Bosch et Vermeer. Au retour, Dali découvre l'*Ode à Salvador Dali* dans la *Revista de Occidente*. Cent trente vers où la passion, sous prétexte d'esthétique, plaide sa cause: « Ô Salvador Dali à la voix olivée! Je ne vante pas ton imparfait pinceau adolescent... Je chante ton angoisse, ô limité, limité éternel! » Ce goût de la limite, de la géométrie, de la « matière définie et exacte », de la « ligne droite » et des « cristaux savants [qui] chantent leurs géométries » est placé sous le signe de « Minerve, constructrice d'échafaudages » mais Federico souhaite que Dionysos ait sa part et que la « lumière antique qui reste sur le front » descende « à la bouche » et « au cœur » et qu'au-dessus des toiles où Salvador peint « Thérèse » ou « Mathilde », demeure leur « amitié peinte comme un jeu de l'oie ».

Pages suivantes, deux portraits d'Ana Maria de 1925 : *Jeune Fille assise de dos* et *Portrait de jeune fille dans un paysage de Cadaquès*. À gauche, le corps de la jeune fille est emboîté dans la structure géométrique des maisons dont le toit épouse la ligne des épaules et du cou. À droite, la stature frontale du corps, dont la tête est enserrée dans la perspective de la ruelle, est démentie par l'étonnante diagonale qui déforme la robe avec violence.

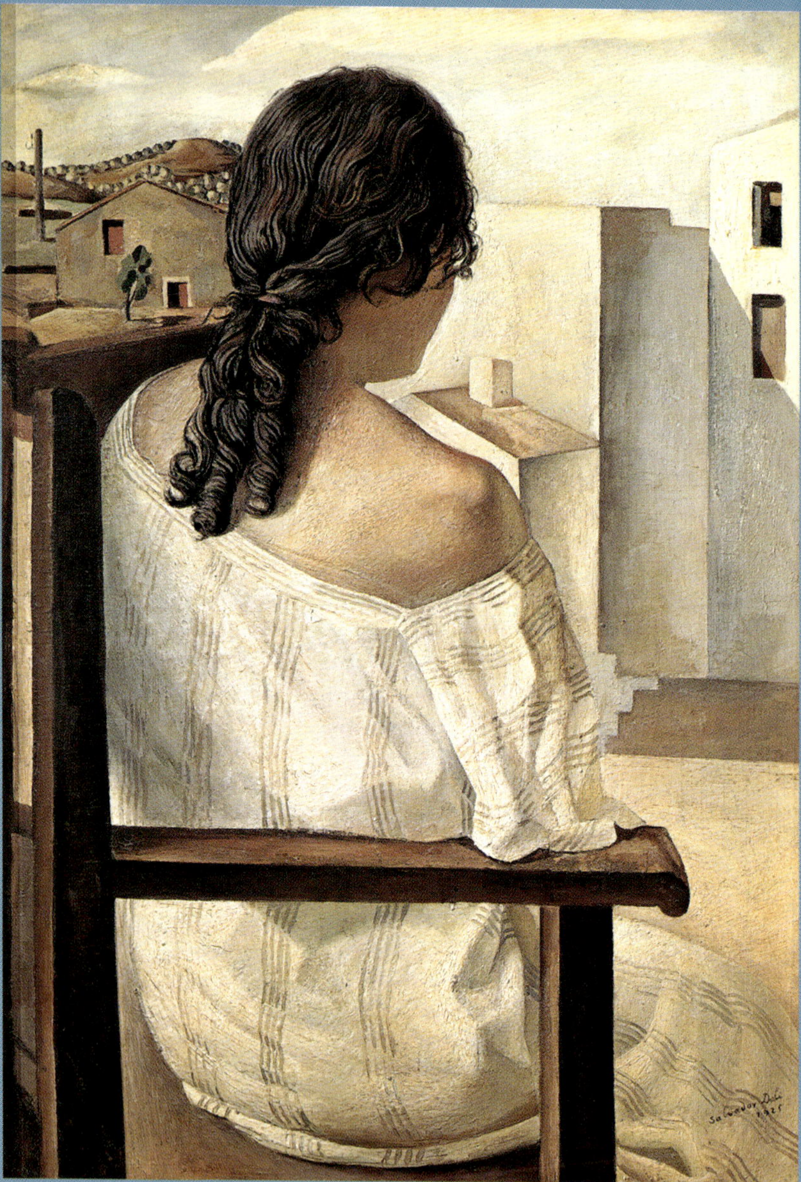

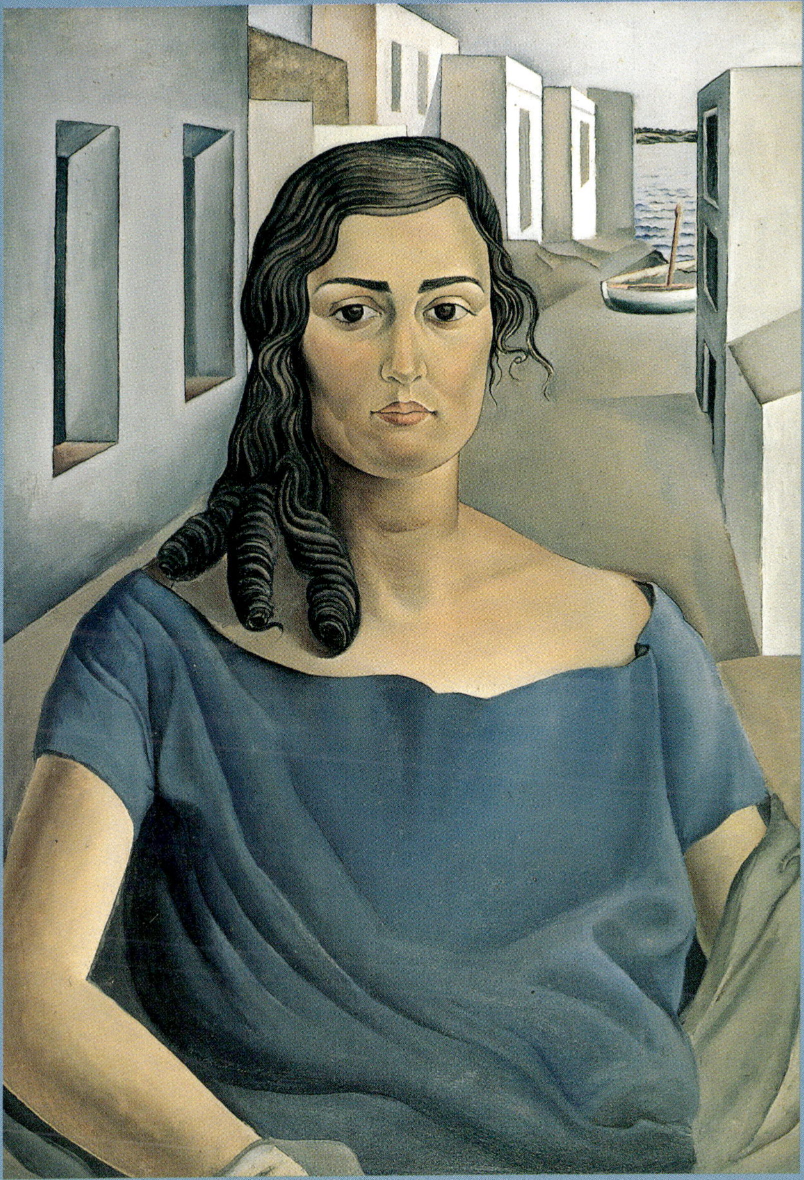

C'est peu après que Lorca tente de parvenir à ses fins, en compagnie de Margarita Manso, une étudiante des Beaux-Arts, très libérée, au corps garçonnier, fort attachée aux deux amis. Dali s'étant refusé à lui, Lorca fait l'amour avec Margarita sous les yeux du peintre. « N'ayant pas obtenu que je mette mon c... à sa disposition, il m'a juré que le sacrifice obtenu de la jeune fille se trouvait compensé par son sacrifice à lui : c'était la première fois qu'il couchait avec une femme. » Dali, encore vierge, ne participe pas aux ébats.

Saint Sébastien, patron de l'objectivité

À la rentrée de 1926, Salvador s'arrange pour quitter Madrid en provoquant son renvoi et regagne Cadaquès d'où il annonce une réponse à l'*Ode* sous le signe de saint Sébastien, symbole de l'artiste moderne, patronage non sans allusions sexuelles comme il le laisse entendre à Federico : « [Cette] histoire de saint Sébastien prouve à quel point il est bien attaché à la colonne et que son dos est intact. Tu n'avais pas pensé que le cul de saint Sébastien n'est pas abîmé. Mais je change de thème et je vais répondre à tes interrogations professionnelles. » Début mars, il revient sur le thème qui devient une scie : « Dans mon *Saint Sébastien*, je pense beaucoup à toi, et parfois j'ai l'impression que c'est toi !... » Dans l'article de Dali qui paraît finalement en juillet, saint Sébastien est décrit comme un être mixte, de nickel et de plâtre, de sang et d'humeurs, mi-machine, mi-organisme. Sa loupe permet de percevoir « une succession de spectacles clairs perçus dans un ordre nécessaire de mesures et de proportions » : une fille sans seins, des marins dansent le *black bottom*

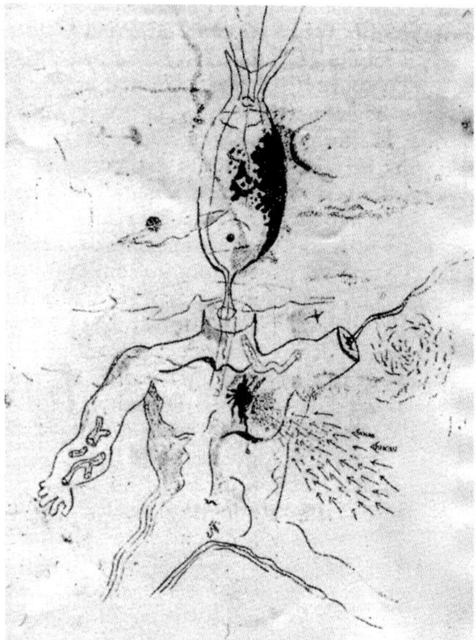

Saint Sébastien, patron de l'objectivité picturale selon Dali et Lorca, omniprésent dans l'œuvre, est célébré par Dali dans son texte de 1927 illustré par ce *Saint Sébastien à tête de sole* (ci-dessous), un des surnoms affectueusement donnés à Lorca par Dali. En célébrant ce corps écartelé et mutilé, offert en osmose douloureuse à la réalité, Dali reprend, par le mot et par l'image, une icône du peintre moderne illustrée avant lui par Odilon Redon.

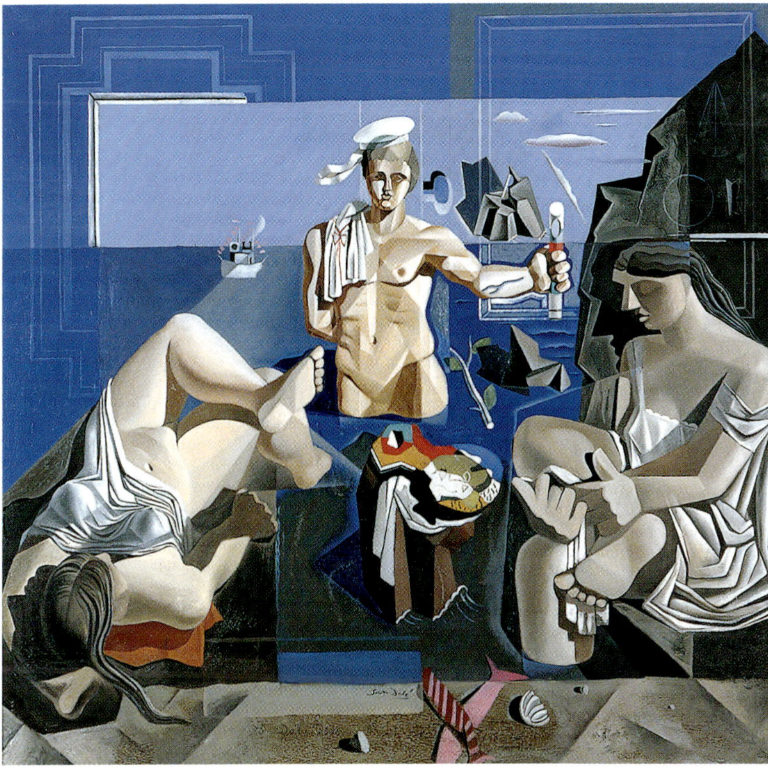

sur des paquebots blancs, des joueuses de polo sont reflétées par les phares nickelés des Isotta Fraschini, dans une vitrine un bistouri chloroformé « dort étendu comme une belle au Bois dormant ». Visions machinistes, cinétiques, eurythmiques sous le signe de Man Ray, Buster Keaton, Chirico, Morandi et Le Corbusier et que l'artiste, moderne Sébastien, a pour tâche d'enregistrer. En réponse à Lorca, Dali se réfugie dans un monde aseptisé où les sentiments et le corps sont contenus par des prothèses. Mais le seront-ils pour longtemps ? Depuis un an, les têtes entremêlées de Dali et Lorca signent quelques compositions claires et rigoureuses placées sous l'égide de Sébastien comme la *Composition aux trois figures* : saint Sébastien en marin, nu sous le béret,

Fermant le cycle des *Vénus et marin*, cette *Composition aux trois figures* (ou *Académie néo-cubiste*), finie au début de 1927, illustre l'illusoire indifférence d'un saint Sébastien entre les deux figures de la sensualité et de la science. Les deux têtes entremêlées de Dali et de Lorca, ainsi que les deux cravates-poissons du premier plan, placent cette impassibilité sous le signe d'un amour impossible.

placé à égale distance d'une Vénus lubrique et d'une Minerve savante aux formes sculpturales.
Au premier plan, la double tête de Lorca et de Dali, symbole d'une amitié repris en écho par deux poissons-cravates entrecroisés.

Après un été passé à Cadaquès, Lorca réplique : « Ton saint Sébastien en marbre s'oppose au mien, fait de chair, qui meurt à chaque instant, et il doit en être ainsi. Si mon saint Sébastien était trop plastique, je ne serais pas un poète lyrique... » Sébastien annonce moins qu'il n'affirme une esthétique menacée.

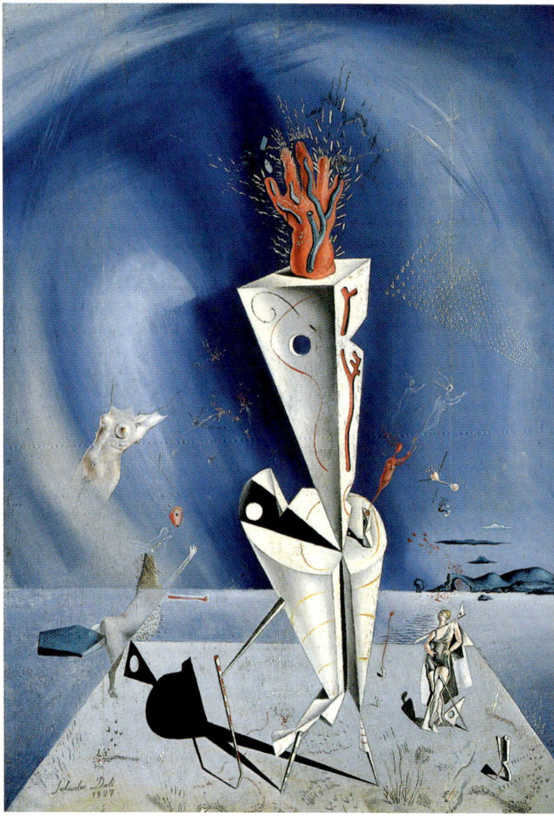

Avec *Appareil et Main*, le monde aseptisé de saint Sébastien commence à vaciller sous la poussée de l'inconscient. Bousculé par un tourbillon qui charrie les fantasmes, l'« appareil » hérité de Chirico vacille sur ses béquilles bancales, tandis qu'une main turgescente s'érige, frénétique, et que le sol est envahi par la pourriture.

Très vite en effet, de curieux « appareils » viennent occuper ces petits théâtres de l'harmonie. Corps géométriques rigides ou mous, montés sur des échasses maladroites, ils sont parcourus de veines ou ponctués de sang. Une vie titubante les anime. Ils fourmillent en 1927 dans *Le Bois des appareils* et, dans *Appareil et Main*, celui qui tangue au premier plan est menacé par un cyclone. Autour de lui tourbillonnent des corps mutilés, décomposés ou en gestation. De son sommet, zébré de lignes eurythmiques et de sang, surgit une main rouge, turgescente et convulsive, signe monstrueux d'une ultime saccade. *Petites Cendres* illustre cette chute des grands corps monumentaux qui se décomposent et éclatent en de multiples éléments : seins, sexes, doigts, torses dégoulinants de sang, appareils et corps mixtes qui s'agglutinent à leur tour et se métamorphosent sous le regard halluciné du peintre.

À peine théorisée, l'eurythmie aseptisée est envahie par la vie, la mort et le sexe. L'été 1927, à Cadaquès, Lorca assiste en jubilant à cette autonomie des petites choses : « Pense à moi quand tu seras sur la plage et surtout lorsque tu peindras les petites cendres crépitantes et uniques, aïe mes petites cendres !... et embrasse-moi, comme en a tant besoin ton Federico », écrit-il sur le chemin du retour.

Au cours de l'année 1928, organismes incertains et petites choses se croisent sous la lumière blanche des plages : vaches spectrales et ânes pourris, baigneurs et baigneuses anamorphosés par les *Désirs inassouvis*, un tableau qui fait scandale à Barcelone. Substituts exaspérés, les mains et les doigts se creusent ou se crispent à travers l'espace.

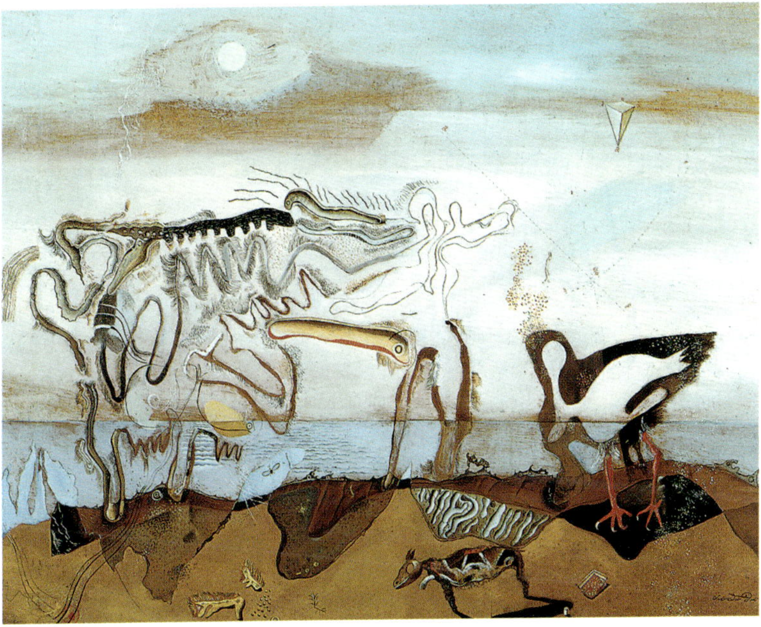

La pourriture et la désintégration des corps apparues dans *Appareil et Main*, accomplies dans *Petites Cendres* (double page suivante), se retrouvent dans les tableaux de 1928 comme la *Vache spectrale* (ci-dessus) ou l'*Âne pourri* où ne subsistent des corps que d'improbables circuits organiques qui s'évanouissent ou prolifèrent au bord de plages antédiluviennes.

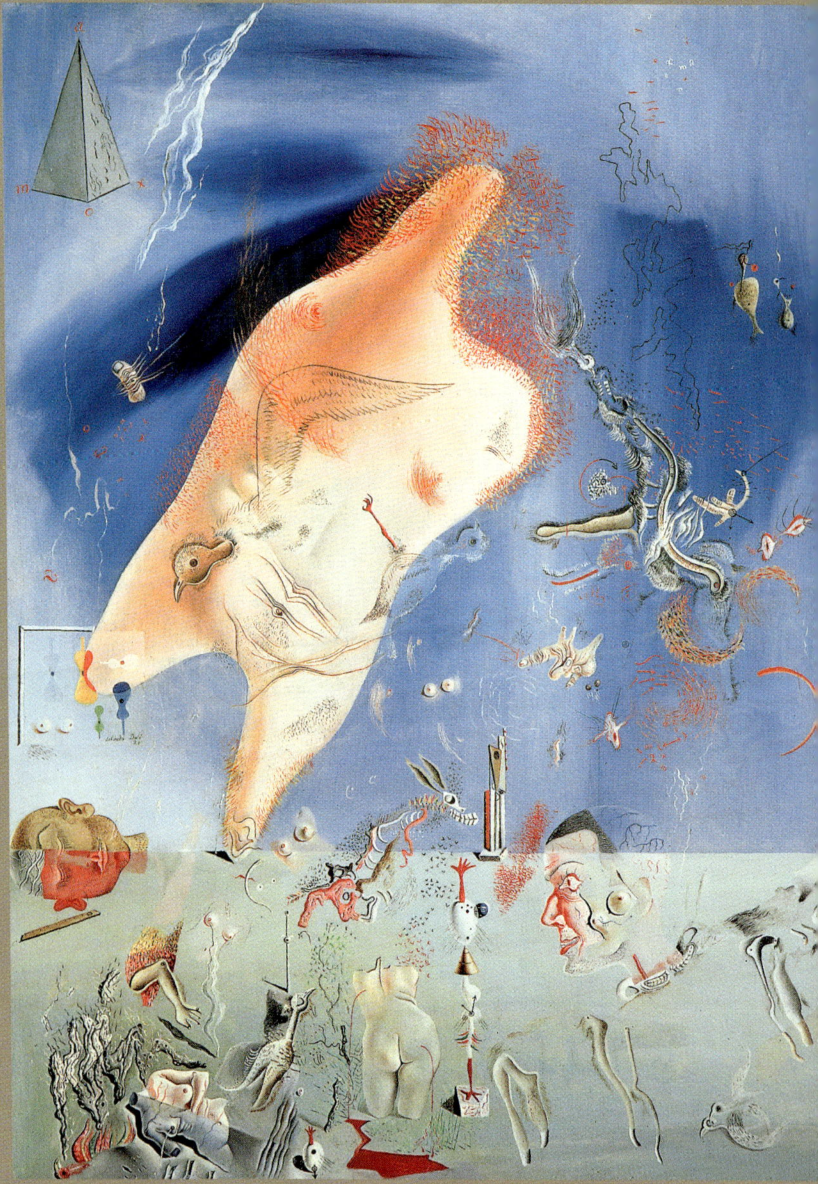

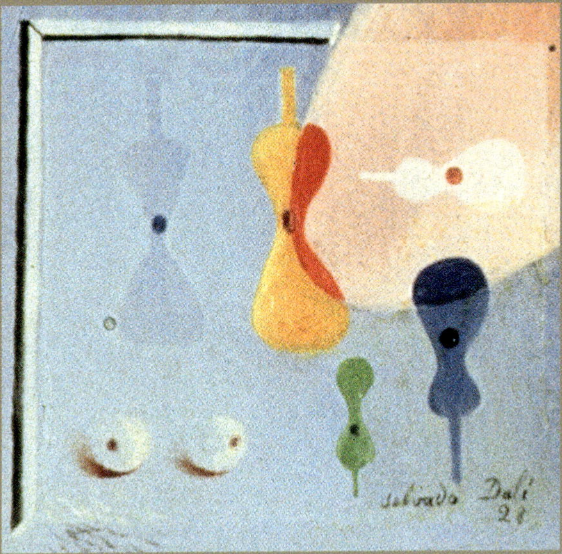

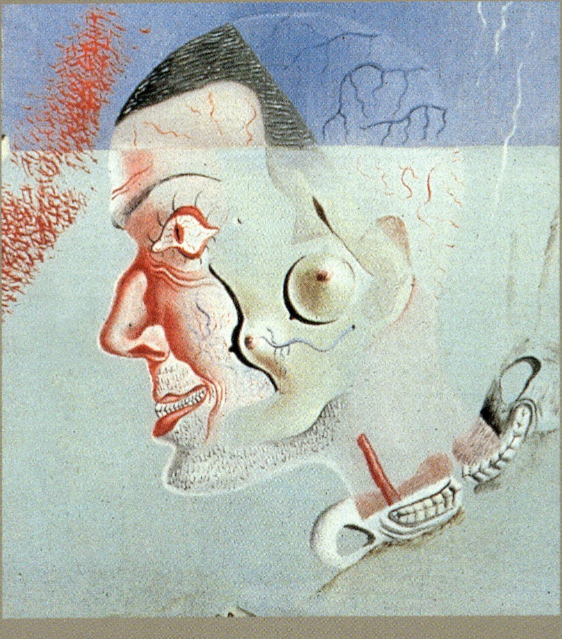

Petites Cendres est un manifeste. En signant sur le cadre disloqué d'une composition puriste (ci-contre), Dali affirme l'éclatement du monde eurythmique et aseptisé de saint Sébastien. Abandonnant les guitares cubistes à leur jeu stérile, les deux boules deviennent des seins et l'ovale rose, le moignon d'un torse. Sous l'œil écarquillé du peintre (détail en bas), émule du Maldoror de Lautréamont, la figure rongée par les formes du délire, le cou enserré par la denture de deux ânes, les « petites choses » accomplissent leur émancipation en tourbillonnant : mains sexes, mains pendules, seins « égarés », pouce solitaire, ânes spectraux. Au sol, immobilisés comme dans un rébus, des seins appuyés sur une fumée, un torse pissant son sang, un appareil fait de pattes de volatiles, d'objets géométriques, d'organes ambigus, de machines folles. Gigantesque et titubant, l'immense torse menacé par la pourriture (les poils pubiens deviennent des moucherons) menace de s'abattre au risque d'exploser. Intouchés, un « appareil » hérité des mannequins de Chirico sur la ligne d'horizon et une pyramide à la Tanguy au firmament, semblent défier l'apocalypse.

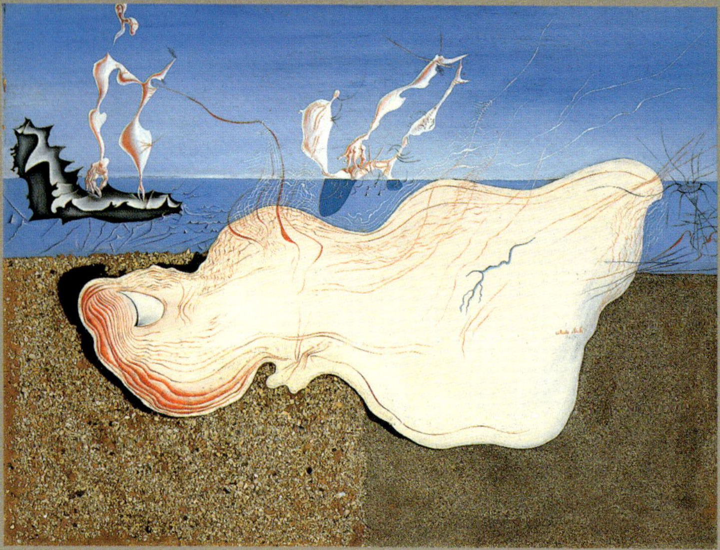

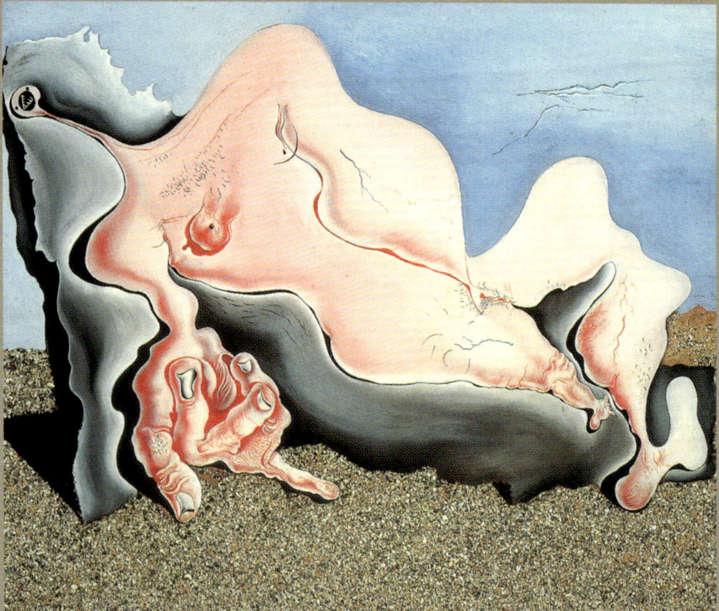

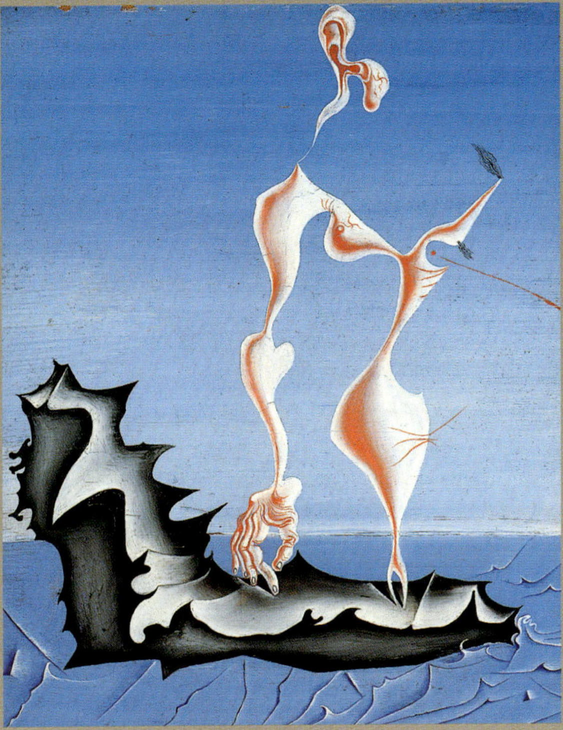

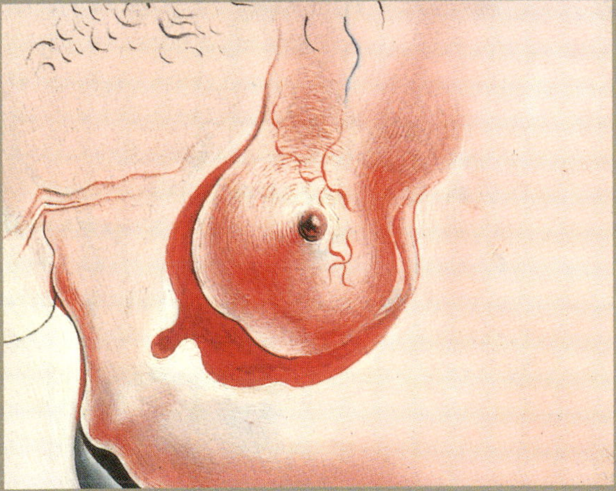

Baigneur et *Baigneuse* (à gauche, de haut en bas) symbolisent l'état de l'architecture humaine après la révolution initiée dans *Appareil et Main* et accomplie dans *Petites Cendres* : des êtres indistincts, parcellaires, déchiquetés, en décomposition ou en gestation, apparaissent, animés de « désirs inassouvis », titre du premier tableau de cette série. *Baigneur*, réduit à un gros orteil obscène, est entouré de filaments de chair qui s'échappent ou s'agrègent. À droite de cette masse indistincte, parcourue de veines rouges et bleues, un vortex méduséen flotte au-dessus de l'eau. Plus loin, dans la mer, un corps de femme fantasmatique se détache au-dessus d'un rocher coquille aussi acéré que les flots : monstrueuse naissance de Vénus (ci-contre). Autre parodie olympienne : encore collée à son rocher, *Baigneuse* évoque cette conscience fantasmatique du corps hystérique, chaque membre prenant l'importance que lui donne l'inconscient : sexe indistinct, tête minuscule d'insecte carnassier, main masturbatrice, sein turgescent (détail ci-contre, en bas), corps anamorphosé par le désir et gonflé par un sang qui sourd sous la peau.

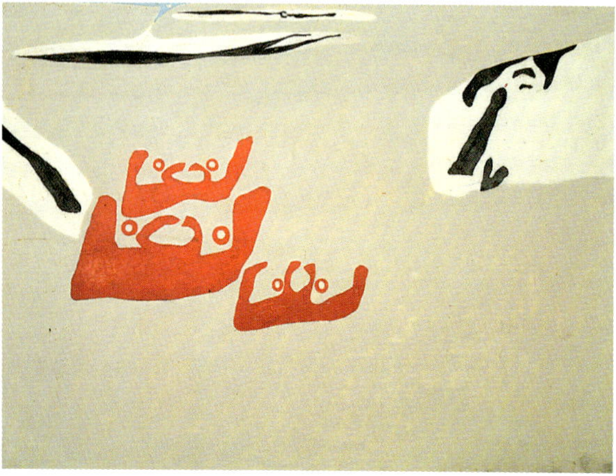

Quatre Femmes de pêcheurs de Cadaquès (ci-contre) manifeste l'impuissance de Dali à greffer les désirs sur l'anatomie structurée de l'objectivité de 1925. Influencées par Hans Arp, ces réductions symboliques le conduisent aux bornes de l'abstraction. *Plage anthropomorphique*, une sculpture de 1928 (ci-dessous), affine jusqu'au primitivisme les allusions érotiques.

Cette tension générale se résout, fin 1928, dans des abstractions biomorphiques à la Hans Arp flottant dans des toiles vides. Dali semble dans une impasse, cette réduction minimaliste s'accompagne chez lui d'un intérêt croissant pour la photographie et le cinéma.

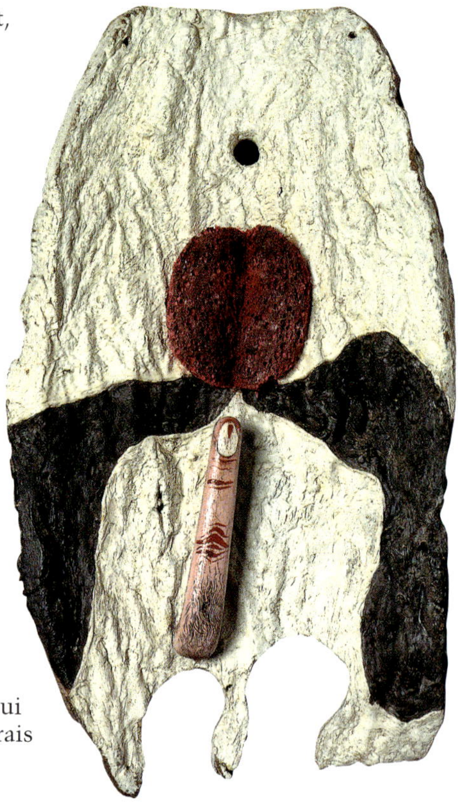

Buñuel et le cinéma

C'est ici qu'intervient Luis Buñuel, jaloux de l'amitié de Dali avec Lorca dont l'homosexualité dégoûte le macho viveur. De Paris, il écrit à leur ami commun Pepin Bello : « Federico me répugne d'une manière incroyable... C'est son terrible esthétisme qui l'a détaché de nous. Son extrême narcissisme a déjà suffi pour l'éloigner de la simple amitié... Dali est très influencé. Il pense être un génie, imbu de l'amour que lui voue Federico... Comme j'aimerais le voir ici et se refaire, loin de l'influence néfaste du García. Parce que Dali, ça oui, c'est un homme, et il a beaucoup de talent. » Cette tentative de rapprochement intervient au bon moment. La publication de *Romancero gitano* vaut à Federico une longue lettre, où les protestations d'amitié cachent mal les divergences esthétiques : « Ta poésie actuelle tombe en plein dans la poésie traditionnelle, j'y décèle la substance poétique la plus formidable jamais vue : mais ! absolument attachée aux normes de l'ancienne poésie... » Pour la première fois, Dali évoque le surréalisme. Le compliment final sonne rétrospectivement comme un adieu : « Au revoir. Je crois en ton inspiration, en ta fatalité astronomique. »

En quatre ans de séjour parisien, Buñuel n'a guère évolué hors du monde des « métèques » comme on appelle alors la colonie d'artistes de Montparnasse. La critique cinématographique l'a rapproché du milieu du cinéma mais il n'est encore qu'un journaliste occasionnel. Sa sympathie pour les surréalistes ne l'empêche pas de trouver le travail de Man Ray trop « plein d'esprit ». Son idéal est, comme celui de Dali, le cinéma « antiartistique » de masse, américain avant tout. Il pense que « le pur film surréaliste, le scénario onirique » sont eux-mêmes une concession à l'art. Leurs modèles : le « clown triste », Harry Langdon, ou Adolphe Menjou, le séducteur « parisien » aux éloquentes moustaches. Dali voit dans le cinéma une façon de réaliser ces métamorphoses d'objets si laborieuses en peinture. Il aimerait « libérer les petites choses » sur l'espace plus vaste de l'écran. Son idéal : adapter les conventions du documentaire et du mélodrame à son « enregistrement objectif de la réalité ». Ne pas chercher l'effet formel ou sensationnel mais piéger

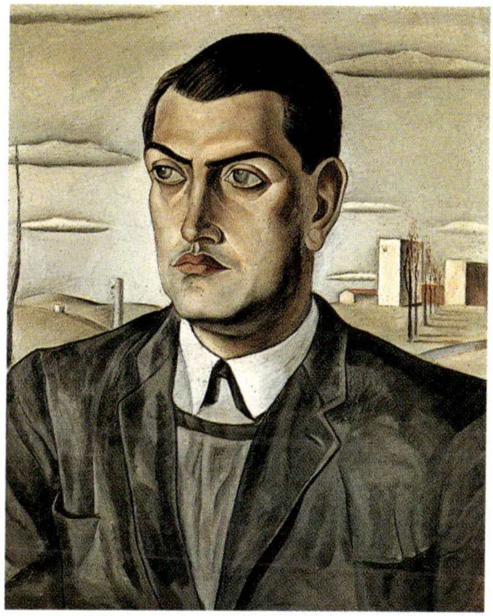

Peinte ici en 1924, à l'époque puriste de Dali, la figure carrée de Luis Buñuel, sur fond de banlieue géométrique, a la massivité du personnage, surnommé alors « Tarquin le Superbe » pour ses prouesses sportives et érotiques dans les bordels madrilènes. Extrêmement jaloux de l'amitié qui lie Dali et Lorca, il ne cesse de déplorer l'influence « néfaste » de celui dont il raille l'impuissance, faute de pouvoir même nommer son homosexualité. Tenté, comme Dali, par le cinéma populaire, il lui propose de collaborer à la rédaction du scénario qui devient *Un chien andalou*, appellation qui pourrait désigner Lorca lui-même.

le réel en subvertissant les stéréotypes de la narration comme il le fait déjà dans ses « petites proses » ou comme Buñuel qui, dans « St Huesca », garde la trame du conte picaresque pour mieux camper les aventures d'« une tranche de rostbeef ».

Ils se retrouvent à Cadaqués en janvier 1929 pour écrire un script. Travaillant par questions et réponses immédiates, ils disent ce qui leur vient à l'esprit et le consignent d'un commun accord. Ainsi s'enchaînent « les cordes, les plaques de liège, les frères maristes, les pianos à queue et les ânes pourris » de la scène de tentative de viol. « En fait nous faisions surgir des images irrationnelles, sans aucune explication », dira Buñuel. Beaucoup de ces images proviennent d'un fonds commun aux étudiants de la Resi, d'autres sont déjà présentes chez Dali (l'œil et le rasoir, l'oursin, la main aux fourmis) ou chez Buñuel (l'œil crevé de *Palais de Glace*). Certaines enfin sont empruntées à Lorca, comme le cycliste efféminé emprunté à sa *Promenade de Buster Keaton*, ou sa réapparition sur le lit, allusion aux mises en scène par le poète de sa propre mort. L'antihéros angoissé devant la poitrine de l'héroïne, mais extatique devant ses fesses, serait-il Lorca lui-même, le « chien andalou », comme on appelait couramment à la Resi les étudiants du sud de l'Espagne ?

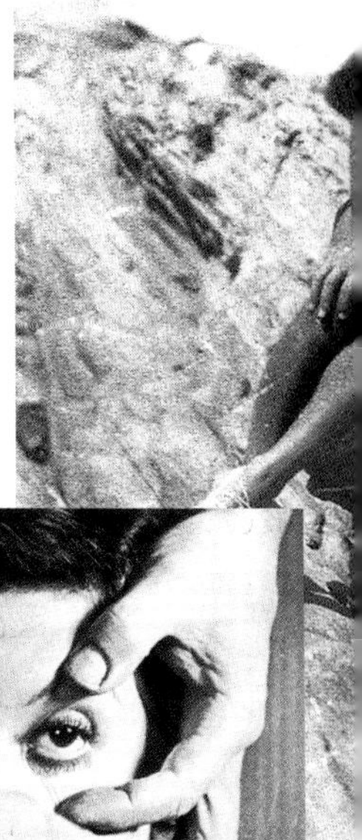

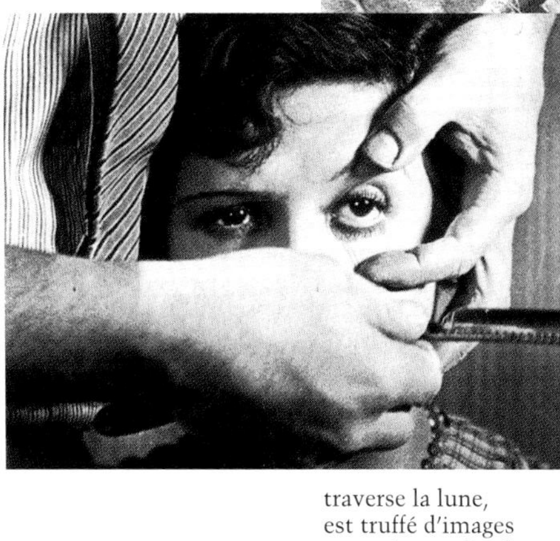

Le scénario du *Chien andalou*, avec la séquence où Buñuel tranche, d'un coup de rasoir, l'œil de l'héroïne, alors qu'au ciel un nuage effilé traverse la lune, est truffé d'images partagées par les deux scénaristes et leurs amis madrilènes. Sa rédaction, par questions et réponses, est une version dialoguée du « texte automatique » lancé en 1924 par Breton et Soupault.

Les premiers succès parisiens

Le tournage a lieu à Billancourt début avril : Dali incarne un des deux frères maristes de la scène du viol. La première a lieu le 6 juin au Studio des Ursulines, avec la projection du *Mystère du château de Dé* commandé par le collectionneur et mécène Charles de Noailles à Man Ray. Celui-ci souffre de la comparaison et la salle brillante, comprenant aussi bien Picasso, Le Corbusier, Cocteau, Bérard, Fernand Léger, Tristan Tzara, que le groupe surréaliste en son entier, fait une ovation au *Chien andalou*. Buñuel, qui avait rempli ses poches de cailloux, n'eut pas à s'en servir. Dans *La Révolution surréaliste*, en décembre, Dali et Buñuel apparaissent dans le photocollage des quinze apôtres entourant Breton. Dans le même numéro sont reproduits deux tableaux récents : *Les Plaisirs illuminés* et *L'Accommodation des désirs*. En six mois, Dali est devenu un peintre surréaliste.

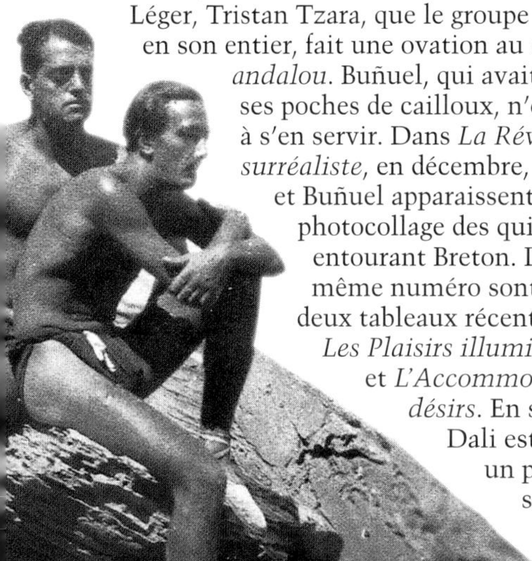

Le piano à queue, agrémenté de deux « frères maristes » et chargé d'un âne pourri, obsession commune de Dali et de Buñuel, est tiré péniblement par le héros, en signe d'impuissance. Il réapparaît toujours avec son âne dans un des tableaux majeurs de 1929, *Guillaume Tell* (voir page 64), comme symbole du désir entravé. Après le tournage, Buñuel et Dali se retrouvent pendant l'été sur les rochers de Cadaquès, où viennent les rejoindre Paul et Gala Eluard, ainsi que René Magritte.

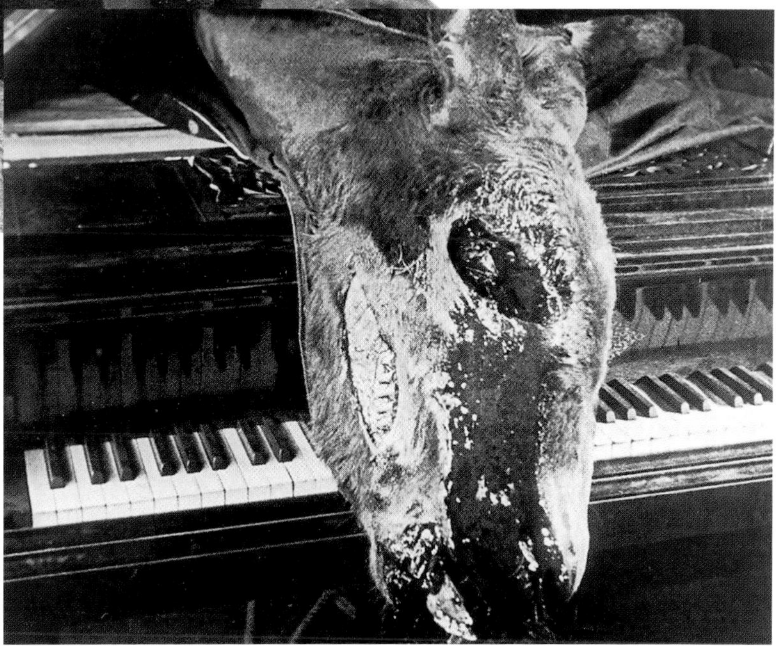

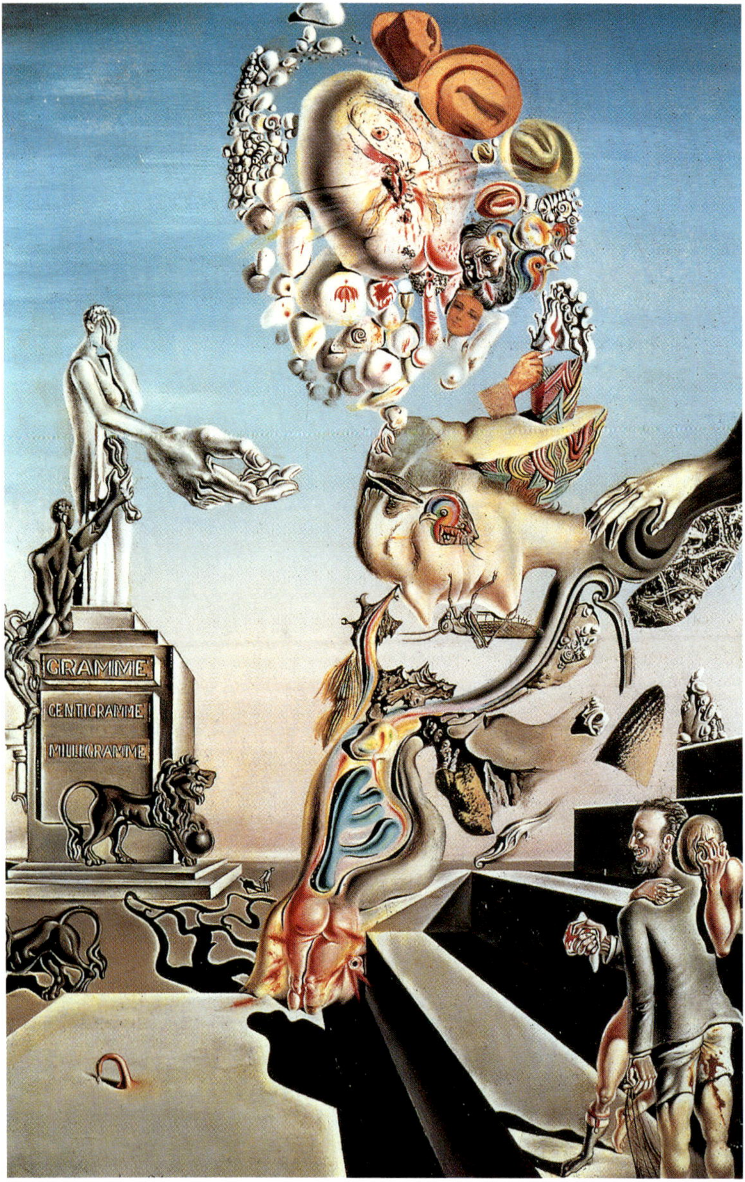
GRAMME
CENTIGRAMME
MILLIGRAMME

Au contact des surréalistes, l'artiste ne renonce pas à son esthétique « objective ». Son expérience de la « conversion subite du réel », sous la puissance du regard qu'il baptise « paranoïaque », s'oppose autant à l'automatisme d'André Breton qu'à l'hallucination cultivée autour de Georges Bataille. L'intransigeance du « nouveau Rimbaud » doit beaucoup à l'influence libératrice de Gala Eluard.

CHAPITRE 3

EXPÉRIENCE PARANOÏAQUE CONTRE AUTOMATISME

Sur cette photo de Dali à Cadaquès en 1929 apparaît Gala Eluard en surimpression comme celle qui donne, rétrospectivement, un sens nouveau à la vie du peintre. Elle avait été choisie par le petit groupe surréaliste venu à Cadaquès pour demander à Dali si l'homme au caleçon souillé au premier plan du *Jeu lugubre*, à gauche, reflétait de sa part une tendance coprophile.

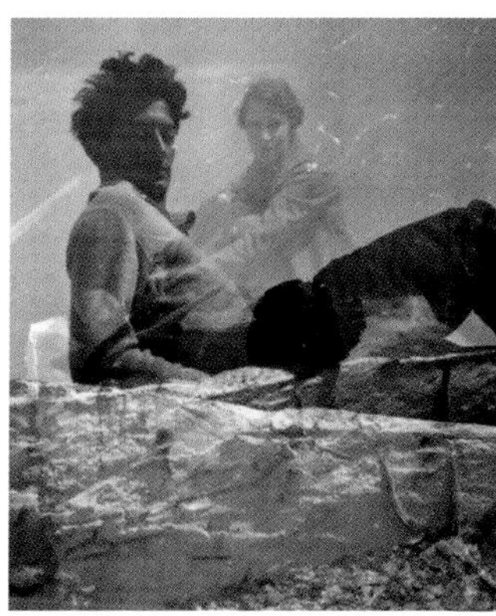

Le premier contact de Dali avec le surréalisme se fait par l'intermédiaire de *La Révolution surréaliste*, la revue fondée en 1924 où il découvre *Le Chasseur et terre labourée* de Joan Miró en 1925, *L'Anneau de l'invisibilité* et *Animaux perdus* d'Yves Tanguy et *La Belle Saison* de Max Ernst en 1926. Toiles dont on peut trouver des citations et des traces dès *Petites Cendres*. Elles encouragent Dali à libérer les « petites choses » qui s'agglutinent dans des organismes irréels influencés aussi par les structures éclatées d'André Masson. « J'ai tout piqué à tonton Yves », se vantera Dali des années plus tard, mais la figure exemplaire reste Miró, auréolé par ses séjours parisiens.

Les encouragements de Miró

En octobre 1927, Miró, sur les recommandations du critique Sebastien Gasch, visite Dali à Cadaquès en compagnie du marchand parisien Pierre Loeb : « Leur visite a été très rapide, écrit Dali à Gasch. La personnalité de Miró m'a beaucoup impressionné ; inutile de te dire que nous n'avons presque pas parlé. Ce qui les a le plus intéressés ce sont les deux dernières toiles *Le Bois des appareils* et *Appareil et Main*. Ils ont tous deux trouvé que certaines parties rappellent Yves Tanguy, mais la technique leur semble supérieure, plus naturelle et infiniment plus plastique. » Dali communique son enthousiasme à Lorca et vante la pureté crue de Miró qui « peint des bambins avec des poils, des sexes, etc. ». L'érotisme panthéiste de Miró et ses anatomies fantasmatiques exacerbent les « désirs inassouvis » de Dali et lui permettent de vaincre ses réticences à l'égard de l'automatisme surréaliste. Rien de plus opposé en effet à sa vision de l'objectivité que cet abandon incontrôlé à l'inconscient prôné par le *Manifeste du surréalisme*. Dans *Nouvelles Limites de la peinture*, Dali préfère citer *Le Surréalisme et la peinture* où il trouve un lien entre l'« autonomie » que Breton donne aux choses et aux mots et l'« émancipation des petites choses » qui est au fondement de son « objectivité ». Breton, voulant réfuter la théorie positiviste de la « mémoire subliminale », insiste

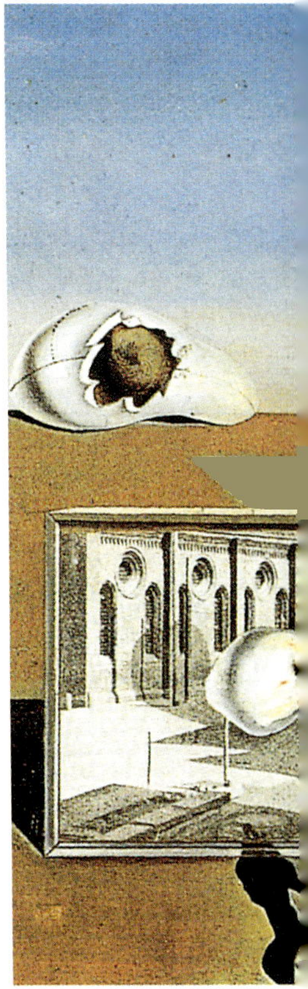

Dans *Les Plaisirs illuminés*, Dali disperse sur la toile, elle-même parsemée de boîtes, les nouveaux éléments figuratifs libérés par l'expérience du *Chien andalou*. On y retrouve pêle-mêle des objets indéterminés comme la coque couturée, la tête du Grand Masturbateur et des perroquets, l'autoportrait en jarre, accolé à celui de sa sœur, le jeune…

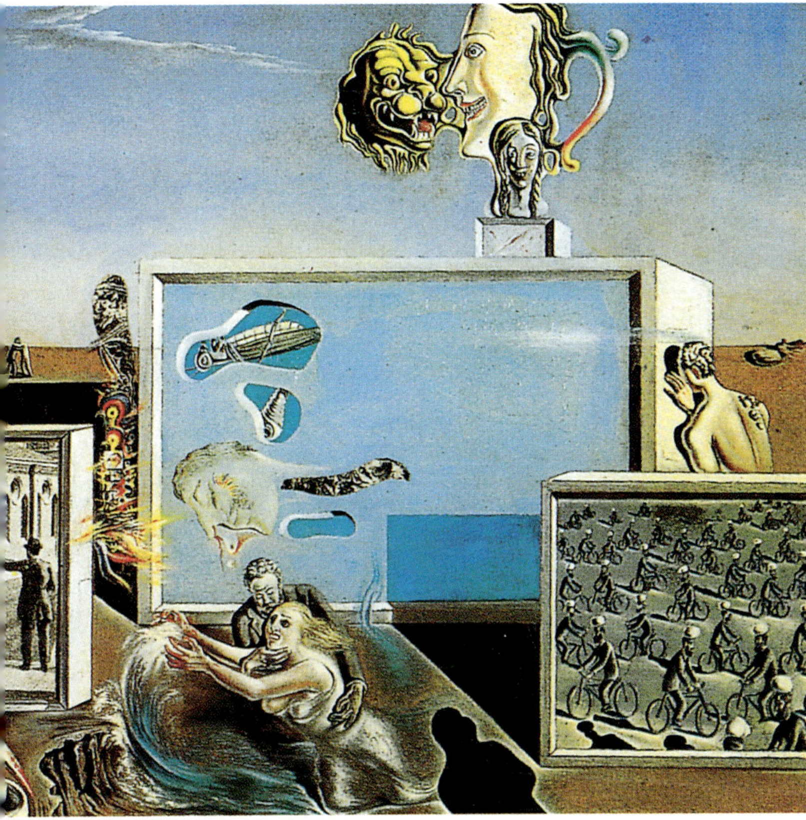

sur l'importance du moi dans le processus créateur. Mais « La grande lumière subjective » de l'artiste est une lumière noire, celle du doute : « Il n'y a pas de paysages. Pas même d'horizon. Il n'y a, du côté physique, que notre immense suspicion qui entoure tout. » Seul le moi permet d'échapper au néant.

La surréalité contenue dans la réalité

Pour Dali, cette conception irrationnelle de la création légitime « la nécessaire absence de cohésion » qui envahit son œuvre. Reprenant à son compte le doute bretonnien, Dali affirme que le rôle de l'artiste est de systématiser la confusion du réel

… homme honteux et voyeur. La présence de l'homme barbu qui assiste la naissance de cette femme plantureuse fait penser à une allégeance freudienne, Dali reprenant ici une tradition iconographique interne au surréalisme, née du *Cerveau de l'Enfant* de Chirico et poursuivie par la *Révolution la nuit* de Max Ernst.

par l'imposition de sa vérité individuelle, où agit « le plus pur subconscient ». Cet ancrage dans le moi s'accompagne pour Breton d'un arrimage à la réalité qui traduit, encore à la grande satisfaction de Dali, une « philosophie de l'immanence » : « Tout ce que j'aime, tout ce que je pense et ressens, m'incline à une philosophie particulière de l'immanence dont il se dégage que la surréalité serait contenue dans la réalité même, et ne lui serait ni supérieure ni extérieure. » Cet « infraréalisme » permet à Dali d'intégrer l'automatisme comme l'indique ce passage sur Miró : « Les peintures de Miró nous mènent, par les chemins de l'automatisme et de la surréalité, à apprécier approximativement la réalité elle-même, corroborant ainsi la pensée d'André Breton pour qui la surréalité serait contenue dans la réalité et vice versa. » Dans *Réalité et Surréalité*, la formule bretonnienne garantit pour Dali un automatisme qui n'est plus « écoute » d'une dictée de l'inconscient mais une transformation immédiate du donné « visé ». Ce qui est en jeu, c'est la « conversion » automatique du réel, la révélation de son incohérence sous le regard arbitraire du moi. Ce que Dali appellera en 1930 l'expérience paranoïaque.

À nous deux Paris

La réalisation du *Chien andalou* au printemps 1929 et l'envoi simultané d'articles « purement documentaires » sur Paris à la revue *La Publicitat* permettent à Dali d'expérimenter ce surréalisme de l'inventaire pur. Ainsi d'un café sur les Champs-Élysées : « "Il y a" dix-huit boutons, le bouton plus près de moi a un poil (peut-être un poil de cil ou de tigre) qui sort de l'un des trous du bouton. À la droite de ce bouton, à trois centimètres, une miette de biscuit… Après les miettes, et en suivant à main droite il y a un abîme

Cette main déformée par le désir met en évidence l'objet du délit dont l'activité alimente les fantasmes situés dans le dos du personnage taché par le sang qui coule de la colonne antique. Il souille lui-même de ses excréments la volute sur laquelle il est assis. Dali a renforcé le caractère Art Nouveau de l'ornement éclectique (inspiré du monument à Frederic Soler à Barcelone) pour mieux signifier ce relâchement devant les pulsions.

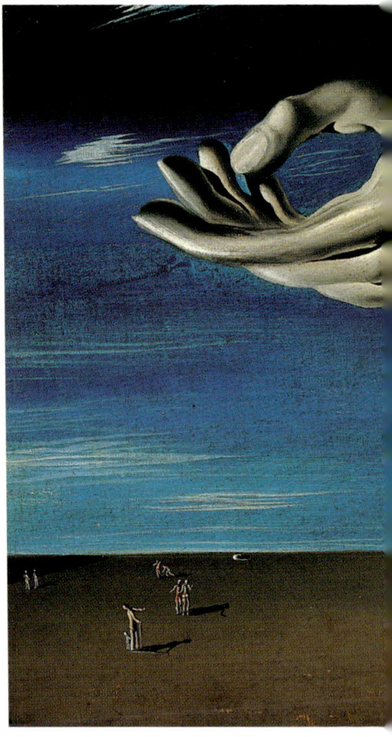

noir d'environ deux empans de large. De l'autre côté de l'abîme, "il y a" une table accrochée à une fumée mince et longue... Tout d'un coup se produit, très vite, ce qui suit : sept mains se poursuivent, trois gants s'introduisent dans trois mains, deux mains sautent en haut d'une chaise, une en haut d'une table à trois mètres de distance. À ce moment-là, mains, gants, boutons, poil, etc. sont remplacés par un miroir. Le miroir remplacé par l'avenue des Champs-Élysées que l'après-midi éclaire encore ; les Champs-Élysées disparaissent et sont remplacés par une vitrine de chaussures, éclairée électriquement de l'intérieur, etc. »

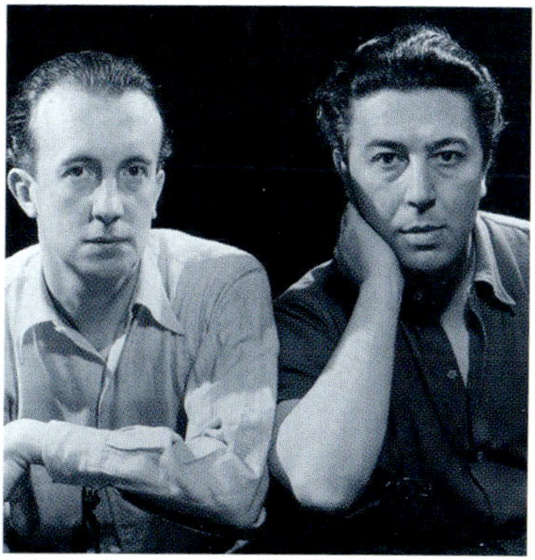

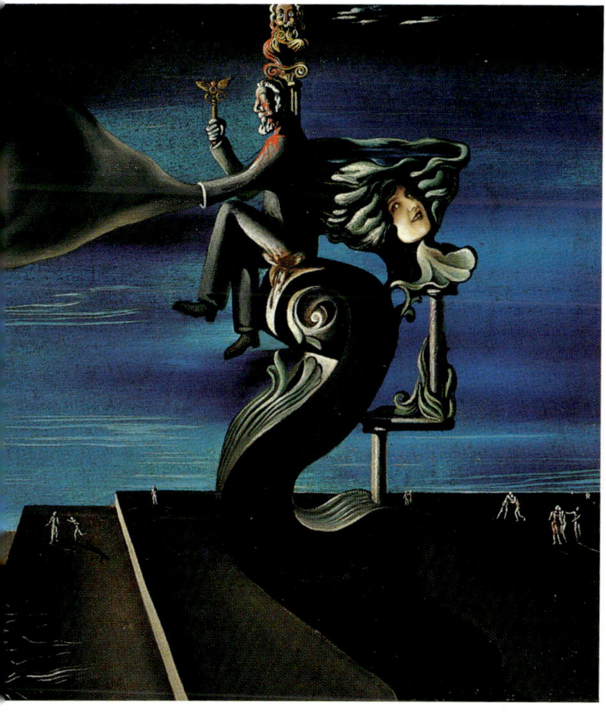

Paul Eluard (ci-dessus, à gauche, à côté d'André Breton) est le premier à avoir rencontré Dali lors du tournage du *Chien andalou* à Paris en avril 1929. Il lui rend visite dès l'été avec Gala, et sa correspondance ultérieure avec celle-ci témoigne d'une admiration et d'une estime sans faille qui le conduiront à voter contre l'exclusion de Dali proposée en 1934 par André Breton. Celui-ci, sidéré autant par la peinture que par les textes de celui qu'il considère comme un nouveau Rimbaud, achète ses premières toiles de 1929 telles *L'Accommodation des désirs* ou *Guillaume Tell*, qui illustre le rapport père-fils qu'ils connaîtront tous les deux.

Le séjour parisien est riche de rencontres. Miró impose à Dali le port du smoking pour l'introduire dans quelques salons, et le présente à Camille Goemans, qui expose rue de Seine des collages de Picasso, Arp, Ernst et Magritte. Goemans réagit immédiatement et signe un contrat d'exclusivité pour une exposition à la fin de l'année. Dali s'enthousiasme pour Man Ray dont il visite le studio et visionne *Le Mystère du château de Dé*. Goemans le présente à Magritte ainsi qu'à Eluard qui l'emmène dans des boîtes de nuit. Les tentations parisiennes mortifient le puceau provincial à l'excessive timidité. Rentré dans son hôtel, les souvenirs de la journée lui montent à la tête : « De retour dans ma prosaïque chambre d'hôtel, les jambes rompues, une tristesse amère m'emplissait le cœur. Toutes ces femmes inaccessibles que je brûlais des yeux occupaient mon imagination. Devant l'armoire à glace, j'accomplissais le sacrifice solitaire que j'essayais de prolonger le plus longtemps possible, pour rappeler une à une les images entrevues dans la journée, et les forcer à venir me montrer ce que j'avais tant désiré de chacune d'elles. Au bout d'un long quart d'heure épuisant et mortel, j'arrachais enfin de toute la force animale de ma main crispée l'ultime plaisir mêlé de larmes brûlantes et aigres. » À la fin de son séjour, Eluard, Magritte et Goemans promettent de lui rendre visite pendant l'été à Cadaquès.

Un érotisme polymorphe

Le choc érotique parisien et l'expérience cinématographique ravivent le regard du peintre. Sous les yeux de Dali bébé, symbole de ce retour au regard naïf d'avant le langage, *Les Premiers Jours du printemps* célèbre ce renouveau d'un monde brut de collages et de chromos, de silhouettes frustes et d'allusions grossières. L'ombre phallique de la petite fille qui tend une bourse à un vieillard freudien, le couple homosexuel, l'homme aux mains vaginales, et l'apparition de la tête diaphane et nécrosée de celui qui deviendra le Grand Masturbateur ont la gaieté crue de décalcomanies de pains d'épices.

Les Premiers Jours du printemps, de 1929, est l'occasion d'une renaissance. Le retour à une perspective conventionnelle crée le nouvel espace, neutre et abstrait, où se dessine l'œuvre à venir. La figure revient, mais d'une manière toute schématique, parfois sous forme de collages ou de décalcomanies rehaussés : la petite fille, l'homme barbu ou les hommes en costume accompagnés de femmes-objets fortement érotisées. Deux tableaux en abyme signalent la volonté d'échapper autant à l'abstraction (à droite, une surface peinte d'aplats irréguliers de six couleurs différentes) qu'à la vision eurythmique de l'esthétique puriste (à gauche, un chromo encadré représente le pont d'un paquebot de croisière). Sous le regard de Dali bébé sont présents des éléments des toiles à venir : l'ornement Art Nouveau, le pichet-visage aux dents sadiques, la tête du Masturbateur avec sa sauterelle géante. Hors du regard de l'enfant : une petite fille et un homme barbu, deux hommes « bien mis » qui se chevauchent sur un socle ornemental, un homme assis sur une chaise tournant le dos à la scène et, à l'horizon, le père et l'enfant.

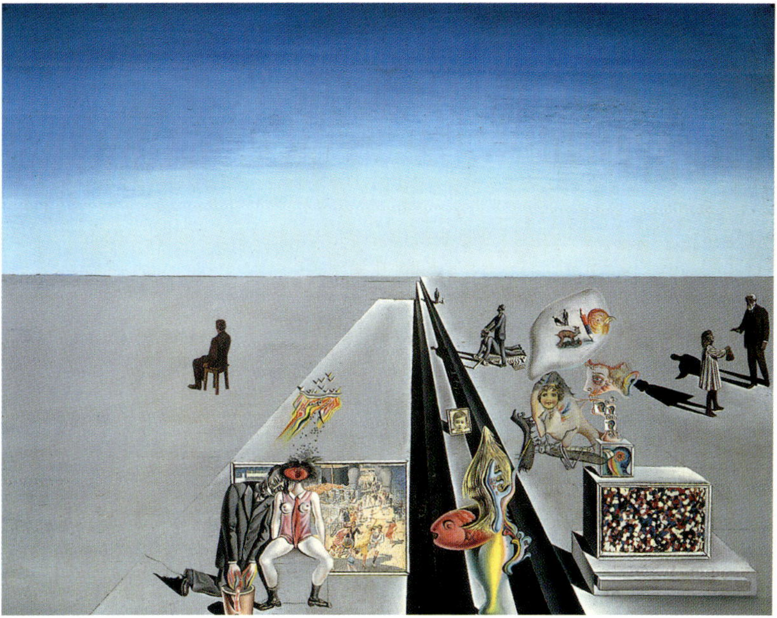

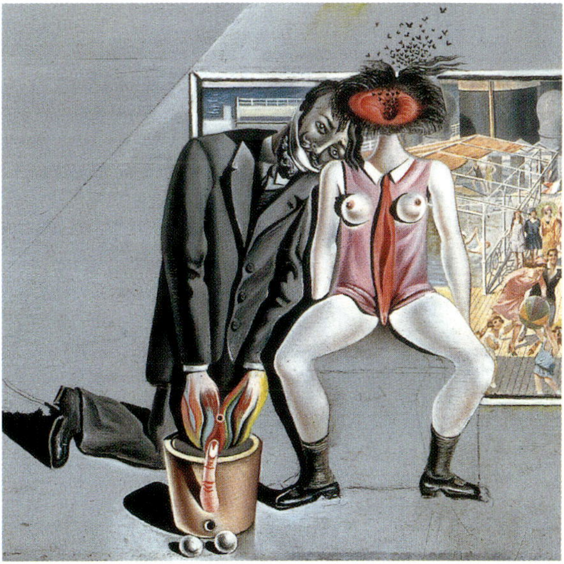

Devant le chromo innocent, un couple équivoque : une femme en collants gris est assise sur un socle. Le sexe est caché et signalé par la grande fente rouge de la cravate. Le visage est remplacé par un orifice anatomique indéterminé d'où s'échappe un essaim de moucherons. De la chemise rose percent deux seins. Un homme à genoux, en costume strict, la bouche bâillonnée, la tête penchée sur son cou, les mains, placées au-dessus d'un seau, finissant en rotondités multicolores, présente un anus et un vagin.

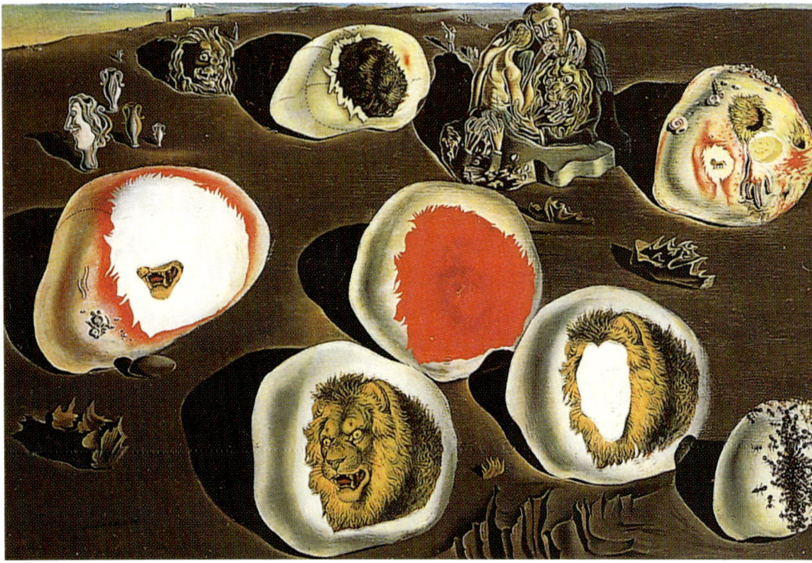

Le Jeu lugubre (voir page 44) accentue la rotation de ces fantasmes en un immense mirage sous la main démesurée d'un androgyne qui se voile la face. Au premier plan, un couple masculin (père et fils ?) maculé de sang et d'excréments, aux attitudes équivoques. Au-dessus de la tête du Masturbateur aux yeux clos, l'image érotique se dédouble : le sein d'un buste de femme devient le testicule d'un doigt phallique. Oreilles de lapins ou plis de chapeaux, bouche barbue ou fumée de cigarette, tout est bon pour simuler les fentes vaginales tandis que les fessiers rougis de sang s'imposent comme objets du désir. La proximité d'un calice et de son hostie ajoute son piment blasphématoire à l'obscénité. Aux pieds de l'immense éruption chaotique, l'ornement « Modern Style » étend son ombre divagante.

Sous leur admiration, les visiteurs de l'été ont du mal à cacher leurs inquiétudes. L'homme au caleçon merdeux les heurte particulièrement et, selon Dali, Gala Eluard est chargée de traduire leur préoccupation : Dali serait-il coprophile ?

Avec *L'Accommodation des désirs*, 1929, Breton célèbre en Dali une nouvelle recrue pour le surréalisme : « [...] Le procès que nous avons intenté à la réalité, nous croyons bel et bien le gagner et c'est pourquoi, dès maintenant, nous tenons à produire, en l'entourant d'un éclat particulier, le témoignage pathétique d'un homme qui nous semble entre tous n'avoir rien à sauver : rien, pas même sa tête. »

L'Accommodation des désirs, pour reprendre le titre d'une autre toile de 1929, semble en effet délicate : autour d'un couple homosexuel (père-fils ?) qui se dévore, les figures du désir sont projetées sur un ensemble de rochers sous le signe de la terreur et de la masturbation. Un lion figuré à la place du sexe sur un torse de femme aux douteuses éruptions voisine avec des orifices poilus où une main s'insinue. Ailleurs, la crinière rouge du félin cerne une dangereuse *terra incognita* et un grouillement de fourmis semble sortir d'un vagin. Désirs ou hantises ? La femme-jarre aux dents acérées commence à proliférer. Rien sur cette grève désolée aux rocs aiguisés ne suggère une sexualité épanouie.

Entrée en scène de Gala Eluard

C'est alors qu'intervient Helena Diakanoff Devulina, Russe née à Kazan d'une famille de fonctionnaires. Cette petite fille modèle apprend à lire le français dans la comtesse de Ségur et poursuit ses études dans un institut privé, l'accès à l'université étant alors interdit aux jeunes filles. Un séjour en sanatorium en Suisse lui fait connaître Eugène Grindel, le futur Paul Eluard. Le mariage et la naissance d'une fille n'empêchent pas le couple de vivre très librement. Max Ernst, rencontré à Cologne, forme avec eux

Cette photographie du groupe surréaliste réalisée par Man Ray rassemble, de gauche à droite, Tristan Tzara, Paul Eluard, André Breton, Hans Arp, Salvador Dali, Yves Tanguy, Max Ernst, René Crevel et Man Ray lui-même. Étriqué dans son costume, Dali est encore le jeune garçon timide et fin comme une gazelle qui va prendre très vite conscience de ses qualités aussi bien comme artiste et théoricien au sein du groupe que comme vedette, provocant et séducteur dans le milieu mondain de ses premiers collectionneurs et mécènes. Il arrive à point pour remplacer André Masson parmi les peintres et ne tarde pas à provoquer la jalousie de Max Ernst.

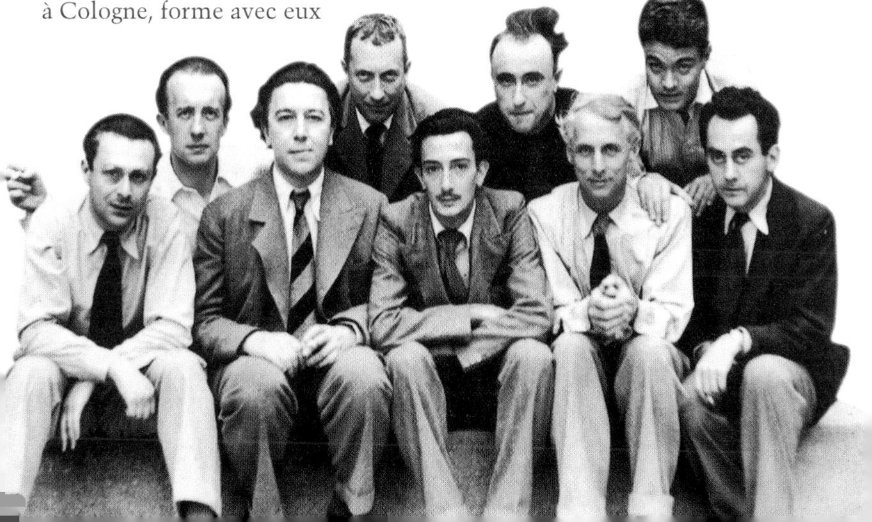

un ménage à trois, lors de son arrivée à Paris, et il la peint dans *Le Rendez-Vous des amis*, le dos tourné au groupe surréaliste, manifestant par là son indépendance. Surnommée « la Tour » ou « la Sybille des steppes » par les surréalistes, Gala entraîne Eluard dans une frénésie sexuelle dont témoignent les lettres du poète : « Il y avait la nuit dernière une grande bande de lune dans la chambre et je t'ai vue, vraiment vue toute nue et les jambes écartées et tu étais prise par deux hommes, dans la bouche et dans le sexe. Et tu étais brune et très belle. Et encore maintenant, à ce souvenir, je songe que tu es pour moi l'incarnation de l'amour, l'incarnation la plus aiguë du désir et du plaisir érotique. »

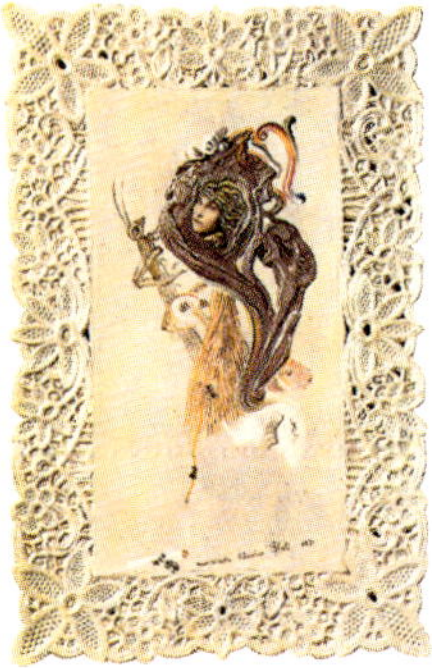

Gala a dix ans de plus que Dali mais il voit en elle la réalisation de ses désirs enfantins pour une petite Russe : « C'était elle ! Galutchka Rediviva ! Je venais de la reconnaître à son dos nu. Son corps avait une complexion enfantine, ses omoplates et ses muscles lombaires cette tension athlétique un peu brusque des adolescents. En revanche le creux du dos était extrêmement féminin et liait avec grâce le torse énergique et fier aux fesses très fines que la taille de guêpe rendait encore plus désirables. Comment avais-je pu passer tout l'après-midi précédent sans la reconnaître... ? » Juvénile, androgyne et callipyge, elle rassure avec ses trente-cinq ans. L'effet est immédiat. « En une nuit, Dali changea du tout au tout », raconte Buñuel, venu à Cadaquès pour travailler sur le script d'un nouveau film, « il ne faisait que répéter ce que disait Gala, une transformation totale ». Complicité d'Eluard qui a commandé son portrait à Dali

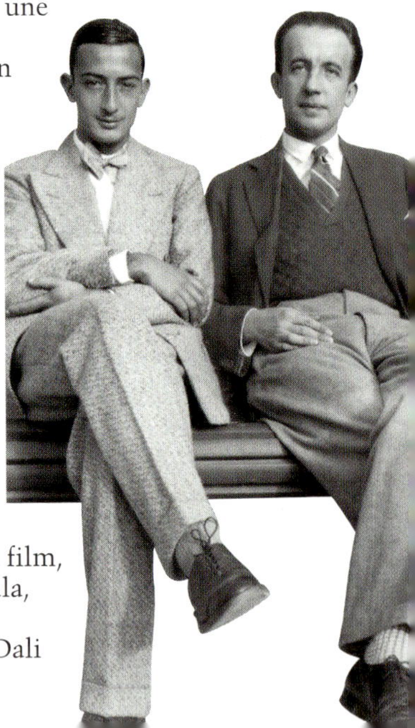

Exécuté l'été 1929, le *Portrait de Paul Eluard* par Dali (à droite) témoigne de la sympathie entre les deux hommes qui se sont rencontrés à Paris au mois d'avril, à l'occasion du séjour du peintre pour le tournage du *Chien andalou*. Eluard, qui étonnait Dali par son élégance et son aisance avec les femmes, est ici entouré des tout nouveaux éléments de l'imagerie du peintre, ce qui témoigne de leur intimité. Eluard avait-il aussi joué sur le charme de sa femme pour se l'attacher ? Dali et Gala (à gauche, son premier portrait par Dali) restent seuls à la fin de l'été à Cadaquès.

et utilise parfois sa femme pour s'assurer l'œuvre d'artistes dans le dos de leurs marchands ? Décision d'une femme séduite ou calculatrice ? À la fin du séjour, Gala reste seule à Cadaquès, au grand dépit de Buñuel et à la fureur du père de Dali qui voit d'un mauvais œil son fils s'afficher avec une femme mariée, sous les yeux de sa fille. Dali panique : « De ma vie encore, je n'avais fait l'amour. Cet acte me paraissait disproportionné avec ma vigueur physique… cela n'était pas fait pour moi. » Et, de fait, l'idylle piétine. Aveux et confidences se soldent par des promesses : Gala attendra Paris et la première exposition de Dali pour jouer son rôle d'initiatrice. Mais elle repart avec plusieurs tableaux dont *Le Jeu lugubre*, et le *Portrait de Paul Eluard*.

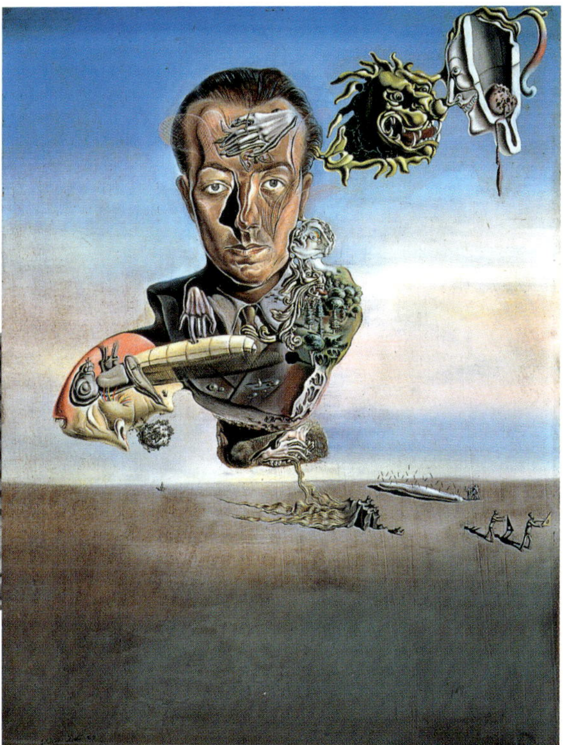

Double page suivante, deux photographies prises à Port Lligat dans la petite maison de pêcheurs achetée en 1930 grâce à une avance d'un des premiers mécènes de Dali, Charles de Noailles. Simple remise des deux fils de Lidia Nogues, l'amie paranoïaque de Dali, elle fut transformée et agrandie pendant près de cinquante ans. Devant un mur chaulé où une table en pierre réunit les convives en été, la tête de Dali, dans un jeu optique dont il sera friand dans les tableaux de 1938 (*Afghan invisible avec apparition sur la plage du visage de García Lorca en forme de compotier aux trois figues*) semble faire partie des reliefs du repas. Dans l'oliveraie voisine, où Dali dresse une perspective de colonnes naïves à chapiteaux plats, il met en scène l'été 1931 une série de photographies avec Gala et René Crevel comme figurants (c'est au cours de ce séjour que Crevel écrit *Dali ou l'anti-obscurantisme*, premier texte critique sur l'œuvre peint et écrit). On retrouve ce type de colonnes dans *L'Homme invisible* et ce drapé mystérieux dans *La Vieillesse de Guillaume Tell*, illuminé par la lumière du couchant.

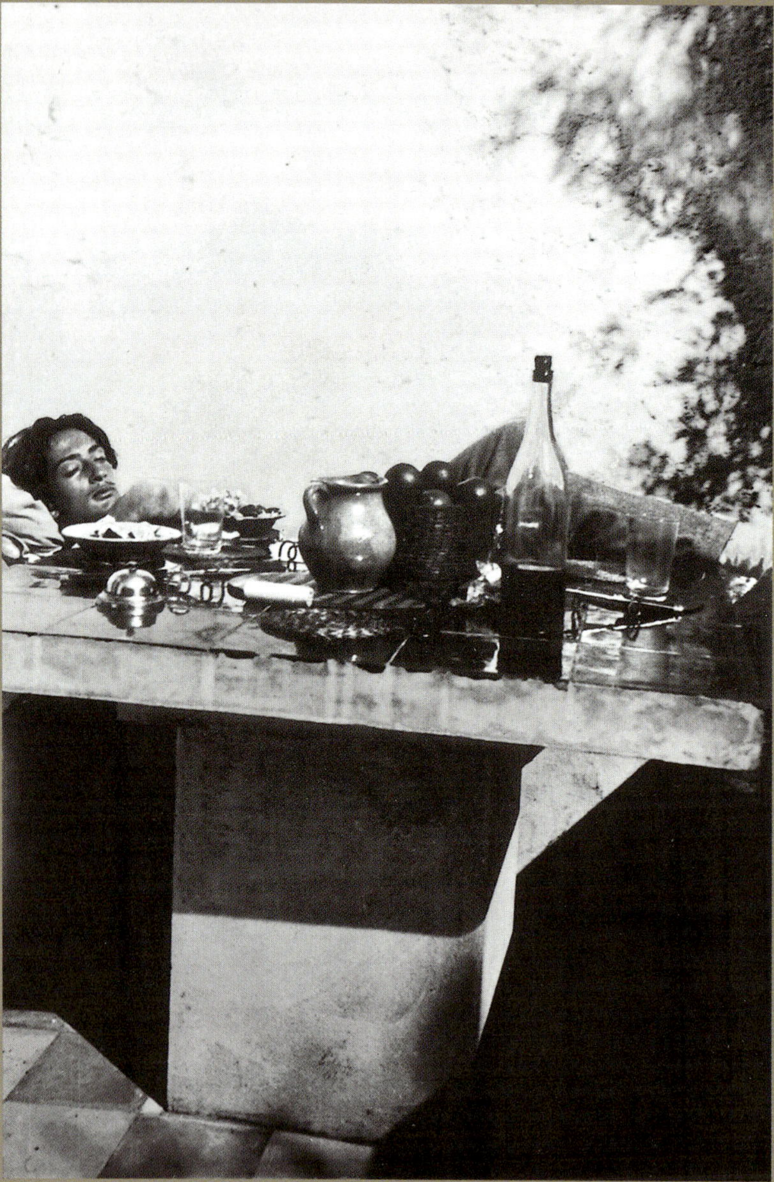

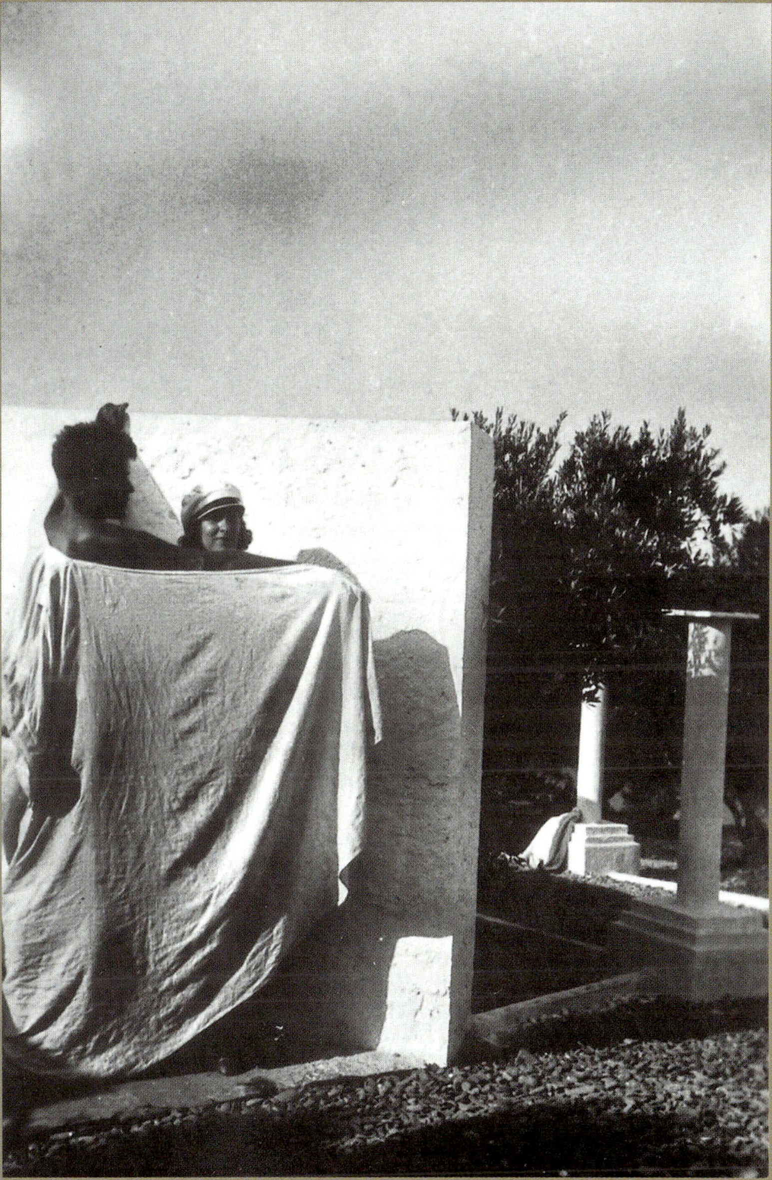

Breton salue le nouveau Rimbaud

Présentée par Eluard, l'œuvre récente fait événement. Avant même l'exposition à la galerie Goemans, Charles de Noailles achète *Le Jeu lugubre*, et Breton *L'Accommodation des désirs*. À cette époque, le groupe surréaliste traverse une crise, Michel Leiris, Georges Limbour et quelques dissidents se regroupent auprès de Georges Bataille qui a fondé, avec l'appui de Georges Wildenstein, la revue *Documents* alors que *La Révolution surréaliste* cesse de paraître, faute de moyens. Breton a entamé la rédaction du *Second Manifeste du surréalisme*, prose laborieuse et vindicative où se succèdent déclarations d'intention et règlements de comptes.

Précédé par la gloire du *Chien andalou*, Dali fait figure de joker et galvanise le roi contesté. Dans la préface destinée

L'*Énigme du désir* est une des premières variations sur le thème du Grand Masturbateur dont le visage aux yeux clos repose sur le sol. Dans les alvéoles se lit, obsédante, l'inscription « ma mere » [sic], sur un arrière-plan de groupes symboliques.

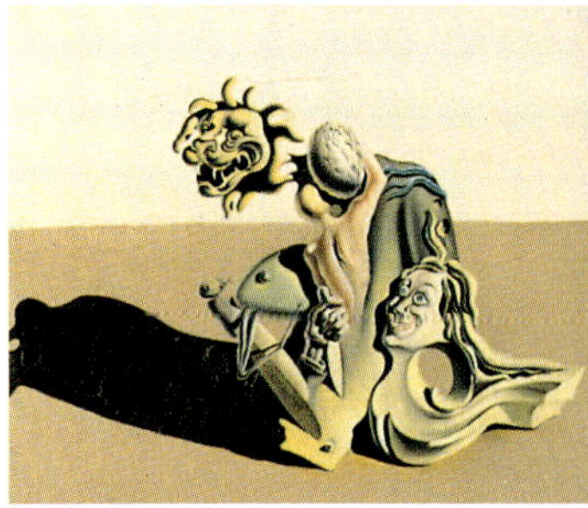

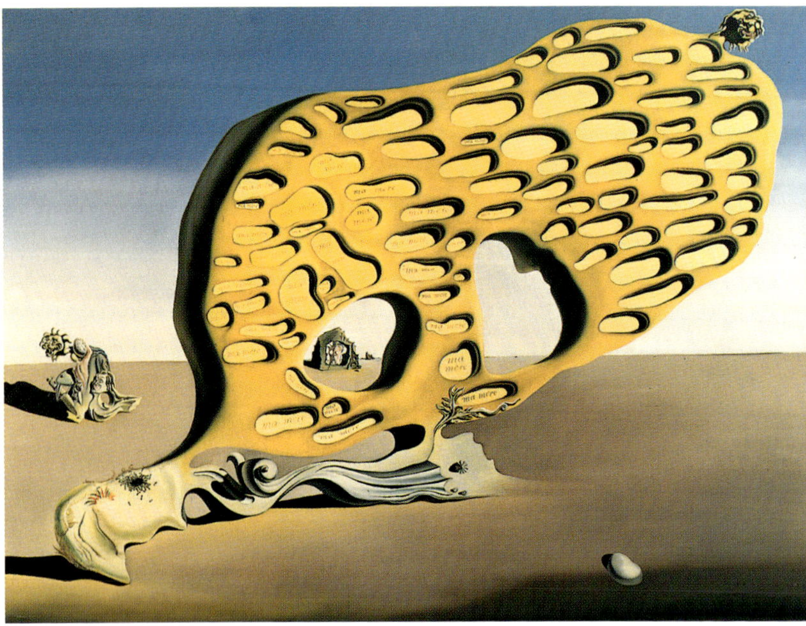

au catalogue de Goemans, Breton retrouve les accents d'un Verlaine accueillant un Rimbaud qu'il faut à tout prix protéger de la vermine – Georges Bataille et sa bande – qui veut s'y accrocher. « C'est peut-être, avec Dali, la première fois que s'ouvrent toutes grandes les fenêtres mentales et qu'on va se sentir glisser vers la trappe du ciel fauve. Nous sommes littéralement happés, et ce n'est pas le moins grave à la vue de cette tête de lion, grande comme la colère, de ce masque à anse duquel je me retiens encore de penser quoi que ce soit – car j'ai peur... » Peurs que Breton savoure sur un ton apocalyptique : « L'art de Dali, jusqu'à ce jour le plus hallucinatoire qu'on connaisse, constitue une véritable menace. Des êtres absolument nouveaux, visiblement mal intentionnés, viennent de se mettre en marche. C'est une joie sombre de voir comme rien n'a plus lieu sur leur passage qu'eux-mêmes, et de reconnaître, à leur façon de se multiplier et de fondre, que ce sont des êtres de proie. » Dans le *Second Manifeste du surréalisme* qui paraît en décembre, le doctrinaire prophétise : « C'est à l'innocence, à la colère de quelques hommes à venir qu'il appartiendra de dégager du surréalisme ce qui ne peut manquer d'être encore vivant, de le restituer, au prix d'un assez beau saccage, à son but propre. » Signe de l'adoubement de Dali, le frontispice du *Second Manifeste* lui est confié : Grand Masturbateur, femme-jarre, tête de lion, clés, calices et hosties, et même un étron entouré de mouches, aux côtés d'un diamant, en font un rébus de sa nouvelle mythologie.

Question saccage, Breton allait être servi. En quelques mois, Dali signe avec Buñuel un second film, *L'Âge d'or*, qui crée un scandale revitalisant pour les surréalistes, et son premier article,

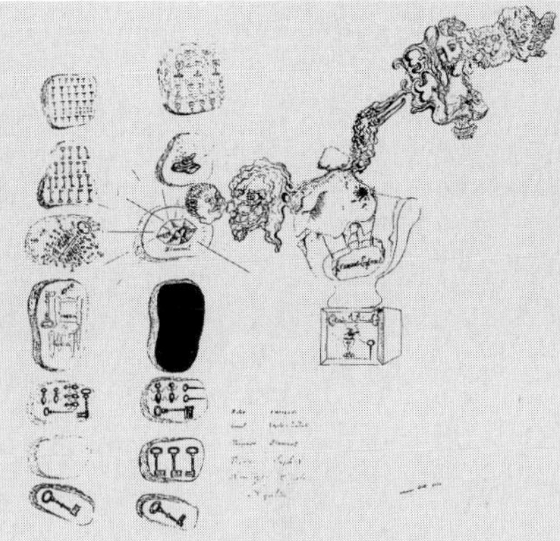

Frontispiece for *Second Surrealist Manifesto*, 1930, pen and ink and gouache on paper, 30.5 × 26.7.
The Museum of Modern Art, New York (The Sidney and Harriet Janis Collection) (no.119).

En confiant à Dali le soin d'illustrer le *Second Manifeste du surréalisme* (ci-dessus, le frontispice), Breton manifeste son adhésion à une œuvre douée d'une puissance illuminative et prophétique selon les termes de sa préface de 1929. Dans ce texte, Breton oppose aux « mites » bataillennes « l'espoir que tout ne sombrera pas quand même, que l'admirable voix qui est celle de Dali ne se brisera pas pour commencer à son oreille, du fait que certains "matérialistes" sont intéressés à la lui faire confondre avec le craquement de ses souliers vernis ». Bataille, qui avait été le premier à publier des œuvres de Dali, est doublé par Breton.

« L'Âne pourri », confirme sa subversion de l'automatisme bretonnien en expérience paranoïaque.

« L'Âge d'or »

L'Âge d'or témoigne d'une surenchère dans la provocation érotique et sacrilège. « Parfois je crache avec plaisir sur le portrait de ma mère », avait écrit Dali sur un tableau de l'exposition Goemans, à l'indignation du veuf. Chassé de la maison paternelle, il se réfugie à Cadaquès avec Buñuel pour écrire le scénario qu'ils terminent à Paris en décembre. D'une retraite sur la Méditerranée, en compagnie de Gala, Dali lui envoie quelques « idées » supplémentaires accompagnées d'illustrations. Certains fondus enchaînés, dessinés avec précision, font penser aux fantasmes polymorphes du *Jeu lugubre*. « Lui la regarde et on voit ses lèvres tremblantes... Son visage s'efface légèrement et ses lèvres se surimpressionnent subtilement jusqu'à apercevoir de vraies lèvres de sexe épilées, jusqu'à se confondre avec les précédentes. » Un dialogue fera scandale : « Il faut mettre à tout prix dans le dialogue d'amour comme s'ils se parlent de quelque chose déjà connu. Elle : "J'ai toujours désiré la mort de mes enfants". Lui : "Mon amour". À ce moment-là il peut dire : "Mon amour" avec le visage en sang. » Buñuel tempère certaines outrances. L'arrachement d'un ongle de l'héroïne avec les dents lors de la scène d'amour est remplacé par la caresse d'une main mutilée. En dépit de ses démentis ultérieurs,

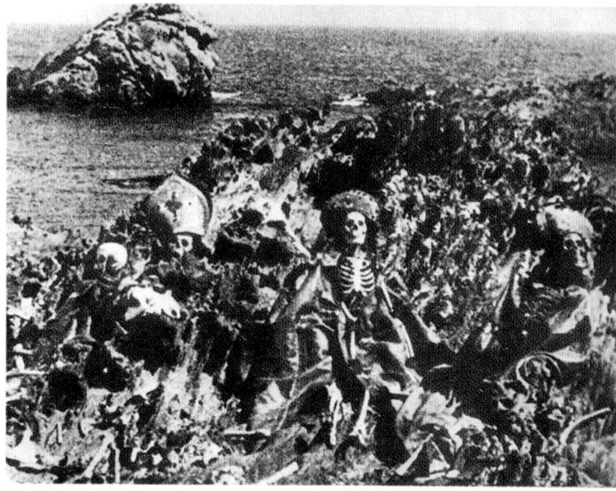

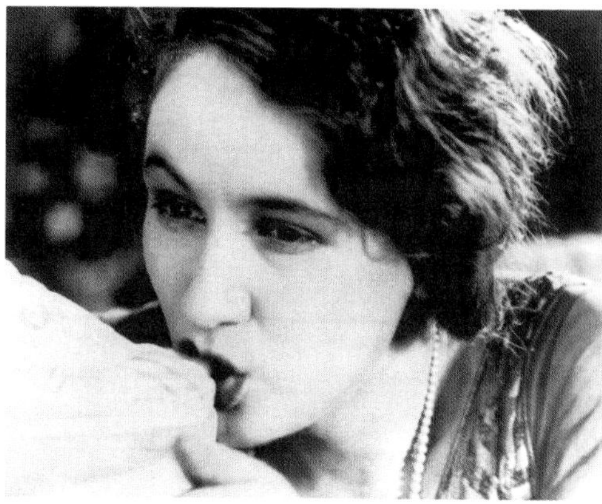

Tourné en partie à Cadaquès en avril 1930 (scène des évêques sur les rochers du cap Creus) et dans les studios de Billancourt (scène du jardin où Lya Lys suce l'orteil d'une statue), *L'Âge d'or*, commandité par Charles de Noailles, scandalise par ses provocations érotiques, sa scatologie, son sens du blasphème et son mépris affiché pour le monde politique.

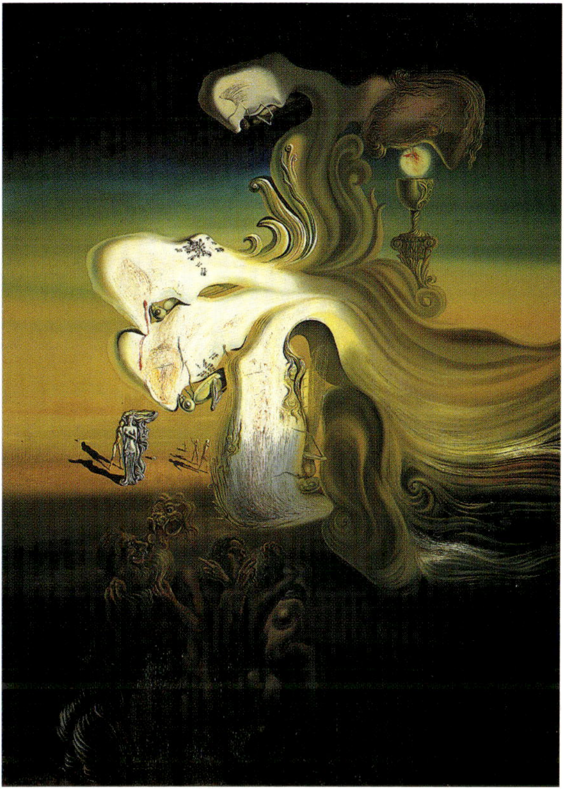

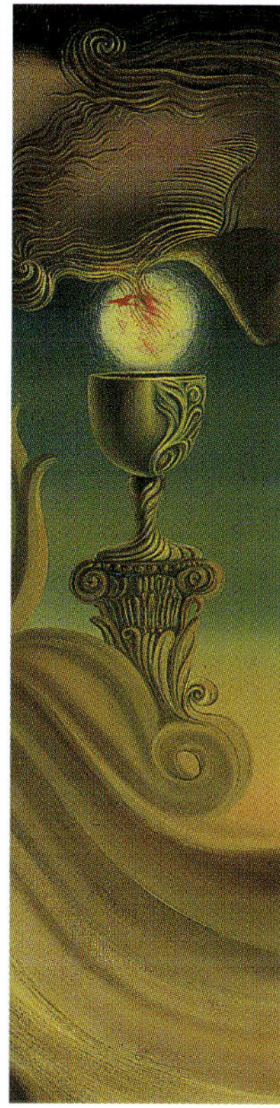

Écho de la scène de l'ostensoir dans le taxi de *L'Âge d'or*, *La Profanation de l'hostie* (ci-dessus, ensemble et détail) présente la métastase d'un Grand Masturbateur dont une tête crache sur une hostie. L'ornement Art Nouveau, symbole des perversions érotiques cachées dans l'ombre, dans le coin gauche du tableau, monte à l'assaut du calice.

Dali collabore aux séquences antireligieuses comme l'assimilation d'un personnage sadien, le comte de Blangis, au Christ. Quant à l'ostensoir du taxi, il semble sortir de *La Profanation de l'hostie*, un des tableaux phares de 1929. Tourné à Billancourt et à Cadaquès où les évêques du cap Creus sont incarnés par des pêcheurs locaux, *L'Âge d'or* est présenté dans le salon des Noailles, à Paris, dès juillet.

« L'Âne pourri » : la conversion paranoïaque

Au même moment paraît *Le Surréalisme au service de la révolution* où l'adjectif « paranoïaque » désigne pour la première fois cette « conversion » active et soudaine de la réalité, dont la violence prend source dans les désirs inconscients. Alors qu'en 1928 Dali pensait encore que la « conversion » visuelle de la réalité ne pouvait être déclenchée qu'à l'occasion d'une « distraction de caractère passif », il lui attribue, dans le texte *L'Âne pourri,* un caractère actif pour l'opposer à l'automatisme : « Je crois qu'est proche le moment où, par un processus de caractère paranoïaque et actif de la pensée, il sera possible (simultanément à l'automatisme et autres états passifs) de systématiser la confusion et de contribuer au discrédit total du monde de la réalité. » Dali insiste sur l'aspect conceptuel du phénomène paranoïaque, phénomène d'interprétation qu'il oppose à l'« hallucination », phénomène sensoriel prisé par Carl Einstein dans *Documents* : « Aussi loin que possible de l'influence des phénomènes sensoriels auxquels l'hallucination peut se considérer comme plus ou moins liée, l'activité paranoïaque se sert toujours de matériaux contrôlables et reconnaissables. »

La différence fondamentale, d'après Dali, entre la visée paranoïaque et l'hallucination volontaire tient au fait que l'image délirante paranoïaque n'a rien d'arbitraire et peut être partagée. « Les diverses formes que peut prendre l'objet en question seront contrôlables et reconnaissables pour tout le monde, dès que le paranoïaque les aura simplement indiquées. » C'est ainsi qu'une même carte postale représentant une case africaine peut être lue par Dali comme une tête de femme, et par Breton comme le portrait du marquis de Sade.

Cette revendication de communicabilité témoigne d'une volonté d'échapper à la « folie » générée et de légitimer toute perversion : « Les nouvelles images, comme forme fonctionnelle de la pensée, vont prendre le libre penchant

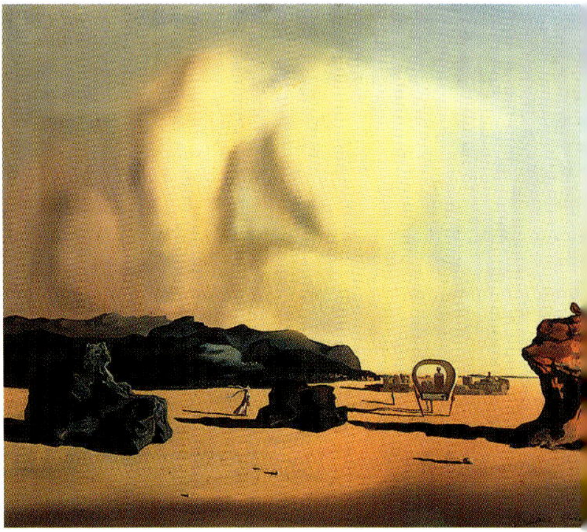

Moment de transition, entre 1931 et 1934, la plage de Rosas, étendue à l'infini et surmontée d'énigmatiques nuages, avec ses rochers menaçants dans la lumière du soir, sert de scène aux mirages et aux illusions hyperréalistes. Ici, la bâche d'une voiture à cheval se confond avec la coupole d'une ville à l'horizon, le profil des deux roues se réduisant à deux piquets plantés dans le sol. La voiture à bâche obsédait Dali depuis plusieurs années. Dans *Réalité et Surréalité* de 1928, il l'utilise pour illustrer la « conversion subite de la réalité », préfiguration de sa théorie de la vision paranoïaque telle qu'elle paraît dans *L'Âne pourri* de 1930.

du désir tout en étant refoulées violemment. L'activité mortelle de ces nouvelles images peut encore, parallèlement à d'autres activités surréalistes, contribuer à la ruine de la réalité, au profit de tout ce qui à travers les infâmes et abominables idéaux de tout ordre, esthétiques, humanitaires, philosophiques, etc., nous ramène aux sources claires de la masturbation, de l'exhibitionnisme, du crime, de l'amour. » Loin de voir dans l'expérience paranoïaque un danger

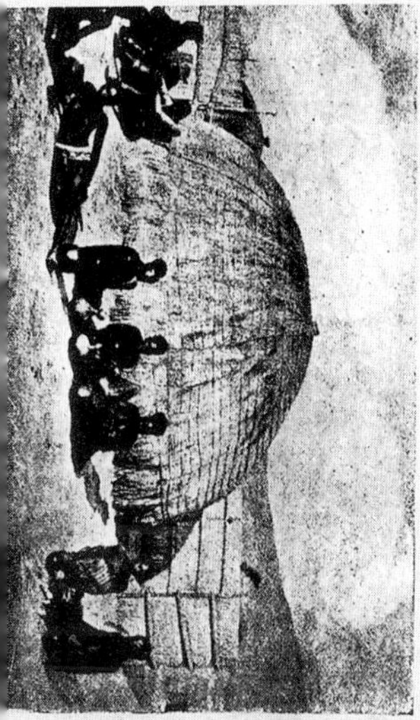

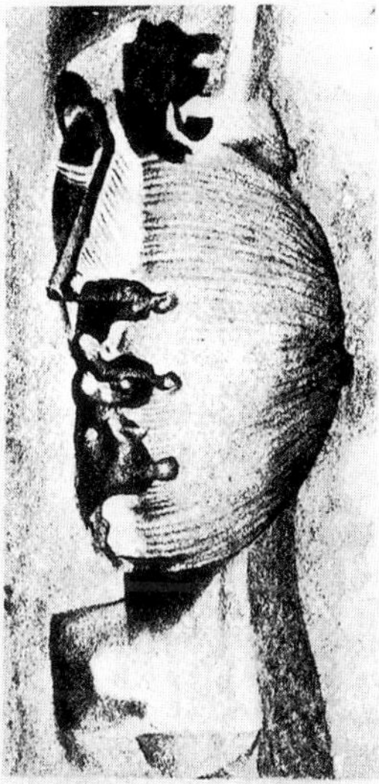

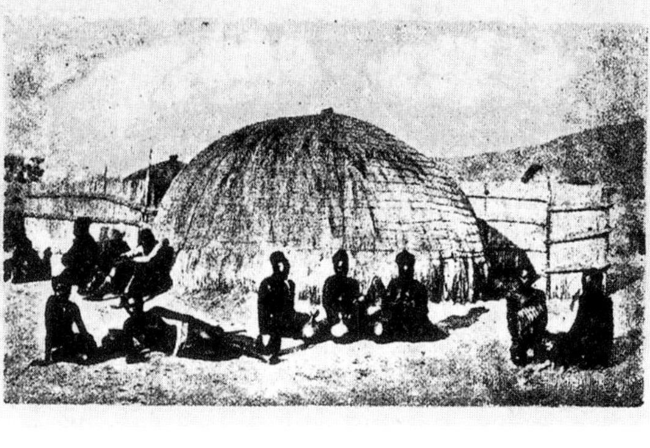

Ces trois images ainsi juxtaposées sont commentées par Dali dans une « communication » du *Surréalisme au service de la révolution* de 1931 sous le titre *Visage paranoïaque* : « À la suite d'une étude, au cours de laquelle m'avait obsédé une longue réflexion sur les visages de Picasso et particulièrement ceux de l'époque noire [sic], je cherche une adresse dans un tas de papiers et suis soudain frappé par la reproduction d'un visage que je crois de Picasso, visage absolument inconnu. Tout à coup, ce visage s'efface et je me rends compte de l'illusion (?). L'analyse de l'image paranoïaque en question me vaut de retrouver, par une interprétation symbolique, toutes les idées qui avaient précédé la vision du visage. André Breton avait interprété ce visage comme étant celui de Sade, ce qui correspondait à une toute particulière préoccupation de Breton quant à Sade. Dans les cheveux du visage en question Breton voyait une perruque poudrée, alors que moi je voyais un fragment de toile non peinte, comme il est fréquent dans le style picassien. »

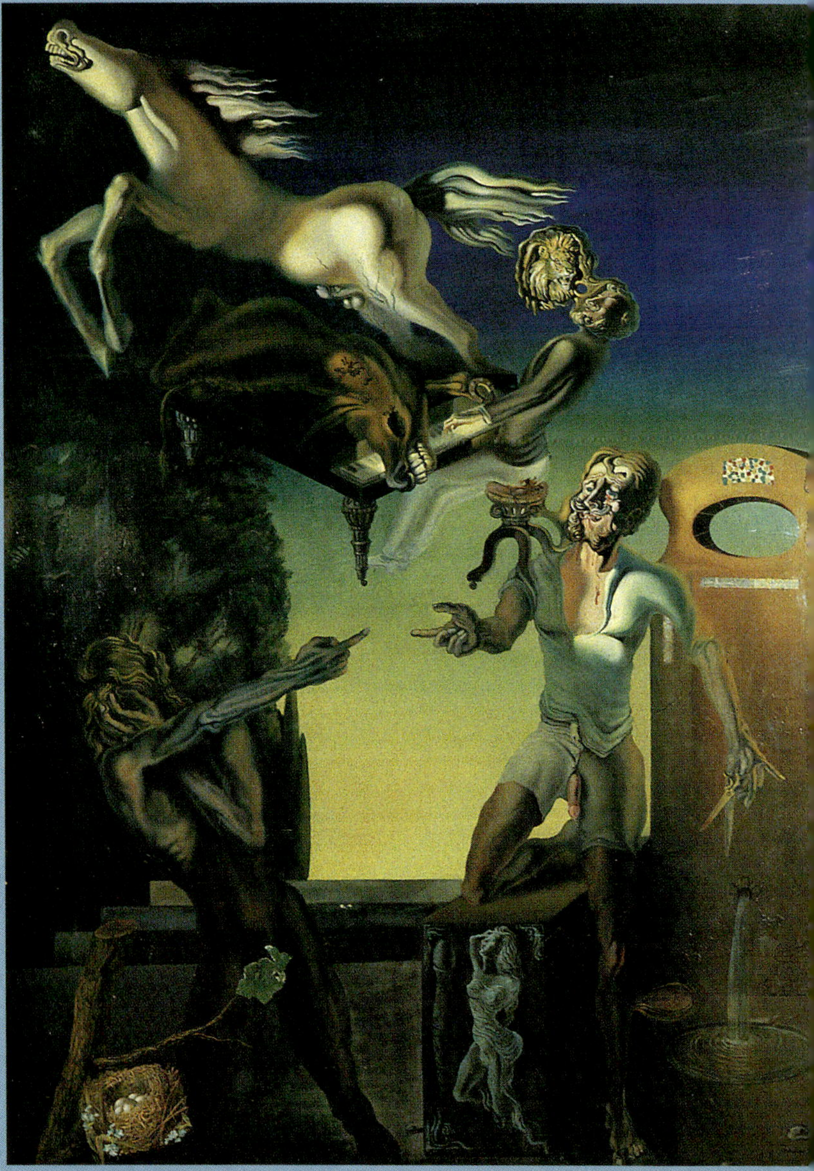

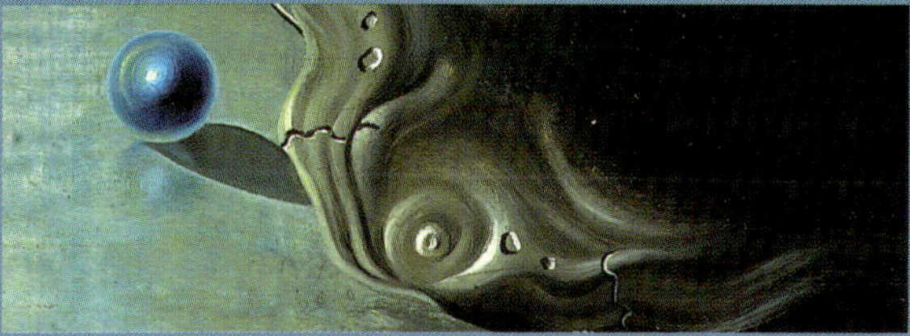

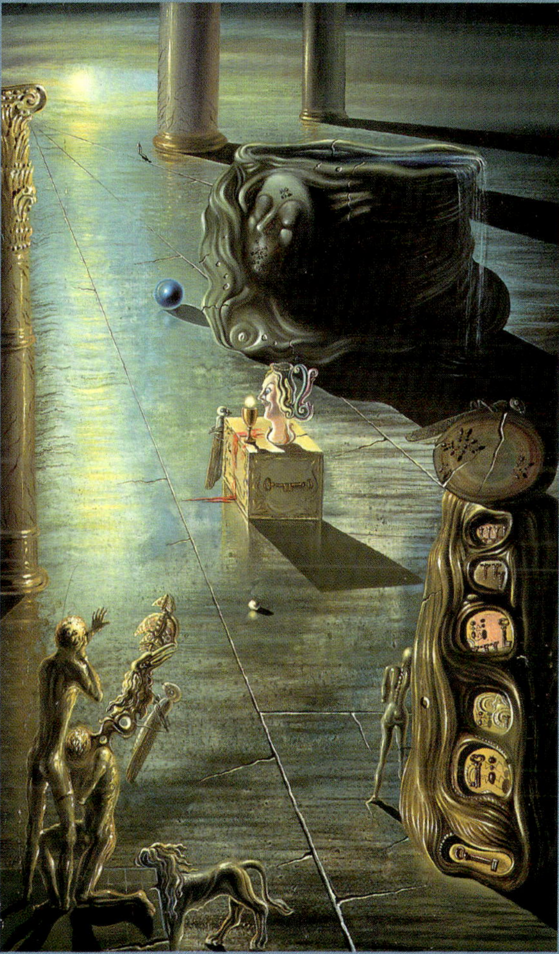

Le *Guillaume Tell* (page de gauche) a provoqué de nombreux commentaires psychanalysants. Dali, qui a dévoré récemment quelques œuvres fondamentales de Freud comme *L'Interprétation des rêves*, n'hésite pas à mêler des exemples freudiens à ses propres créations symboliques, à la lumière suspecte de souvenirs biographiques. Ainsi naissent de nouveaux mythes comme celui du Guillaume Tell castrateur, armé ici d'une paire de ciseaux. La flèche lancée par le héros suisse sur la pomme-substitut est placée sur la tête de son fils. Les ciseaux rouges de sang tendraient à faire croire que le sacrifice de la jeune virilité a été accompli. Dans *La Fontaine* (ci-contre), sur le sol de marbre d'un temple archaïque, une colonne aux métastases ornementales, une stèle molle aux rébus inquiétants, une femme-fontaine Art Nouveau aux lèvres rongées par le désir (proche du *Rêve*, p. 81), une femme-jarre prête à cracher dans un calice, un couple fellateur épié par un lion dessinent un itinéraire des perversions annoncées dans les pages de *La Femme visible*.

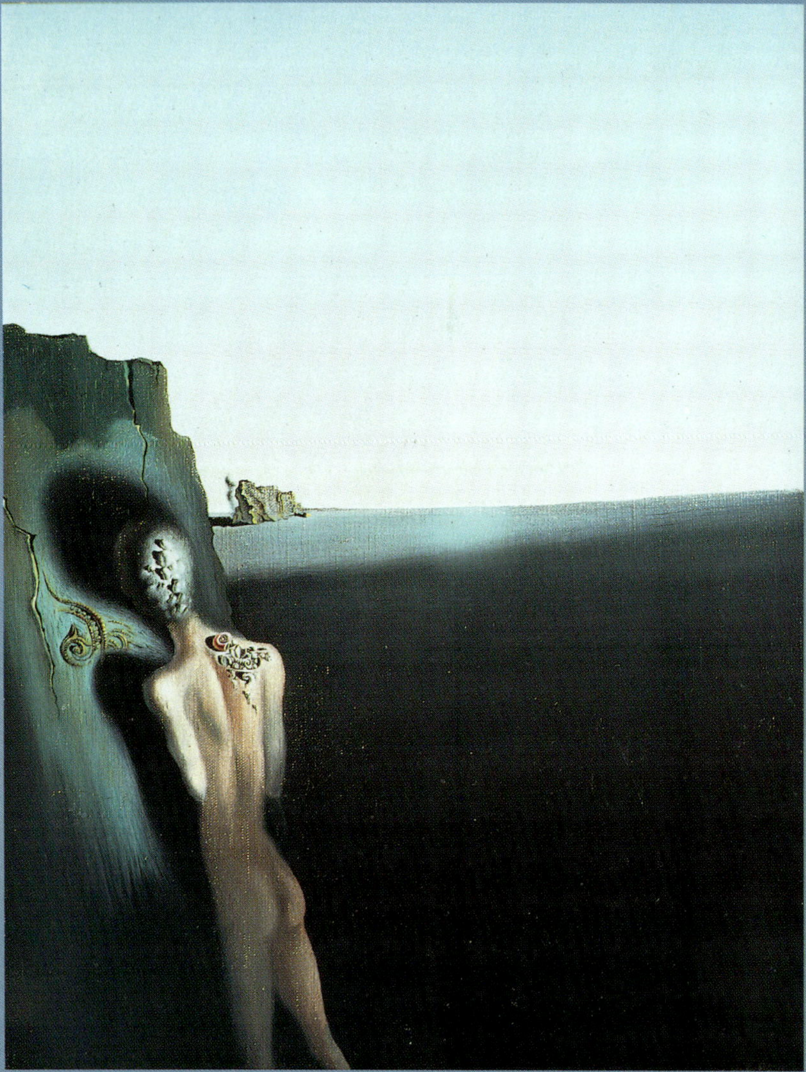

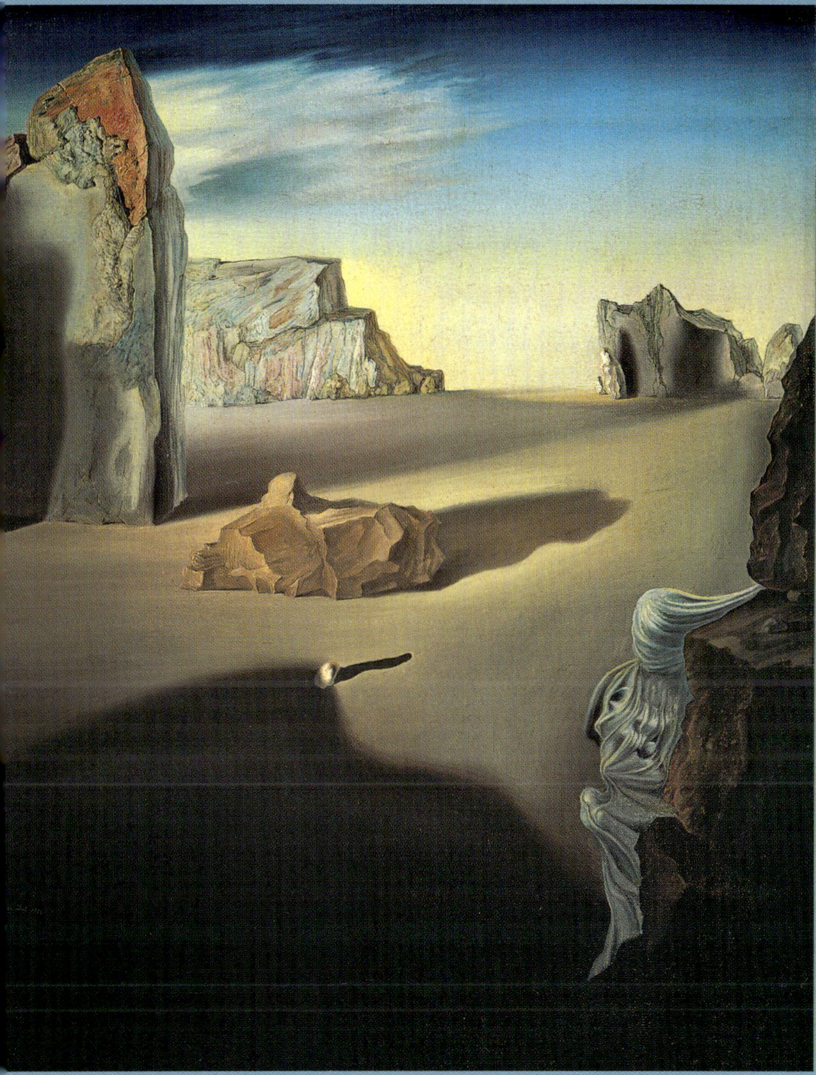

pour les procédures automatiques des deux manifestes, Breton bénit l'entreprise qui lui semble couronner son propre effort de synthèse entre le surréalisme et le communisme : « [...] la pensée dialectique conjuguée à la pensée psychanalytique, l'une l'autre se couronnant de ce que Dali appelle, d'une manière saisissante, la pensée paranoïaque-critique, le plus admirable instrument qui ait encore été proposé pour faire passer dans les ruines immortelles... le fantôme toujours plus attirant du devenir ».

Fort de cet *imprimatur* et ivre de reconnaissance pour une Gala complice, Dali est pris d'une frénésie de travail. D'un côté, il « systématise la confusion » du réel par l'introduction d'images doubles, par le recours aux anamorphoses, par la contamination des genres et des matières, par la création d'espaces irréels aux ombres contradictoires, aux drapés ambigus. De l'autre, il élabore les éléments d'une mythologie personnelle : le Fils honteux, Guillaume Tell, le Grand Masturbateur, Gradiva. Personnages dont les aventures et les « postures » esquissées sur les feuilles libres des dessins, déclinées dans les poèmes, prennent figure définitive dans les grandes compositions. C'est l'époque où une certaine fatalité « métaphysique », au sens de Chirico, donne à ses grèves crépusculaires, surmontées de nuages protéiformes, l'irréalité consolante des métamorphoses : fantômes cleptomanes, éphèbes penchés sur l'épaule de rochers réconfortants, jeunes femmes enlisées sous une lumière qui s'éternise. Le temps lui-même est aboli, vaincu par la résistance passive des montres molles de *La Persistance de la mémoire*. La toile est le lieu de rencontre et d'exclusion des images qui luttent pour la prééminence, au risque d'être absorbées, de disparaître à leur tour. Ainsi en est-il de *L'Homme invisible* que Dali mettra quatre ans à « inachever », la perversité polymorphe s'accommodant plus des facilités et des ambiguïtés du dessin, comme le montre le frontispice de *La Femme visible*, que la peinture.

Double page précédente : à gauche, *Solitude, l'écho anthropomorphe* ; à droite, *Ombres de la nuit tombante*. Pendant une courte période de 1931, Dali apaisé et mélancolique campe sur des plages au soleil couchant des personnages drapés de suaires sous lesquels ils dissimulent divers objets. Les corps nus sont parasités par de délicats coquillages qui expliquent d'autant mieux leurs osmoses avec les rochers environnants.

Peut-être le plus célèbre tableau de Dali, vedette du Museum of Modern Art de New York, *La Persistance de la mémoire* (1931, ci-contre, en bas) communément appelé « Les Montres molles », est le résultat, dans le temps étroit d'une séance de cinéma, d'un tableau inachevé, d'une migraine atroce et d'un camembert coulant. En haut, *Le Grand Masturbateur* (1929) est le premier héros de l'auto-érotisme dans l'histoire de l'art depuis Onan : autoportrait endormi sur ses fantasmes, une femme fellatrice, empruntée à un chromo, sort de son cou. L'arum phallique, et la langue rouge du lion explicitent la scène.

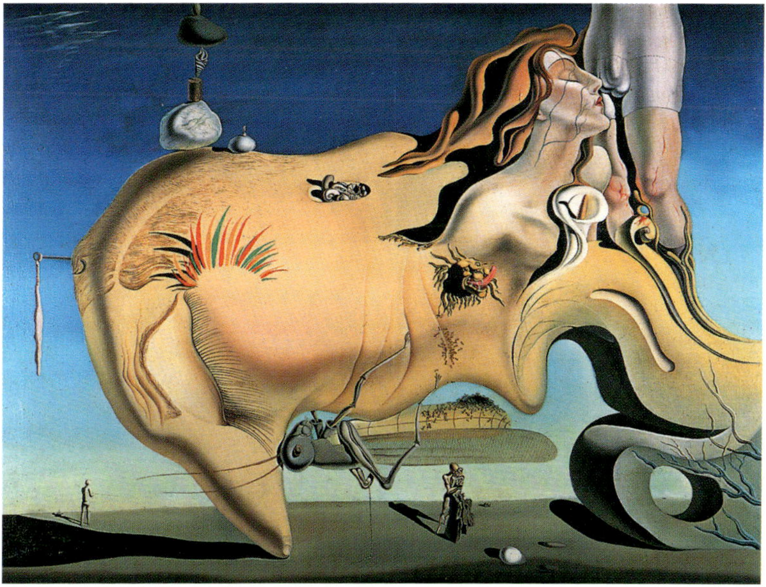

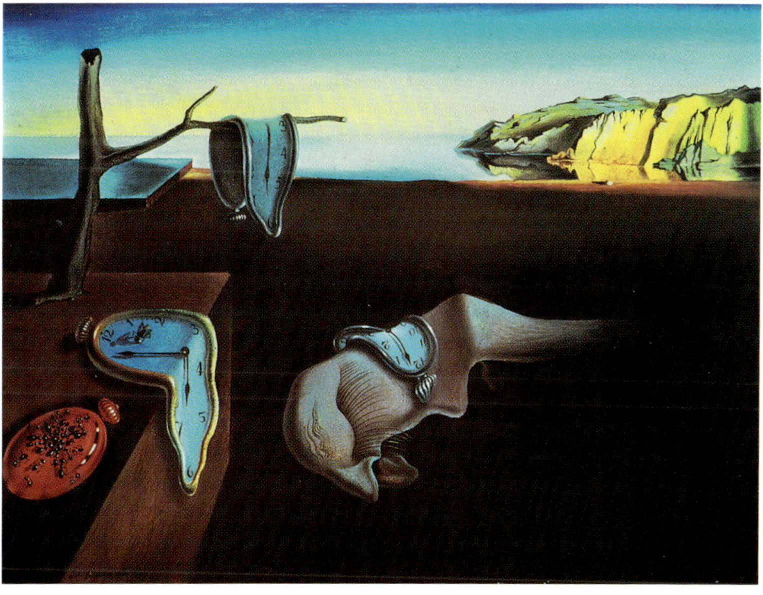

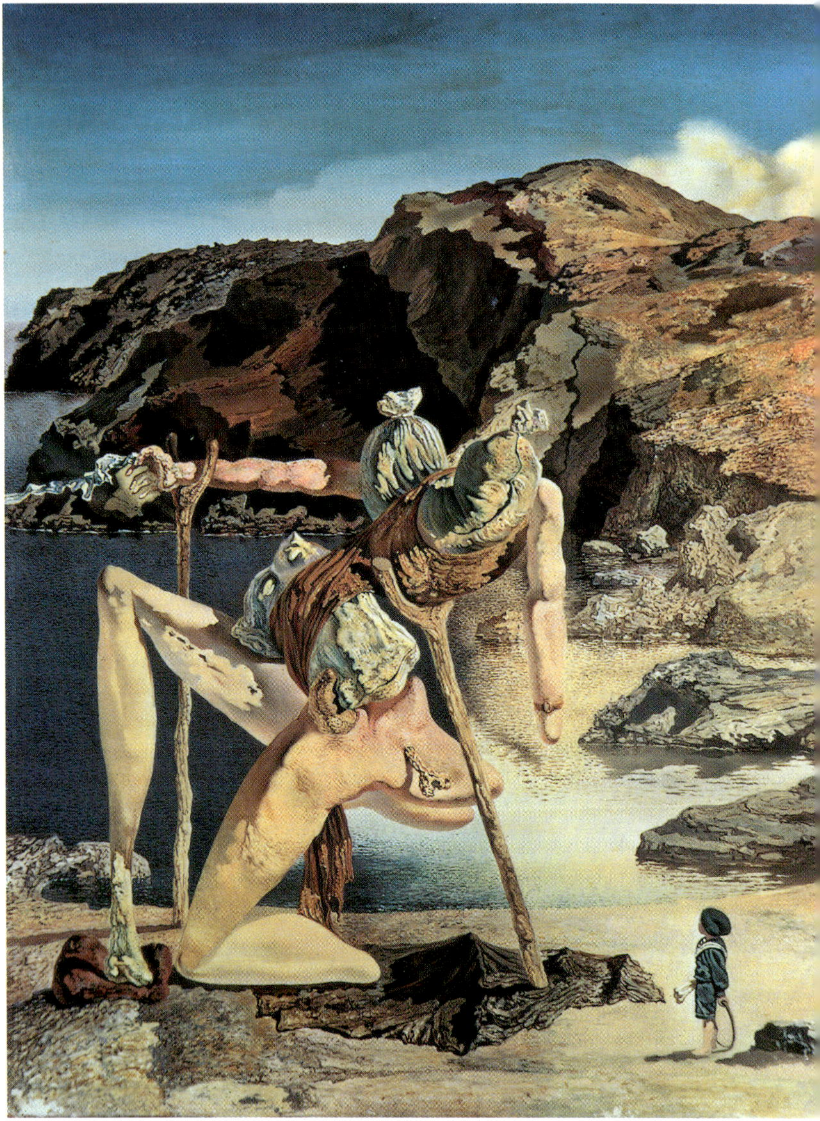

Décidé à « systématiser la confusion », et conforté dans son entreprise par la thèse de Jacques Lacan sur la paranoïa, Dali se lance « à la conquête de l'irrationnel » dans tous les domaines, même celui de la politique. Conquête qui conduit à l'élimination de l'irréalisme au profit narcissique d'une nouvelle réalité : Gala.

CHAPITRE 4

DU GRAND MASTURBATEUR AU MYTHE DE NARCISSE

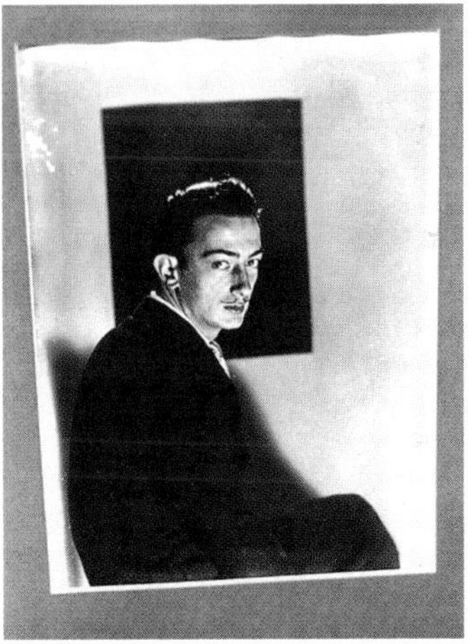

Réalisé en 1934, *Le Spectre du sex-appeal* (à gauche) titube sous les yeux horrifiés de Dali en costume de marin, sur une des criques du cap Creus. Les sacs de pommes de terre, empruntés à *L'Angélus* de Millet, servent de prothèses orgasmiques à cette créature prête à s'effondrer, malgré ses béquilles, dans un ultime spasme. Les os crevant la peau, la pourriture et les sanies évoquent les monstres entrevus sur le rivage par Maldoror.

La caution lacanienne

Parmi les lecteurs de *L'Âne pourri*, un jeune psychiatre, Jacques Lacan, qui est en train de travailler sur la paranoïa. Il rend visite à Dali et, deux ans plus tard, la parution de sa thèse *De la psychose paranoïaque dans ses rapports avec la personnalité* confirme l'intuition du peintre. Pour Dali, le délire d'interprétation n'est pas un raisonnement *a posteriori* destiné à légitimer une perception fausse mais est inhérent au phénomène mental inconscient à l'œuvre dans la perception. La perception est par essence paranoïaque, la vision n'est qu'une interprétation : « La considération du mécanisme paranoïaque comme force et pouvoir agissant à la base même du phénomène de la personnalité, de son caractère "homogène", "total", ne fait que se confirmer d'une manière rigoureuse à la lecture de l'admirable thèse de Jacques Lacan », affirme Dali dans le premier numéro de la revue *Minotaure*. Lacan, à quelques pages de là, explique que l'expérience paranoïaque engendre « une syntaxe originale » dont le mécanisme est une voie d'accès remarquable aux « valeurs symboliques de l'art et tout spécialement aux problèmes de styles à savoir des vertus de conviction et de communion humaine... » Dali, fort de cette caution scientifique, attribue à l'image paranoïaque un degré d'« irrationalité concrète » qu'il dénie à ses vieux ennemis, l'automatisme et le rêve. « L'ouvrage de Lacan rend parfaitement compte de l'hyperacuité objective et "communicable" du phénomène, grâce auquel le délire prend ce caractère tangible et impossible à contredire qui le place aux antipodes mêmes de la stéréotypie de l'automatisme et du rêve. Loin de constituer un élément passif propice à l'interprétation... comme ceux-ci, le délire paranoïaque constitue déjà en lui-

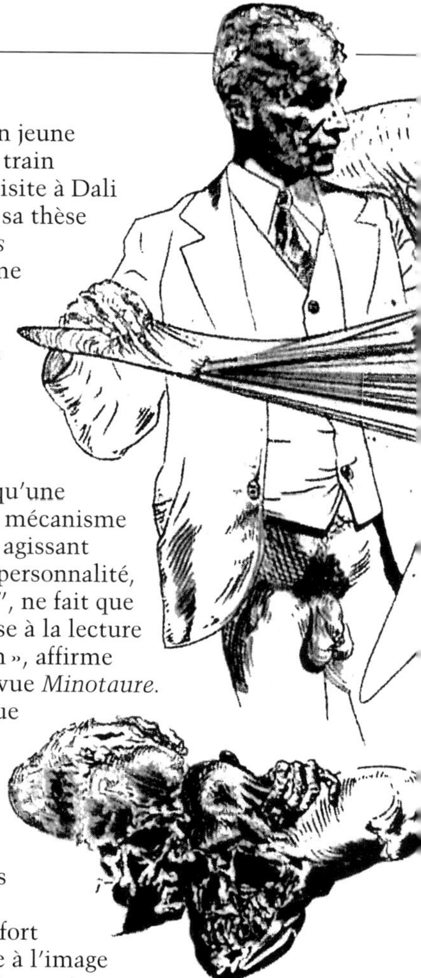

L'anamorphose du crâne, un classique des *Memento Mori* maniéristes, envahit l'œuvre des années trente. Dans *Crânes mous et harpe crânienne*, en 1935, le crâne est trait ou caressé par les mains monstrueuses du « Bureaucrate moyen ».

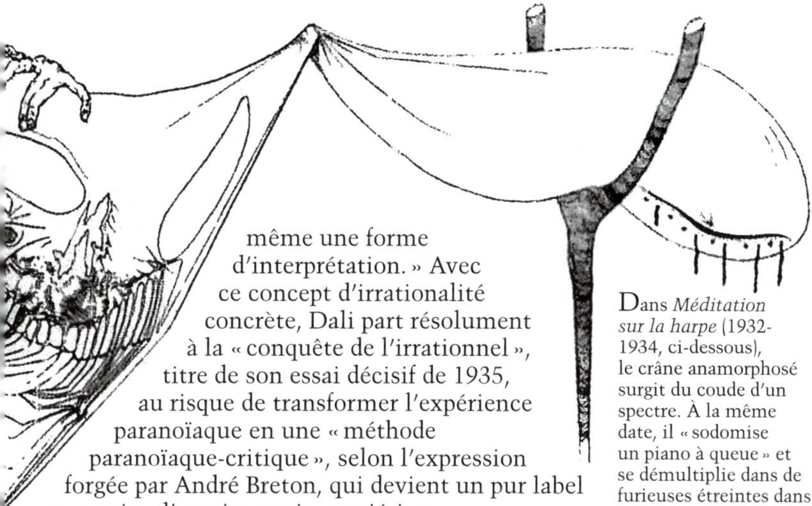

même une forme d'interprétation. » Avec ce concept d'irrationalité concrète, Dali part résolument à la « conquête de l'irrationnel », titre de son essai décisif de 1935, au risque de transformer l'expérience paranoïaque en une « méthode paranoïaque-critique », selon l'expression forgée par André Breton, qui devient un pur label au service d'une imagerie maniériste.

Dans *Méditation sur la harpe* (1932-1934, ci-dessous), le crâne anamorphosé surgit du coude d'un spectre. À la même date, il « sodomise un piano à queue » et se démultiplie dans de furieuses étreintes dans le *Portrait d'Emilio Terry* (p. 90), où il met en question le monde des apparences, comme dans *Les Ambassadeurs* de Holbein.

Les chairs et les formes se révoltent

L'entreprise de confusion de la réalité s'affine. La dialectique du dur et du mou, du minéral et de l'organique se complexifie. Les anamorphoses deviennent le sujet de l'œuvre. L'objet non identifié au pied des *Ambassadeurs* de Holbein, témoin discret et muet de l'inanité humaine, prend vie. Le crâne anamorphosé devient harpe, se laisse traire par le « Bureaucrate moyen », embrasse, avant de le sodomiser férocement, un piano à queue. Les vivants eux-mêmes ont du mal à garder leur tête dont les tumescences sont soutenues par des béquilles. Les corps entiers se révoltent; les fesses, les coudes et les genoux des hommes s'allongent, se muent à leur tour en crânes. Les os pointent sous les robes des femmes dont les dos se hérissent de faux seins érectiles. Tétanisés par la frustration, les muscles se

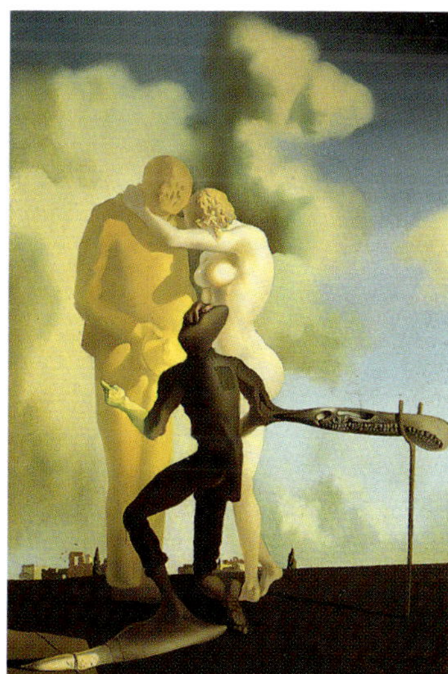

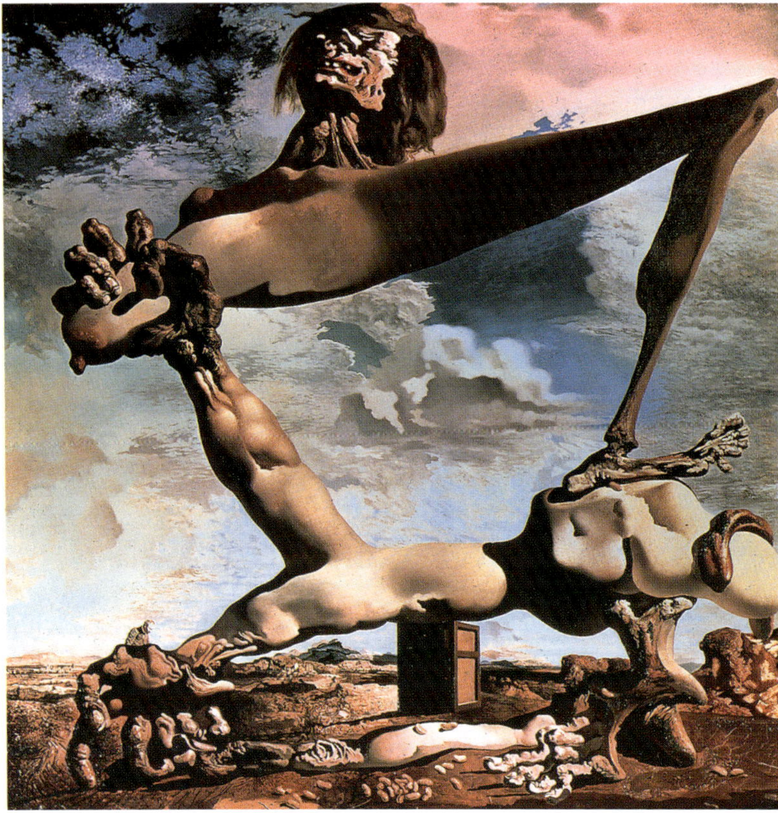

raidissent dans l'arc de la grande attaque hystérique. Les frontières entre les êtres et les choses s'abolissent. Mus par un ressort secret, des tiroirs sortent des fronts, des ventres et des poitrines. Les cuisses gainées de Vermeer de Delft servent de table pour une collation. À l'inverse, les objets s'animent, les tables bandent et participent au délire amoureux du cannibalisme des objets. Cette fureur anthropophage devient suicidaire. Un monstre à tête extatique et furieuse s'autodéchire dans *Construction molle avec des haricots bouillis*, tableau rebaptisé sans peine *Prémonition de la guerre civile*. Appelé à illustrer *Les Chants*

Construction molle avec des haricots bouillis, dit aussi *Prémonition de la guerre civile*, présente un monstre s'autodétruisant dans la plaine de l'Ampurdan. Annonce ou souvenir d'apocalypses, le cannibalisme des « êtres objets » atteint un monumentalisme que renforce la silhouette penchée et fataliste du « Bureaucrate moyen ».

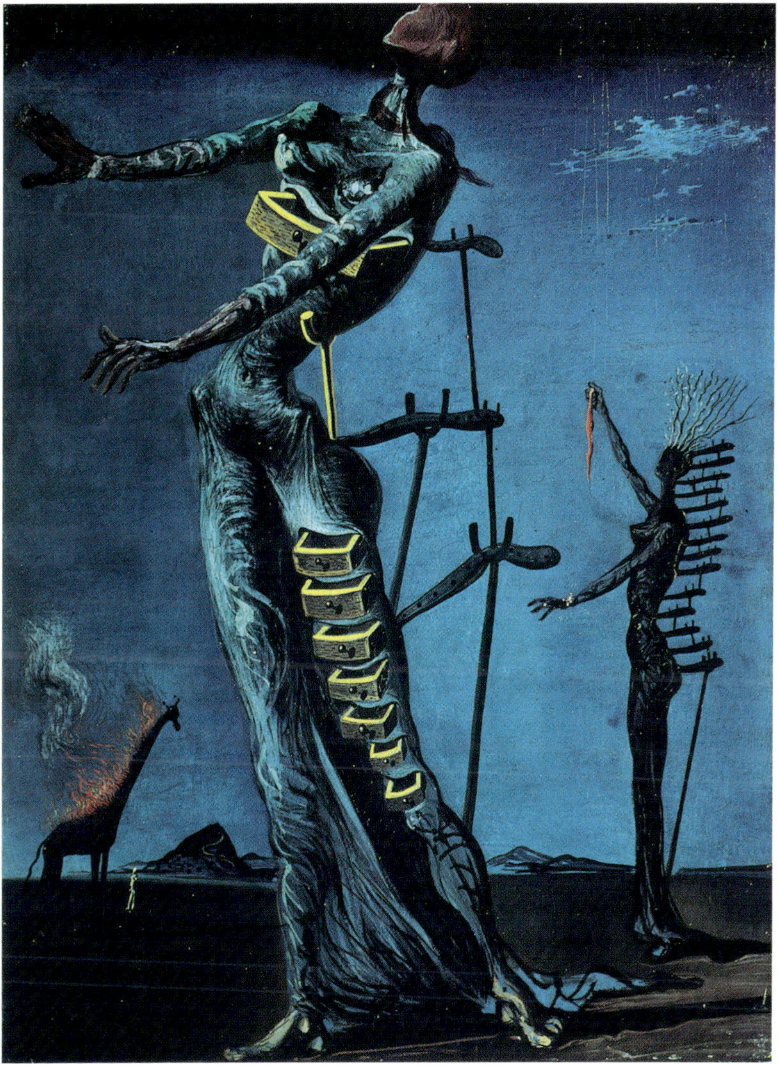

Girafe en feu tient compagnie aux spectres à tiroirs hérissés d'appendices crâniens.

de Maldoror, Dali combine le parapluie et la machine à coudre aux sacs de pommes de terre et à la brouette lubrique de *L'Angélus* de Millet : « C'est un homme ou une pierre ou un arbre qui

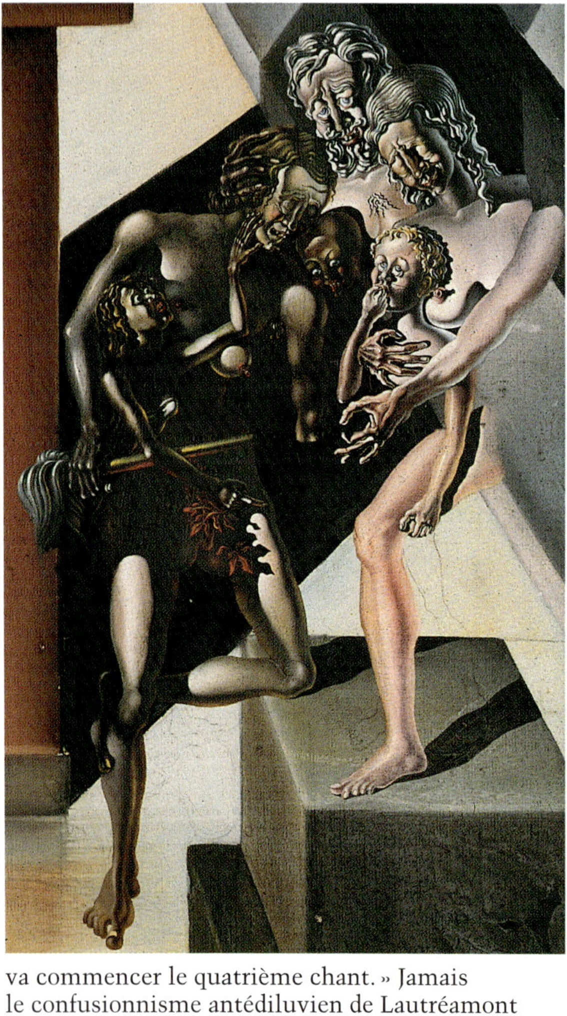

Dans *L'Homme invisible* (ci-dessous et détail ci-contre), Dali pose à sa façon le problème de l'abstraction. Mais les multiples éléments architecturaux ou figuratifs destinés à cacher la figure principale prennent eux-mêmes une réalité presque insoutenable, comme ces silhouettes de Gala Gradiva aplaties contre la modénature, le ventre rongé d'une métastase florale ou cette curieuse chasse au papillon gravée avec encore plus de crudité

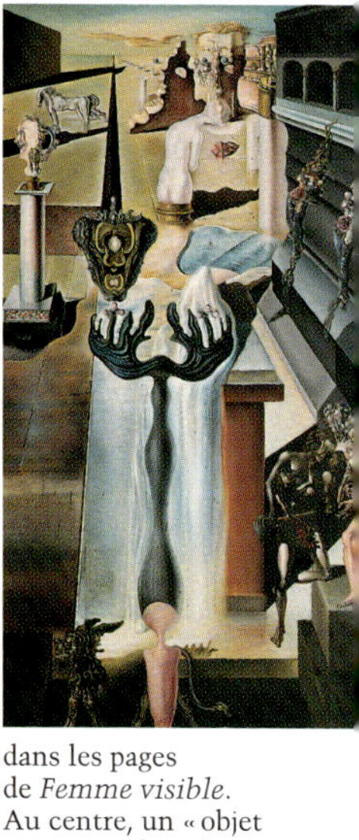

dans les pages de *Femme visible*. Au centre, un « objet ornemental modern-style » en forme de bassin anatomique, abrite une ampoule électrique. Page de droite, *Le Sevrage du meuble-aliment*.

va commencer le quatrième chant. » Jamais le confusionnisme antédiluvien de Lautréamont n'a été aussi bien servi que par l'informe sado-masochisme d'un artiste moderne.

Comment choquer les communistes

André Breton applaudit aux provocations du délire et soutient Dali devant ses alliés communistes, plus

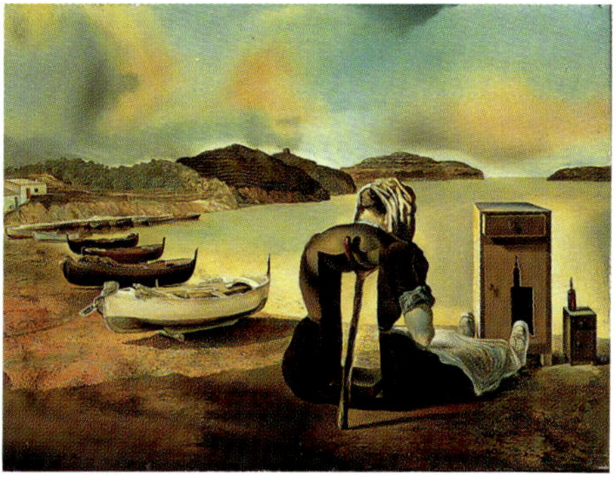

pudibonds. *Le Surréalisme au service de la révolution* publie une *Rêverie* « involontaire » : suite de rituels fétichistes destinés à reproduire les émotions d'une sodomisation onirique de Gala sur le fumier d'une étable. La débauche d'une fillette de onze ans par sa mère – amoureuse du narrateur – et par une vieille prostituée est minutieusement mise en scène. Rien ne nous est épargné des tumescences et détumescences accompagnant le scénario masturbatoire qui se termine par une métamorphose de conte de fées épargnant la Lolita. Convoqués au Centre du Parti, Aragon, Unik, Sadoul et Maxime Alexandre, les seuls surréalistes membres à cette date, se font sermonner par un ponte : « Tout ce que vous cherchez est de compliquer les relations simples et saines entre hommes et femmes. »

Ce qui plaît moins à Breton, c'est la volonté d'appliquer la conquête de l'irrationnel à la politique : « La politique, voilà encore une chose qui pourrait dans l'actualité devenir une "spécialité surréaliste" », lui écrit Dali en juillet 1933. « À mon avis, il faudrait prendre beaucoup d'attention au phénomène hitlérien, je sais officiellement que Georges Bataille prépare un grand panégyrique de Hitler dans *La Critique sociale* de Souvarine, et voilà encore que cela nous passera en quelque sorte devant le naz [sic]. »

Ivre de son succès médiatique à New York à la fin de 1933, Dali revient à la charge auprès d'Eluard : « Je pense de plus en plus sérieusement que le surréalisme doit évoluer vers les bases d'une nouvelle religion anti-mystique, matérialiste, basée sur le progrès des connaissances scientifiques… religion qui occuperait le vide imaginatif affectif que l'écroulement des idées métaphysiques a produit à notre époque. J'ai des idées très

"Je me blottis de plus en plus contre le dos de la nourrice dont le rythme respiratoire me fait songer aux plages désertes de Cadaquès. Je ne veux plus qu'une chose : que la nuit tombe ! Et vite ! Dans l'obscurité je n'aurai plus honte, je pourrai regarder Galutchka sans qu'elle me voie rougir. Mais chaque fois que mes yeux se dirigent vers elle, je remarque qu'elle me fixe intensément. Si intensément que le dos de l'épaisse nourrice s'amenuise d'instant en instant comme si une véritable fenêtre venait de s'y ouvrir, m'exposant sans rémission à ce regard dévorant. L'hallucination devient telle que bientôt je vois réellement une fenêtre dans le dos de ma nourrice. Elle ne donne pourtant pas sur la foule et Galutchka mais sur une vaste plage déserte…"

Dali, *The Secret Life*, 1942

concrètes à ce sujet et j'espère vous en parler personnellement car je crains qu'elles puissent être interprétées autrement. »

Crainte légitime. Le 23 janvier 1934, Breton lui envoie un ultimatum par lequel il l'accuse d'antihumanitarisme, de vouloir esquiver, par son insistance sur l'irrationalité du phénomène hitlérien, tout engagement révolutionnaire et enfin de défendre la peinture académique au moment où elle est prônée aussi bien chez les Soviets qu'en Allemagne. À ce sujet, sa dernière toile, *L'Énigme de Guillaume Tell*, où Dali affuble un Lénine demi-nu d'une gigantesque fesse anamorphosée, est, selon Breton, une provocation consciente, d'une facture académique et qui ne mérite plus l'adjectif de « surréaliste ». Dali répond deux jours plus tard en réitérant son point de vue : « Aucun progrès dialectique ne sera possible en prenant la coupable attitude de nier et de combattre l'hitlérisme sans essayer de le comprendre le plus intégralement. » Mais il accepte volontiers de signer toute déclaration qui ne contredirait pas ses écrits antérieurs. Dali ne peut s'empêcher pourtant d'exposer au Salon des Indépendants, le 2 février, le gigantesque Lénine callipyge qu'un commando surréaliste cherchera à détruire, en vain. C'en est trop, il est convoqué le 5 au soir chez Breton, s'il veut éviter l'exclusion. Dali transforme le jugement en happening. Prétextant une angine, il arrive un thermomètre dans la bouche, couvert de plusieurs chandails qu'il retire ou remet selon l'évolution de la température, se met à genoux devant Breton

“*L'Énigme de Guillaume Tell* de 1933 est peut-être l'un des tableaux qui décrit l'un des moments les plus dangereux de ma vie. Guillaume Tell, c'est mon père ; moi, le petit enfant qu'il a dans ses bras et qui, au lieu d'une pomme, porte une côtelette crue sur la tête. Cela veut dire que Guillaume Tell a des intentions cannibales : il veut me manger. Et puis il faut aussi que les gens remarquent, …

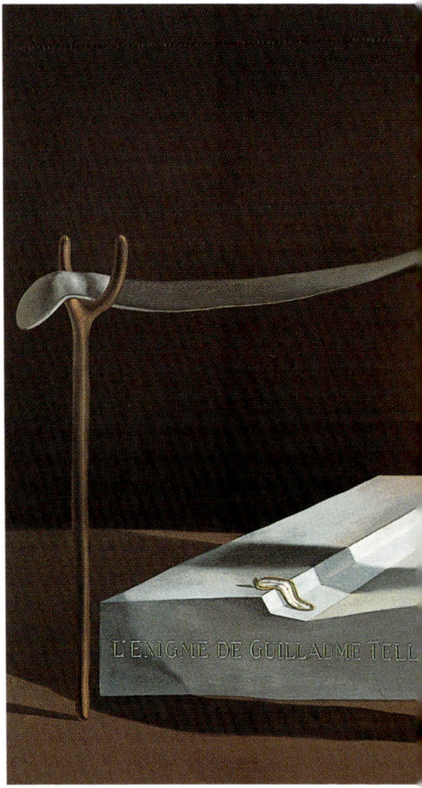

pour lui expliquer que son attitude à l'égard de Lénine et de Hitler n'avait rien à voir avec la politique. « Est-ce que vous allez continuer à nous emmerder longtemps avec votre Hitler ? », l'interrompt brutalement Breton. Et Dali de plaider l'irresponsabilité à l'égard d'obsessions qui proviennent de l'inconscient. « Ainsi, André Breton, concluais-je, si je rêve cette nuit que je fais l'amour avec vous, demain matin je peindrai nos meilleures positions amoureuses avec le plus grand luxe de détails. » Breton se figea, la pipe bloquée entre les dents et grommela, furieux : "Je ne vous le conseille pas, Cher Ami". » Dali avait touché juste. Non seulement il s'agissait de savoir qui des deux

… à côté du pied de Guillaume Tell, une toute petite noix qui contient une sorte de berceau et ce berceau contient un tout petit enfant qui est l'image de ma femme Gala. Et elle est tout le temps menacée par ce pied, car si ce pied bouge un tout petit peu, il peut écraser la noix, le berceau et donc détruire aussi ma femme.❞

« L'Énigme de Salvador Dali », in *XXe Siècle*, décembre 1974

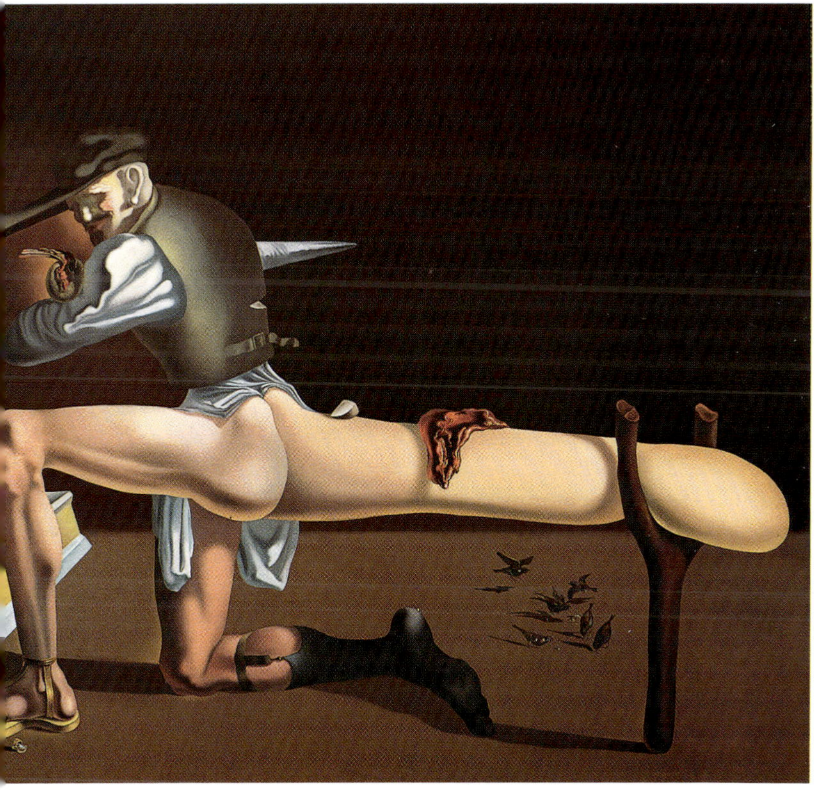

allait dominer l'autre mais encore, en évoquant les ébats homosexuels de Breton, Dali mettait le doigt sur l'aspect le plus douteux du personnage. Tout en acceptant sans broncher les masturbations opérées par une mineure dans *Rêverie*, et se glorifiant de pratiquer la sodomie avec ses compagnes, Breton éprouvait à l'égard de la « pédérastie », comme on disait alors, une haine panique. Lors d'une réunion surréaliste consacrée à la sexualité, ce grand moraliste n'avait-il pas assené, sans égard à l'amitié fidèle que lui vouait René Crevel et au grand étonnement d'Aragon et de Queneau : « J'accuse les pédérastes de proposer à la tolérance humaine un déficit mental et moral qui tend à s'ériger en système et à paralyser

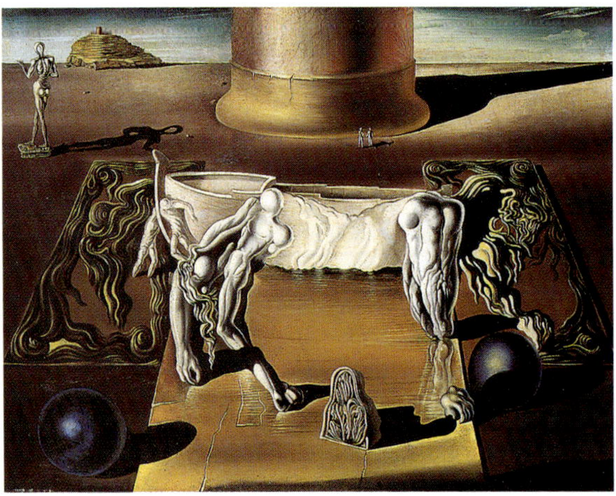

toutes les entreprises que je respecte. » Dali signa une proclamation selon laquelle il n'était pas un ennemi du prolétariat et on en resta là. Jusqu'en 1938, Breton conserve son affection pour Dali et lui confie même ses projets communs de « Contre-attaque » avec Bataille auxquels Dali refuse de participer. Il continue de prôner la « méthode paranoïaque-critique » qu'il tente un moment de remplacer par sa conception du « hasard objectif » avant de revenir, à la veille de la guerre, à son cher automatisme.

À paranoïaque, paranoïaque et demi. Selon Claire Pelissié, Dali aurait trouvé le motif de la dormeuse de *Dormeuse, cheval, lion invisibles* (à gauche) dans une composition de Jules Romains pour le salon de Troie du palais ducal de Mantoue. Les pectoraux saillants de Patrocle soutenu par Achille auraient été pris par Dali pour une poitrine de femme, les motifs du visage et du bras pouvant être à leur tour facilement assimilés aux têtes avoisinantes des chevaux de la bataille.

« Le jour, nous cherchons inconsciemment les images perdues des rêves et c'est pourquoi, quand nous trouvons une image qui ressemble à une image de rêve, nous croyons déjà la connaître et nous disons que seulement la voir nous fait rêver... Tout ceci nous amène à penser que l'amour ne serait qu'une sorte d'incarnation des rêves corroborant l'expression usuelle qui veut que la femme aimée soit un rêve qui s'est fait chair. »

Dali, *La Femme visible*, 1930

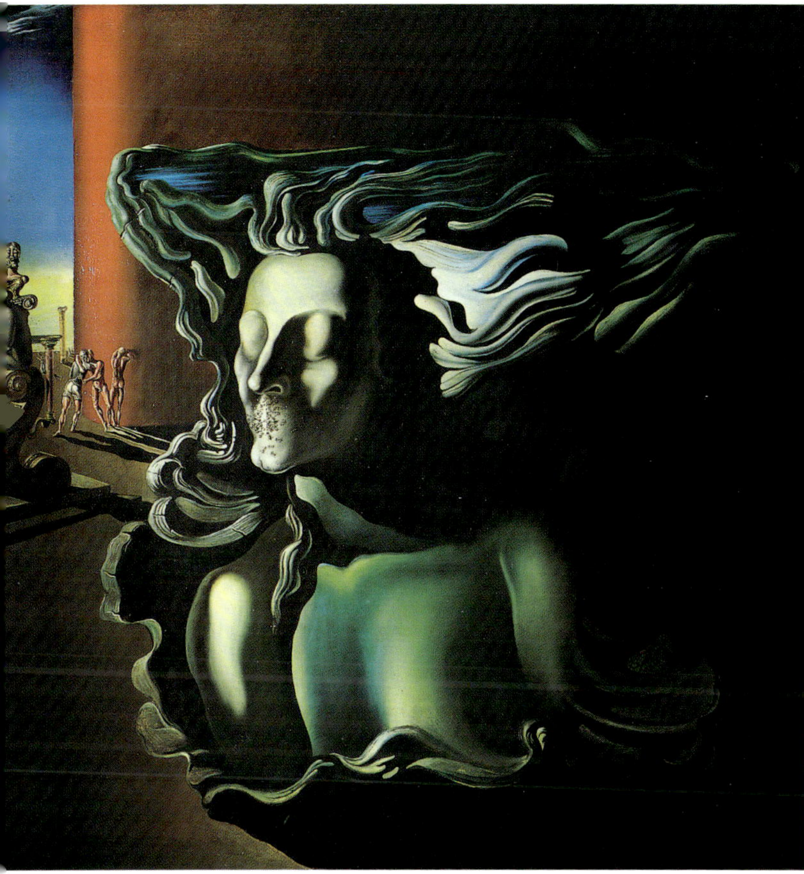

Dans *Le Rêve* (ci-dessus), la femme aux yeux fermés et à la bouche fourmillante de désirs évoque certaines sculptures de femmes Art Nouveau, comme le bronze *La Nuit* de Victor Prouvé.

Images multiples et échos morphologiques

Exemple même de la visée paranoïaque, l'image double se mue au cours des années trente en image multiple : *Dormeuse, cheval, lion invisibles*, de 1930, s'annonce *a priori* comme un chaos d'où surgissent, au regard attentif ou distrait (telle est l'ambiguïté du regard paranoïaque), des figures jusque-là camouflées. De la difformité centrale émergent la dormeuse, le cheval ou le lion, selon les lignes et les formes qui prennent le dessus

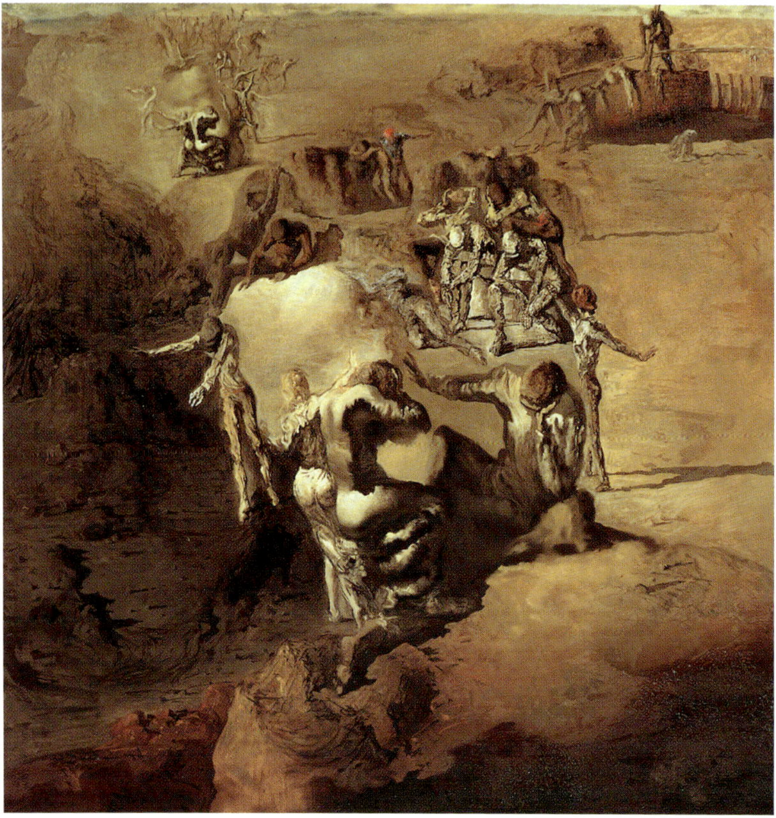

sur les autres, les hasards du dessin provoquant d'autres figures récurrentes dans l'œuvre comme le couple fellateur qui se démultiplie à la surface de la toile. Dali appelle « échos morphologiques » cette duplication des thèmes qui se répondent mutuellement sous divers travestis comme « la petite fille sautant à la corde » et « la cloche dans son clocher ». Dans *Banlieues de la ville paranoïaque-critique : après-midi aux confins de l'histoire européenne*, le bucrane, la grappe de raisin et la croupe de cheval introduisent un jeu de correspondances d'éléments obsessionnels qui évoquent l'« identification itérative de l'objet »

La honte qui pousse l'homme à cacher son visage apparaît dans l'œuvre vers 1930. Serait-elle d'origine paranoïde ? *Le Grand Paranoïaque* de 1936 (ci-dessus) tendrait, selon Ian Gibson, à le prouver : version la plus ambiguë de l'« écho morphologique » et de la « double image », où se devine la commune influence de Léonard et d'Arcimboldo.

de Lacan : « fantasmes de répétition cyclique, de multiplication ubiquiste, de retours périodiques sans fin des mêmes événements ». Dans *La Conquête de l'irrationnel*, Dali affirme de son côté que « l'activité paranoïaque-critique ne considère plus isolément les phénomènes et images surréalistes, mais au contraire dans un ensemble cohérent de rapports systématiques et significatifs ». Les paysages anthropomorphes sont une autre façon d'illustrer le regard paranoïaque mais, à l'inverse d'Arcimboldo ou de Joos de Momper, Dali joue moins par addition que par dispersion d'éléments qui forment le visage du *Grand Paranoïaque* ou la *Tête d'une femme en forme de bataille*. « Conversion du réel » qui joue sur l'inversion du fond et de la forme et se complexifie vers 1938 en procédés laborieux (*Apparition d'un visage et d'une coupe sur la plage*). Le plus célèbre de ces puzzles optiques, *L'Énigme sans fin*, s'il permet d'extraire selon le point de vue six images différentes, laisse sceptique sur la cohérence « délirante » de leur « structure active et systématique ».

Du *Grand Paranoïaque* de 1936 au *Marché d'esclaves avec apparition du buste invisible de Voltaire* de 1940 (ci-dessous) se lit l'affinement d'un procédé qui perd de sa force en redoublant de virtuosité. L'ambiguïté labyrinthique de l'image laisse place à un itinéraire obligé, même si les détails anatomiques et les distorsions des figures de l'arrière-plan peuvent retenir le regard. La gratuité de l'apparition est renforcée par l'excellence de la représentation du philosophe, doublement incongru dans cet environnement hispanique.

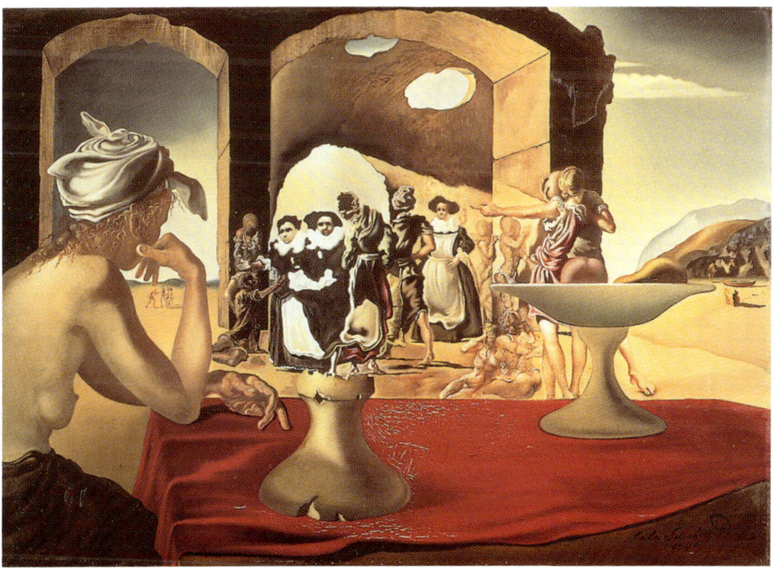

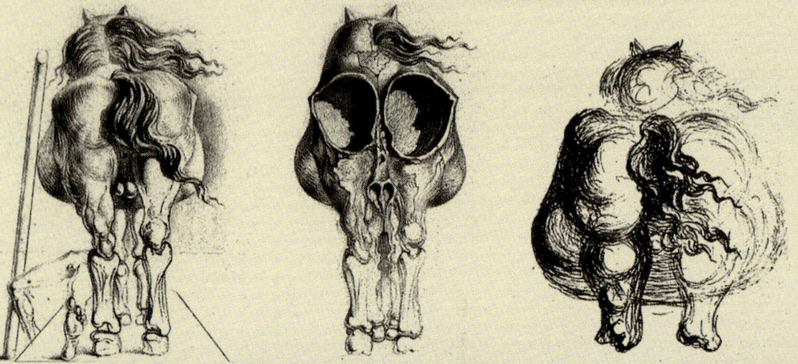

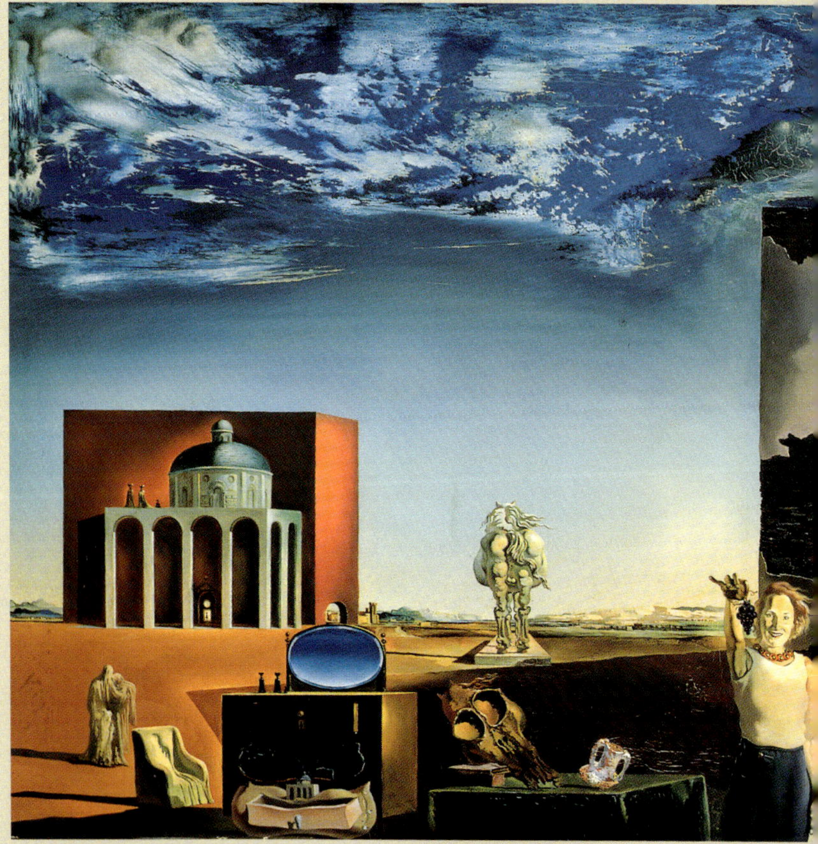

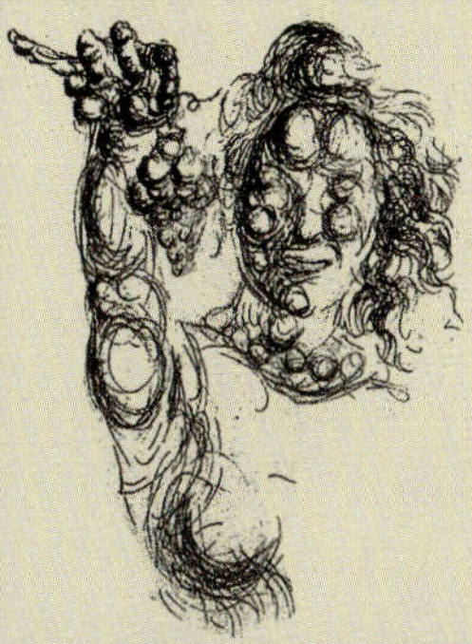

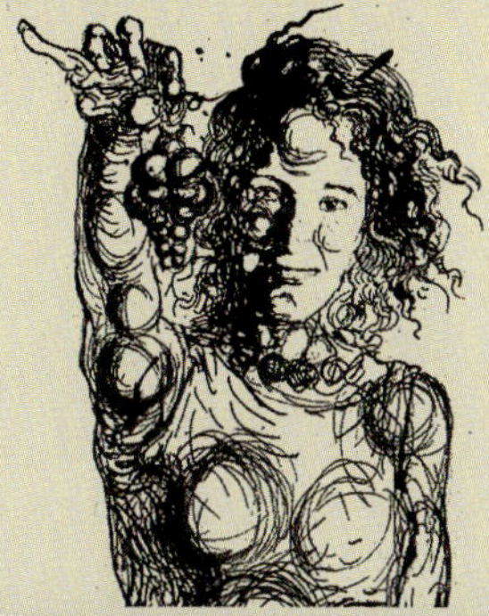

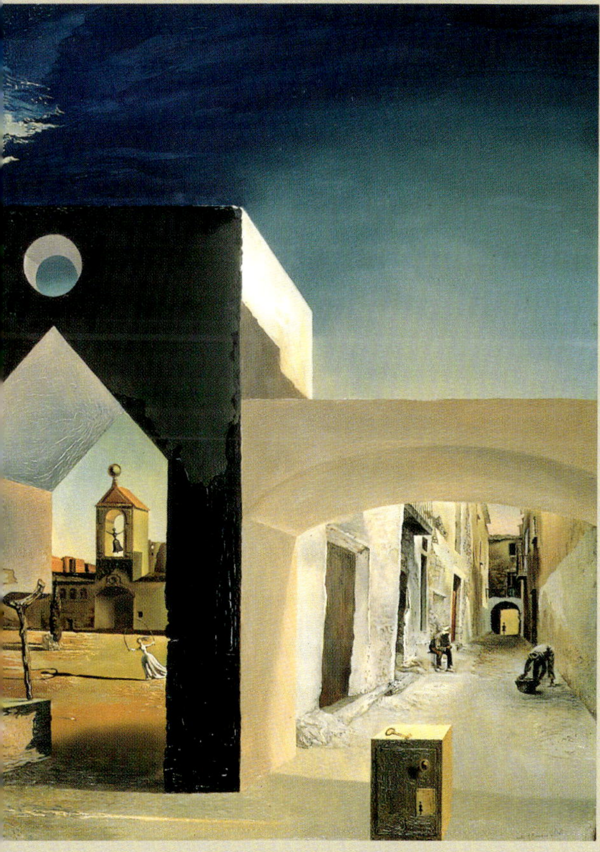

Banlieues de la ville paranoïaque-critique, de 1935, avec son format en longueur, joue sur la narration successive comme dans un tableau du Moyen Âge. L'histoire commencerait à droite, dans la ruelle de Cadaquès où vivait le propre grand-père de Dali, Gal, que la paranoïa conduisit au suicide. Ce secret de famille pesait sur Dali qui a toujours considéré Cadaquès, où vivait son amie Lidia, comme un véritable foyer paranoïaque. Gala, qui nous accueille à l'entrée de cette ville du délire interprétatif en nous présentant une savoureuse grappe de raisin, serait-elle la clé (présente au premier plan sur le coffre) permettant à Dali de conquérir l'irrationnel ? Cette grappe, comme nous le montrent les diverses esquisses préparatoires à la toile (en haut), a la même structure formelle que le postérieur chevalin, le bucrane ou Gala elle-même. Ce parcours d'échos morphologiques nous conduit à gauche à un temple chiriquien inspiré à Dali par plusieurs bâtiments de Palamos, lorsqu'il exécutait ce tableau chez son ami José Maria Sert. Double page suivante, *La Métamorphose de Narcisse* (1937).

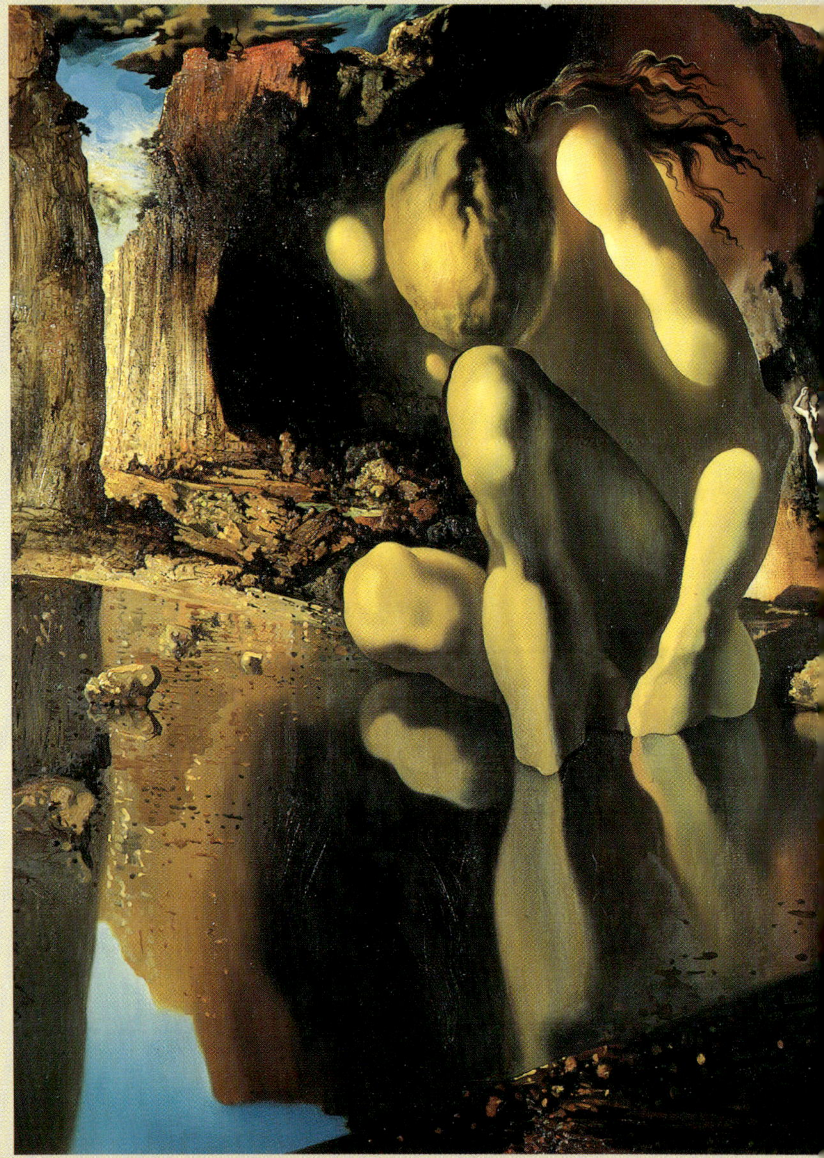

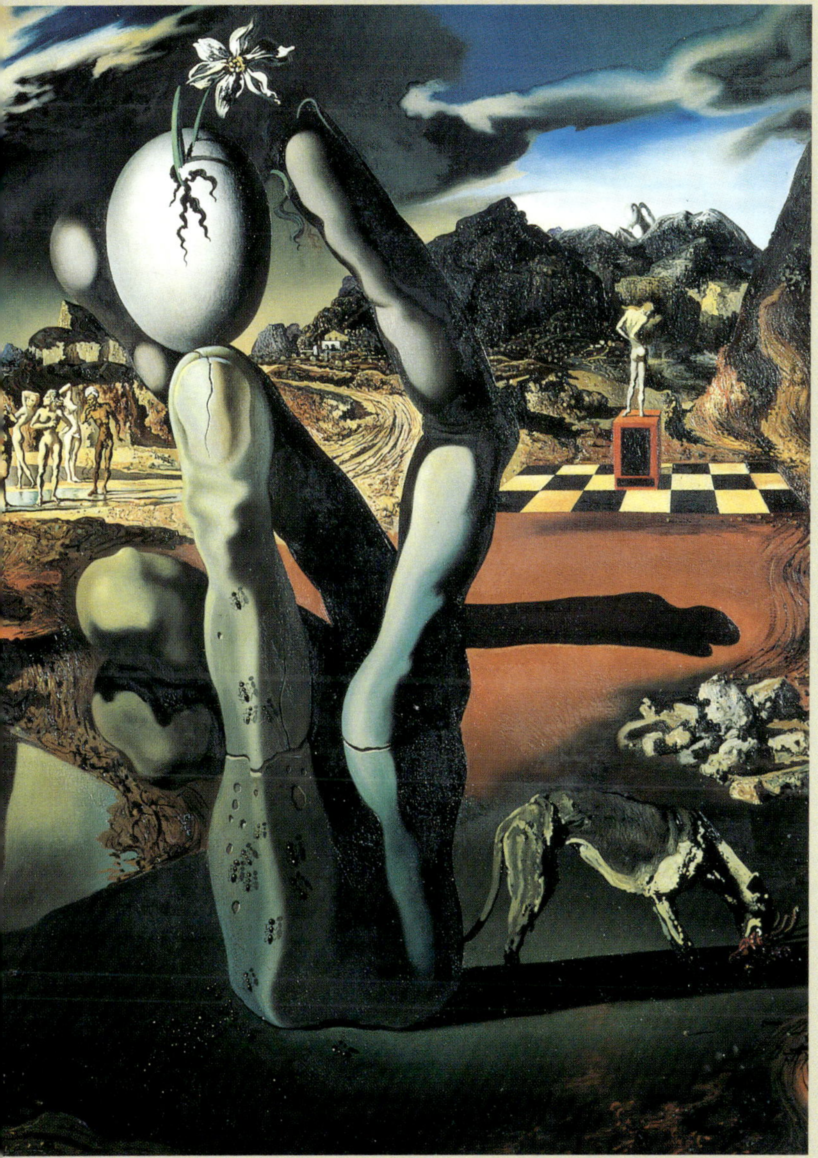

Trop tactique, le terme de « conquête » semble avoir fait fuir l'irrationnel. La systématisation de la confusion est devenue excessive : *Marché d'esclaves avec apparition du buste invisible de Voltaire* n'est plus qu'un jeu d'optique.

Cet épuisement d'un procédé correspond chez Dali à un changement d'attitude à l'égard du monde extérieur. À la jubilation iconoclaste d'une vision confusionnelle et morbide, illustrée par les phantasmes cannibales de 1934, succède en 1937 un désir de forme et de renaissance. Œuvre symbole, *La Métamorphose de Narcisse*, tableau accompagné de son livret sous forme de poème, témoigne, comme *Les Premiers Jours du printemps* huit ans plus tôt, d'un désir de renouveau.

« Sous la déchirure du nuage noir qui s'éloigne, la balance invisible du printemps oscille dans le ciel neuf d'avril... » Suit la description d'une débâcle printanière qui précipite Narcisse du sommet immaculé des montagnes aux bords d'un lac où montent « droites, tendres et dures, les innombrables lances florales ». L'adolescent à l'« anatomie claire et divine » s'oublie, s'anéantit dans son reflet quand, au moment ultime, il ressuscite dans « l'écho morphologique » de « la main qui porte l'œuf » d'où surgit « la fleur, le nouveau Narcisse, Gala, mon Narcisse ».

Dans *Banlieues de la ville paranoïaque-critique*, Gala tient la grappe de raisin au milieu des « échos morphologiques ». Dans *L'Énigme sans fin*, seul son regard fixe permet au spectateur d'échapper à la ronde « sans fin » des images invisibles. Nouveau Narcisse, Gala, mère et frère à la fois, exprime ici la possibilité pour l'adolescent Dali, dans un double narcissisme gémellaire, d'échapper aussi bien à la hantise homosexuelle qu'à la terreur « hétérosexuelle » représentée dans le tableau par le « groupe » du même nom. C'est cette conception positive du narcissisme comme « stade du miroir », selon l'expression forgée au même moment par Lacan, qui autorise l'enfant à prendre conscience de l'unité de son corps, jusque-là morcelé, et de son rapport au monde.

L'Énigme sans fin de 1938 (à droite, au centre) marque la fin des énigmes. Dali est arrivé à un point de non-retour. La toile qui devient tour à tour une plage du cap Creus avec une femme vue de dos et un bateau, un philosophe au repos, la face du grand crétin borgne, un lévrier, une mandoline, une coupe de fruits avec des poires et enfin un monstre mythologique, épuise le procédé de l'image multiple. Le triomphe de l'ambiguïté signe sa perte. La trouvaille est devenue jeu et la réalité décomposée par le regard du peintre se recrée dans la personne de Gala dont nous devinons, grâce à son ombre, la silhouette quittant la scène. Ses yeux qui fixent le spectateur semblent l'attirer « vers de nouvelles aventures ». Présentée à l'exposition de Julien Levy à New York, la toile reste invendue comme si l'image paranoïaque, décrite par Dali dans le catalogue comme une constante de l'histoire de l'art (des parois des cavernes à Léonard de Vinci et Arcimboldo), renonçait à sa virulence révolutionnaire. En dix ans, la réalité de Gala l'emporte définitivement sur la surréalité confusionnelle.

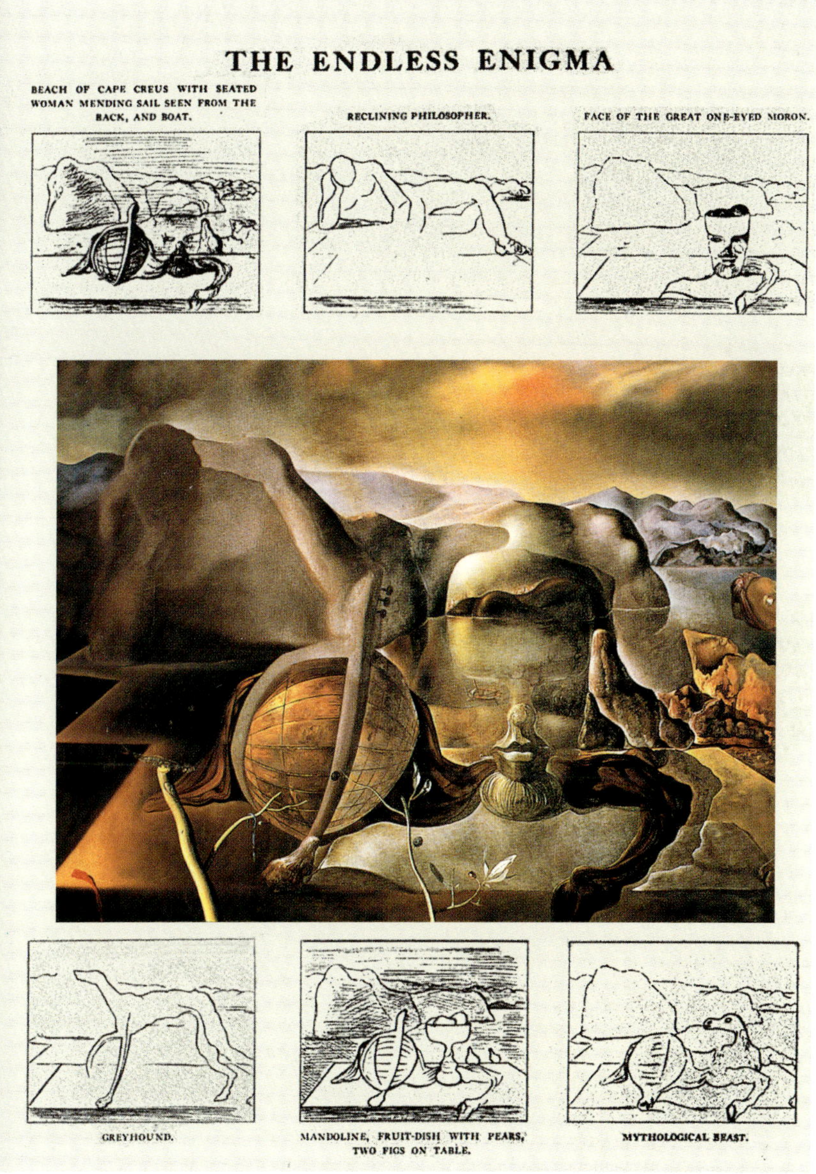
THE ENDLESS ENIGMA
BEACH OF CAPE CREUS WITH SEATED WOMAN MENDING SAIL SEEN FROM THE BACK, AND BOAT.
RECLINING PHILOSOPHER.
FACE OF THE GREAT ONE-EYED MORON.
GREYHOUND.
MANDOLINE, FRUIT-DISH WITH PEARS, TWO FIGS ON TABLE.
MYTHOLOGICAL BEAST.

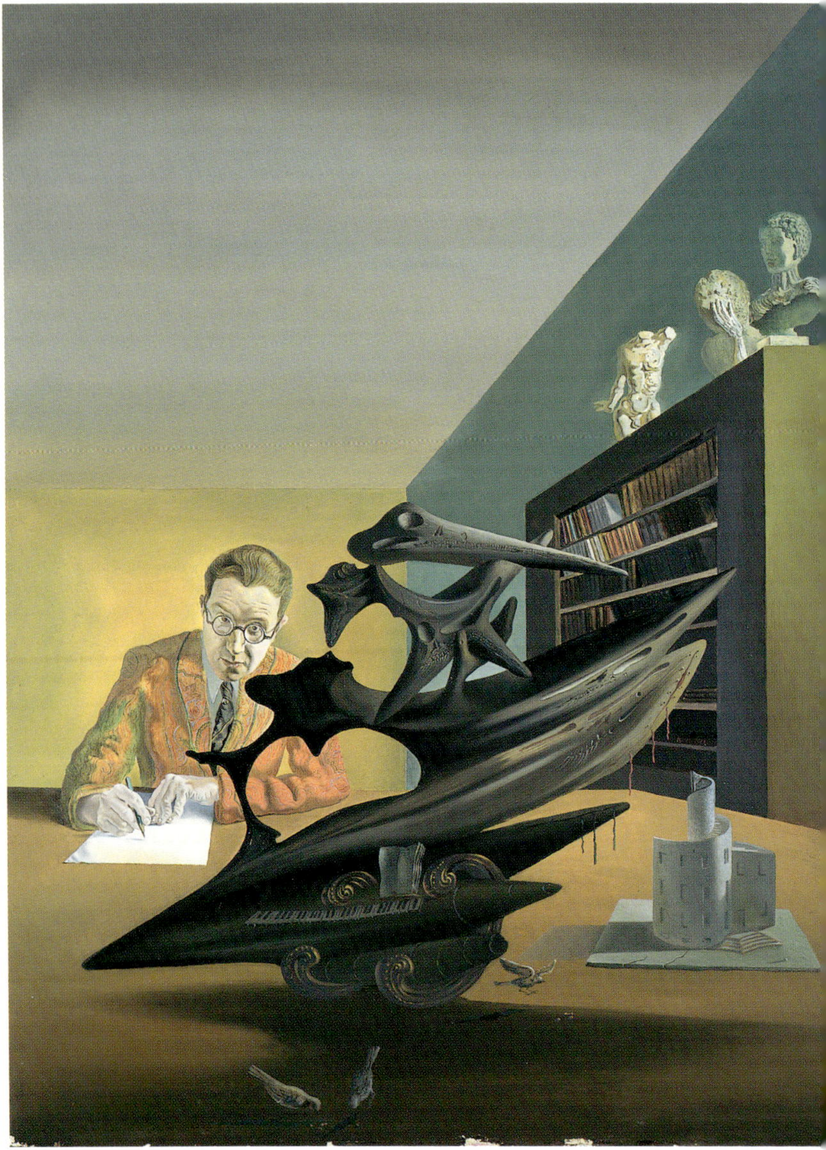

Choyé par Breton et les surréalistes, Dali iconoclaste est également adulé par les gens du monde. Lancé par le « Zodiaque », un groupe de douze mécènes, dont Charles de Noailles, Julien Green et Emilio Terry, puis par le collectionneur anglais Edward James, Dali leur communique son goût pour les objets provocants et l'architecture Art Nouveau et se laisse prendre au jeu des fêtes, de la mode et des décors.

CHAPITRE 5

LE MONDE ET SES DÉCORS : DE L'OBJET À L'ARCHITECTURE

Sarcastique, Dali est ici photographié dans le théâtre de verdure de la villa Marlia, près de Lucca, chez la comtesse Anna-Laetitia Pecci-Blunt. À gauche, dans *Portrait d'Emilio Terry*, au premier plan, un monstre fait de crânes phalliques qui dénonce autant les conventions de l'espace classique que celles du dandy-architecte.

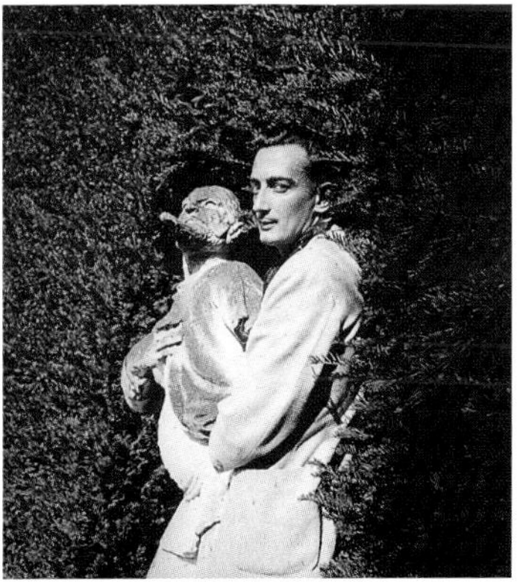

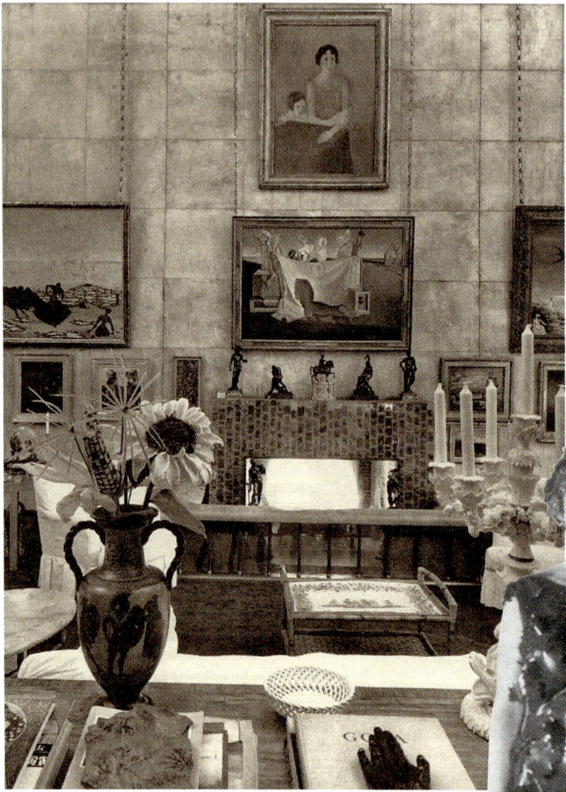

Décoré par Jean-Michel Frank, le salon de parchemin de l'hôtel Bischofsheim (ci-contre) réunit les collections classiques et les achats contemporains de Charles et Marie-Laure de Noailles qui posent ici pour Doyé lors du « Bal des Matières » qu'ils donnent en 1929.

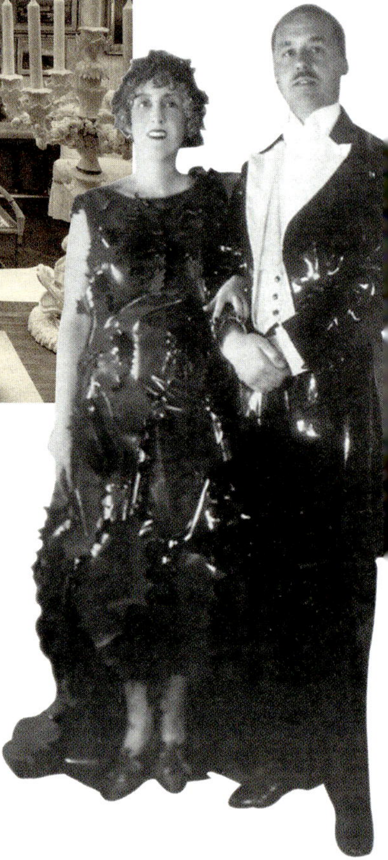

Sous le signe des Noailles

Les débuts parisiens ont été plus faciles que Dali ne le raconte dans *The Secret Life*. Le financement de *L'Âge d'or* par Charles et Marie-Laure de Noailles l'a mis en contact avec le couple le plus élégant et le plus à la mode de Paris. Si Marie-Laure, qui descend de Laure de Sade, n'a pas tous les quartiers de noblesse de son mari, elle possède plusieurs « quartiers de New York » de l'héritage Bischofsheim qui les mettent à l'abri du besoin. Charles n'est pas non plus sans bien et leur ambition est de prendre la relève d'Étienne de Beaumont dont le salon, lieu de rencontre des artistes et des gens du monde, a été immortalisé par *Le Bal du comte d'Orgel* de Raymond Radiguet. Dans leur hôtel particulier de la place des États-Unis, ils ont installé une salle de cinéma dans l'ancienne salle de bal au plafond de Solimena où les *happy few* ont visionné *Un chien andalou* et *L'Âge d'or*. Au bel étage, le décorateur Jean-Michel Frank a simplifié à grands frais un salon avec des murs de parchemin blanc et une cheminée de mica. Les toiles contemporaines du couple se mêlent aux « toiles de maître » de famille. Classique de goût, Charles se laisse séduire par les cubistes, ou le Picasso ingresque, mais Marie-Laure l'entraîne vers les mystères surréalistes. En 1928, deux Miró, trois Ernst et deux Tanguy. En 1929, trois Chirico dont deux achetés à Eluard, un Max Ernst et les collages originaux de *La Femme 100 têtes*, ainsi que *Tête qui regarde* de Giacometti chez Jeanne Bucher. Dali est invité place des États-Unis dès l'automne 1929 et Charles, moins prude que Breton, lui achète pour 7 000 francs *Le Jeu lugubre* ainsi que, pour plus du double, *L'Énigme du désir*. En 1930, il poursuit avec *Le Rêve* et *Dormeuse, cheval, lion invisibles*, 10 000 chacun et, l'année suivante, il offre 20 000 francs à Dali pour qu'il achète une maison de pêcheurs à Port Lligat en échange de *La Vieillesse de Guillaume Tell* qui prend la place d'honneur dans le salon de Frank. C'est encore Charles qui emporte l'emblématique *Homme invisible*, tandis qu'il lui commande un portrait de Marie-Laure en 1933.

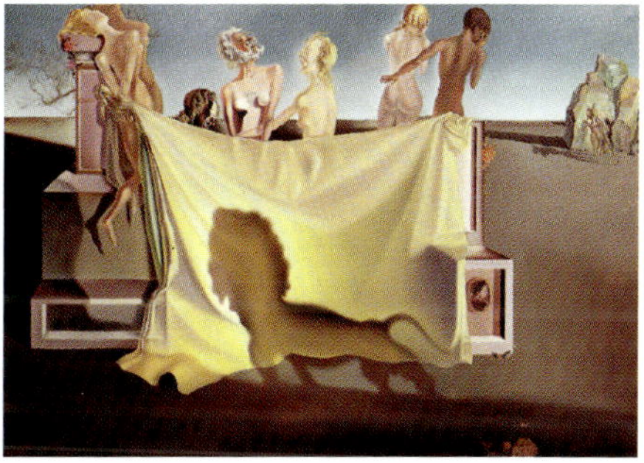

Placé au-dessus de la cheminée de mica, *La Vieillesse de Guillaume Tell* fut donné aux Noailles en échange du chèque permettant à Dali d'acheter, après avoir été chassé de la demeure paternelle, la petite maison de Port Lligat en 1930. On y retrouve le décor planté dans l'oliveraie adjacente où Dali, Gala et leur ami René Crevel jouent avec les drapés et les alignements de colonnes lors de séances photographiques pendant l'été 1931 (voir page 57). Guillaume Tell, le héros suisse remis à l'honneur par Dali dans la toile du même nom (page 64), est une image sinistre du père qui menace ici l'amour naissant du nouveau couple Dali et Gala, à la fois ligotés à gauche et fuyant une scène infamante, à droite.

Le Zodiaque : une association de mécènes

Les Noailles ne sont pas les seuls à fêter le nouveau peintre dont l'attitude en société est passée de la timidité à la provocation. Un groupe de douze

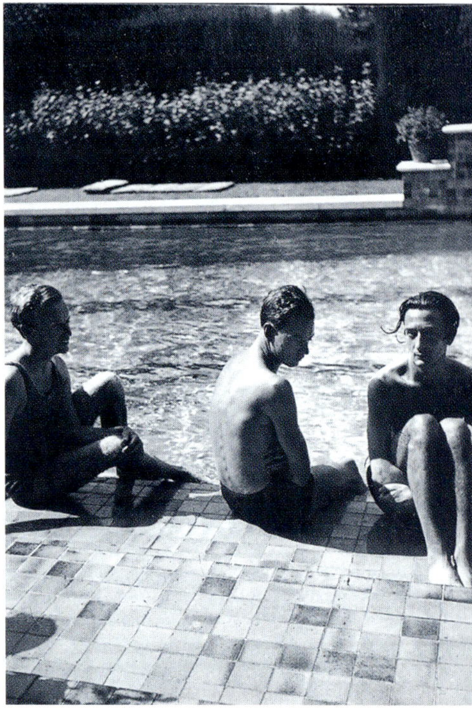

mécènes se forme autour de lui à la fin de 1932 pour lui assurer un revenu fixe, chacun pouvant choisir chaque mois, par tirage au sort, une œuvre, un dernier tableau étant ajouté à la fin de l'année.

Ces constellations bienveillantes sont révélatrices du « smart set » qui lance Dali. Dans l'ordre alphabétique : Caresse Crosby, fondatrice avec son mari Harry de Black Sun Press et qui l'introduira aux États-Unis ; Margaret (Tota) Cuevas de Vera, présentée à Dali par Miró ; le photographe de mode André Durst ; le prince de Faucigny-Lucinge et sa femme Baba, née d'Erlanger ; l'écrivain Julien Green et sa sœur Anne, chacun membre à part ; l'éditeur René Laporte ; Charles et Marie-Laure de Noailles ; la comtesse Anna-Laetitia (Mimi) Pecci-Blunt, l'hôtesse de la villa Marlia ; Felix Rolo, un ami de Christian Bérard ; Robert de Saint-Jean, un diplomate ; enfin Emilio Terry, un architecte.

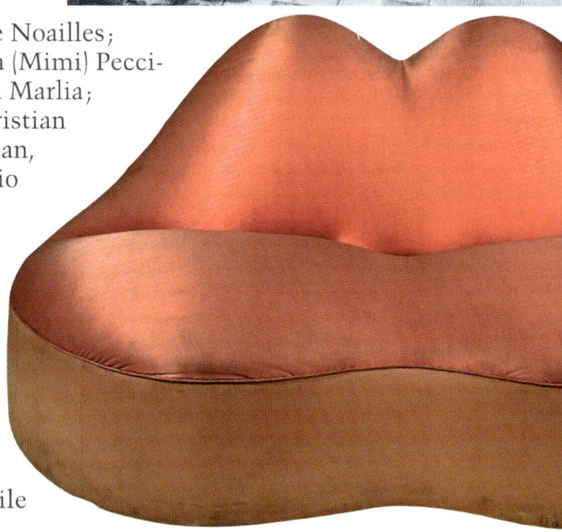

« Avant-hier chez Dali pour chercher mon tableau, puisque c'est mon mois », écrit Julien Green dans son *Journal* : « J'ai le choix entre une grande toile dont le fond est un admirable paysage de rochers… et une petite toile

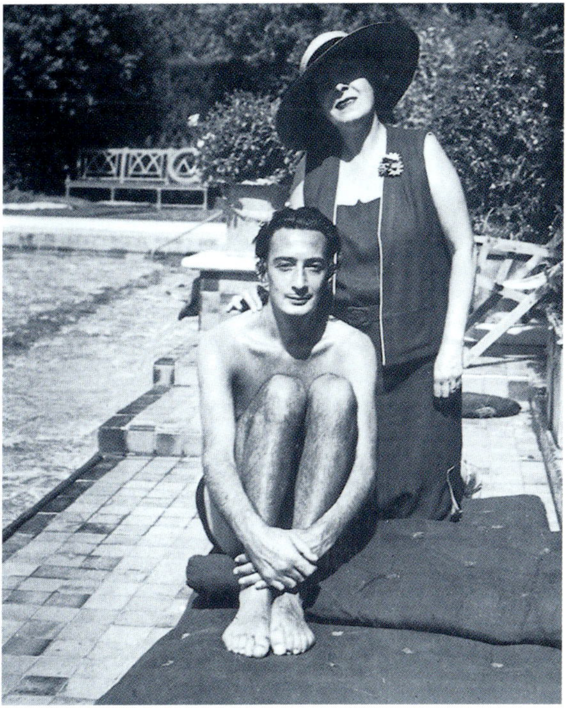

Un Dali au corps gracile est photographié au bord de la piscine de la villa Marlia, aux côtés de Jean Rouvier et de la maîtresse des lieux « Mimi Pecci », membre du Zodiaque. Cette nièce du pape Léon XIII était également une cliente de Jean-Michel Frank qui lui avait dessiné dans son hôtel parisien un salon aux murs revêtus de paille. Frank avait demandé à Dali de lui dessiner un canapé en forme des lèvres de Mae West (à gauche) ainsi que des paravents. On reconnaît Mimi Pecci-Blunt (double page suivante, à gauche) en compagnie de l'architecte Emilio Terry (autre collaborateur de Frank) au « bal Marcel Proust » chez le prince et la princesse de Faucigny-Lucinge, deux autres membres du Zodiaque. À droite, Emilio Terry et Jean Rouvier entourent la princesse « Baba » de Faucigny-Lucinge au « Bal des Matières » organisé par Charles et Marie-Laure de Noailles en 1929 dans leur hôtel de la place des États-Unis. Parmi les invités : Paul Morand, Max Jacob, Louis Aragon, Max Ernst, Dali et Gala. Au programme : *Aubade* de Francis Poulenc et projection d'images « gothiques » de Jean Hugo sur une musique de Georges Auric.

d'une tonalité merveilleuse, gris et lilas, plus deux dessins. Je choisis la petite toile. » Dans le Zodiaque, Emilio Terry joue un rôle à part. Architecte amateur, il collectionne les traités des grands maîtres – Palladio, Ledoux, Piranèse– et, à son actif, il a deux maisons néoclassiques d'un délicieux anachronisme. Comme Diego et Alberto Giacometti, et Christian Bérard, Terry collabore à l'entreprise de décoration de Jean-Michel Frank, et Dali vient les rejoindre en proposant des paravents et un canapé « en forme des lèvres de Mae West » qui attire ses victimes comme une plante carnivore. Le baron de L'Espée, client de Frank, l'installe au centre de sa « salle de cinéma » sous un oiseau en plâtre de Giacometti.

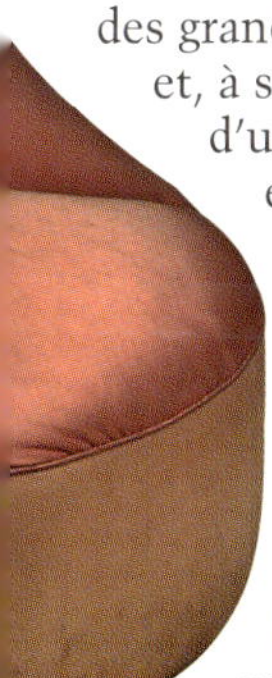

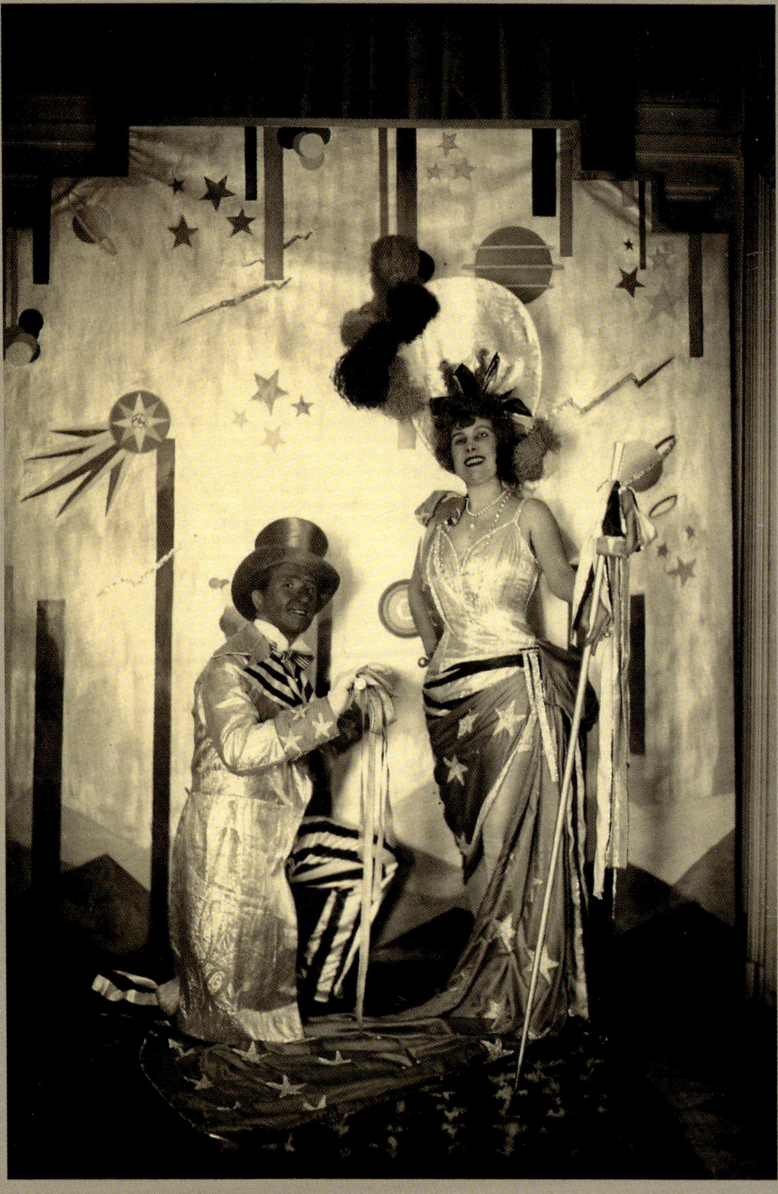

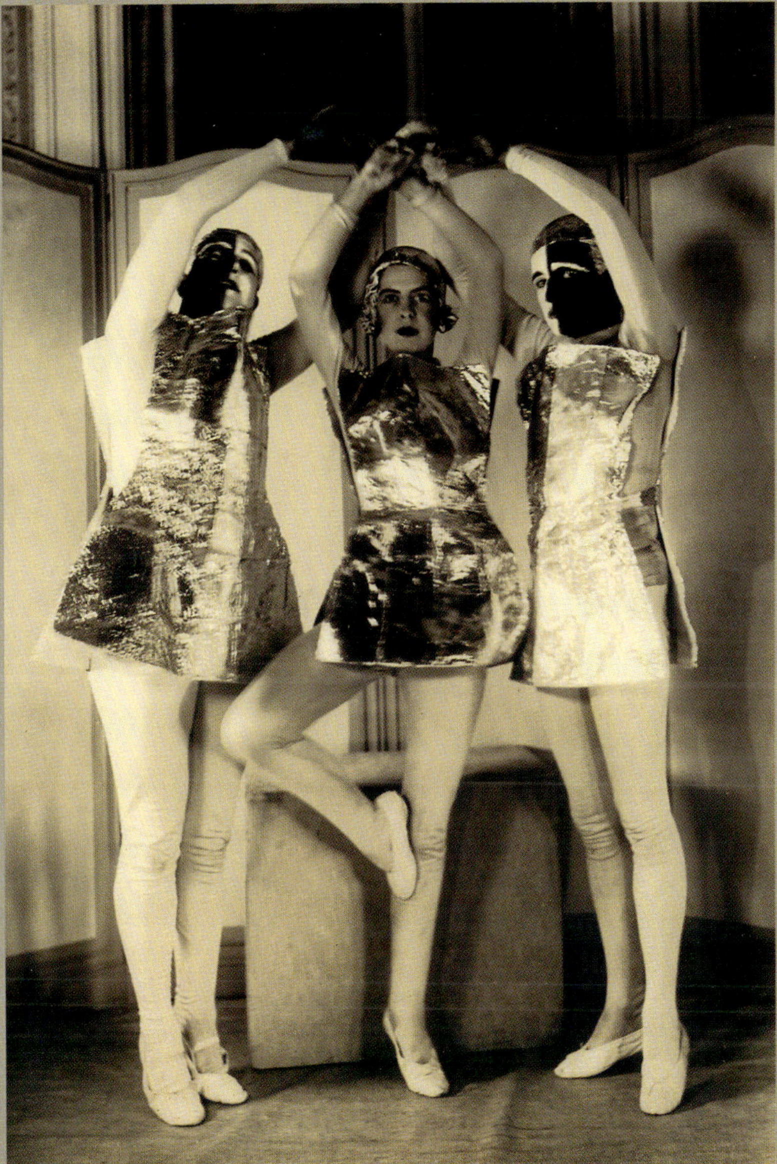

Des objets surréalistes au décor cinématographique

Pour Dali, le monde aseptisé du nickel et du Ripolin, représenté par Le Corbusier, est déjà loin. Depuis 1930, la « tentative de confusion systématique de la réalité » sous le signe de l'expérience paranoïaque gagne le domaine de l'architecture, de l'objet et du décor.

Aux antipodes de l'esthétique paquebot, immaculée et fonctionnelle, Dali est le premier à remettre à l'honneur, dès 1929, l'architecture Art Nouveau, tombée alors dans le plus grand discrédit, et à ressusciter Gaudí et Guimard dont il fait photographier les œuvres en 1933 par Man Ray et Brassaï. Loin d'y voir, comme Nikolaus Pevsner et les théoriciens modernistes, une des sources possibles du XXe siècle, Dali considère ce qu'il appelle le « Modern' Style » comme une nécessaire et savoureuse régression vers les rondeurs organiques de la caverne et de la matrice maternelle. Sous l'influence d'Otto Rank, le fils prodigue de Freud, rotondités fessières et fentes vaginales ornent, sur le dessin, des intérieurs « intra-utérins » destinés à faire oublier le « traumatisme de la naissance ».

L'architecture « modern' style » est « la vraie réalisation de désirs solidifiés où le plus violent et cruel automatisme trahit douloureusement la haine de la réalité et le besoin de refuge dans un monde idéal, à la manière de ce qui se passe dans une névrose d'enfance », écrit-il en 1933 dans *Minotaure*. Refusant d'en faire un nouvel idéal

L'*Angélus* de Millet est une des obsessions de Dali : la silhouette des deux paysans penchés vers la terre est interprétée comme un préalable « expectatif » à de furieuses étreintes cannibales. Le chapeau du paysan cachant mal une érection à laquelle devront faire face les acteurs de sa mythologie personnelle.

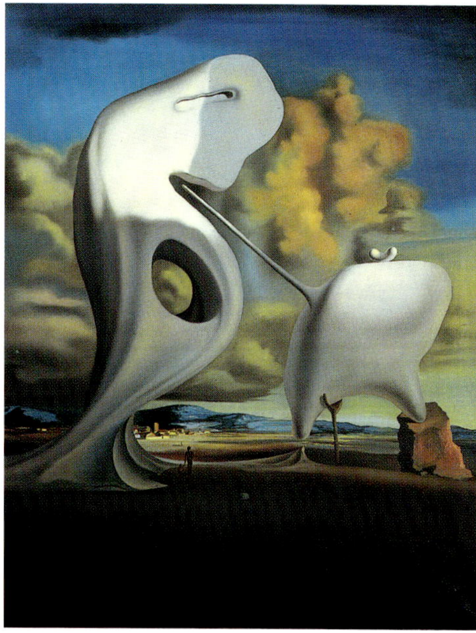

Le couple est pétrifié dans cet *Angélus de Millet architectonique* (ci-dessus) aux formes biomorphiques qui précède de peu les buildings de Manhattan de 1934 pris de frénésie érotique. Le « Modern' Style » de Dali vire à l'expressionnisme.

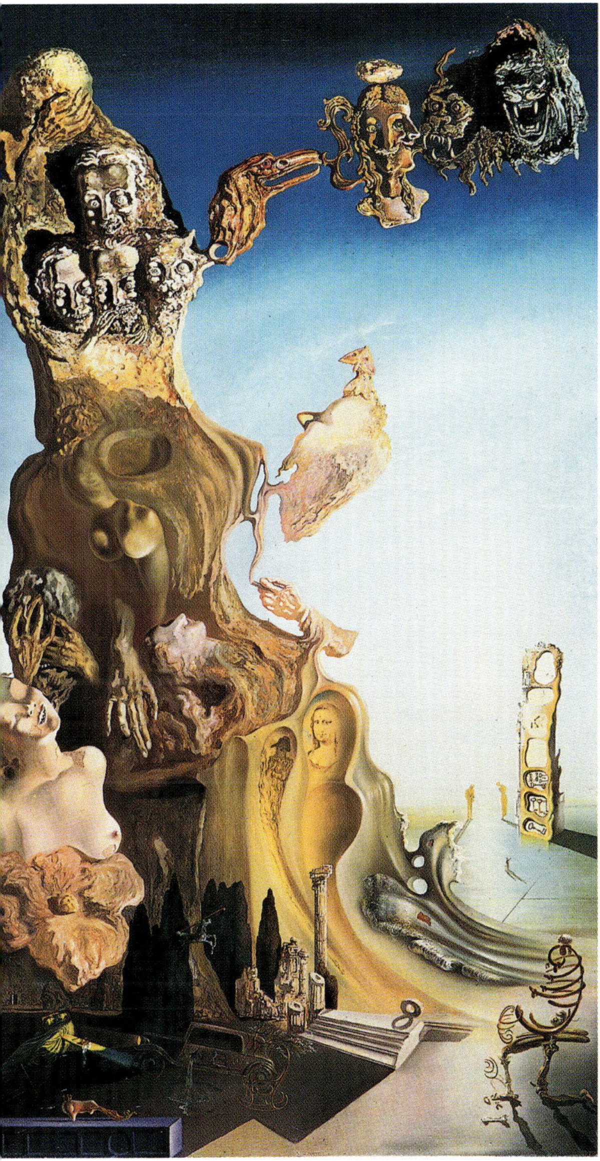

Les figures rustiques de *L'Angélus* apparaissent à l'horizon du *Monument impérial à la femme enfant* (ci-contre, réalisé de 1929 à 1931), avec d'autres héros de la mythologie dalinienne : la Joconde et Napoléon à la tête de ses troupes lors de la campagne de France. Campé sur les rivages plantés de cyprès de l'île des Morts d'Arnold Böcklin, le « rocher paranoïaque », inspiré des pétrifications du cap Creus, n'est que l'érection des « désirs solidifiés » (la masturbation, le fessier protubérant, les seins érectiles) d'un Dali partagé entre la peur (le Fils honteux, Guillaume Tell, l'oiseau prédateur, la jarre androgyne, les masques de lion) et l'attrait du désir (buste fragile de la femme-enfant). Le naturalisme informel découvert dans l'Art Nouveau de Barcelone est traduit par les vagues ou la fumée pétrifiées en formes organiques. Les ruines romaines inscrivent cette Renaissance catalane dans la tradition méditerranéenne et romaine de l'Ampuria. Exténué et minuscule, le Grand Masturbateur n'est plus qu'un objet ornemental monté en bronze doré sur le socle de lapis-lazuli au premier plan.

esthétique, Dali voit dans cette « architecture ornementale » un « décorativisme psychique » catalyseur de toutes les perversions.

L'ornement Art Nouveau, apparu dans *Les Premiers Jours du printemps*, annonce cette régression à une libido polymorphe incarnée par les images multiples (les testicules-seins, les bouches-vagins) qui tourbillonnent dans *Le Jeu lugubre*. La queue du Grand Masturbateur s'épanouit en volutes Art Nouveau qui se démultiplient autour du calice de *La Profanation de l'hostie*. L'ambiguïté des rondeurs et des mollesses de l'Art Nouveau lui

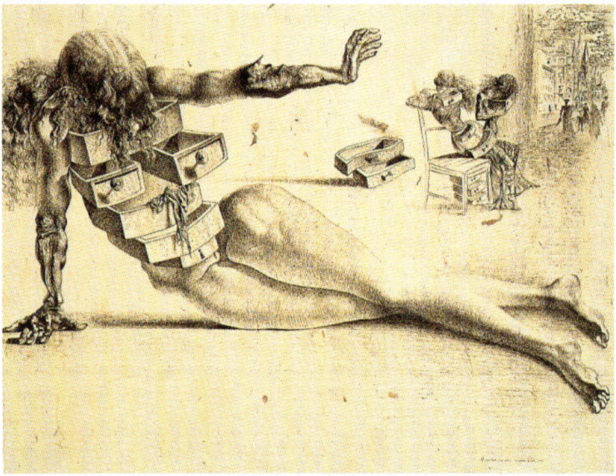

dénie toute légitimité fonctionnelle, tandis que sa paradoxale abstraction donne à ses formes naturalistes une surréalité que le regard paranoïaque est prompt à interpréter.

Dans le *Monument impérial à la femme enfant*, les ornements épars se fondent en d'obsédantes métamorphoses : l'écume de la vague, la fumée de la cigarette, les seins des femmes se pétrifient tandis que les fantasmes émergent de l'informe organique comme ce fessier surdimensionné ou les gueules soudées des hantises : aigle, lion, Guillaume Tell, femme-jarre. Le *Monument* est la version dalinienne en trois dimensions du mur paranoïaque

Dali participe, avec cet « objet à fonctionnement symbolique » (ci-dessous), au dossier sur « l'objet surréaliste » paru en décembre 1931 dans *Le Surréalisme au service de la révolution*.

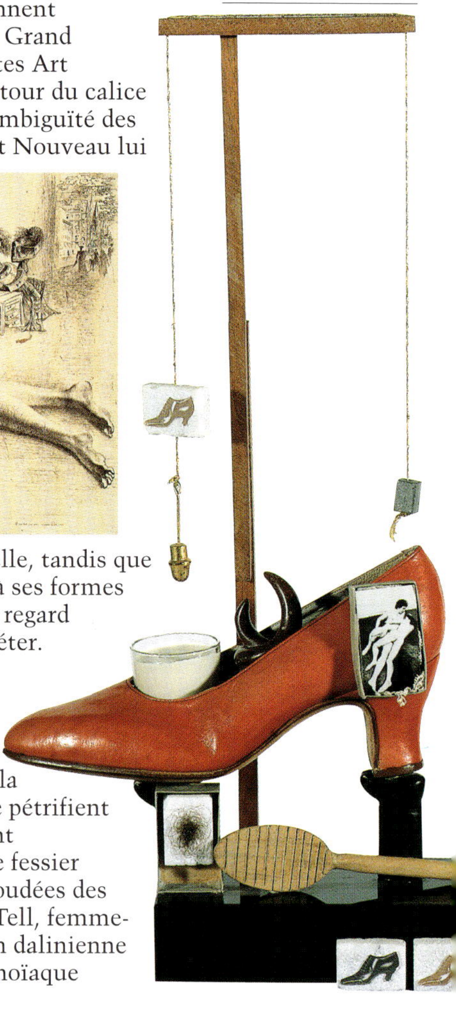

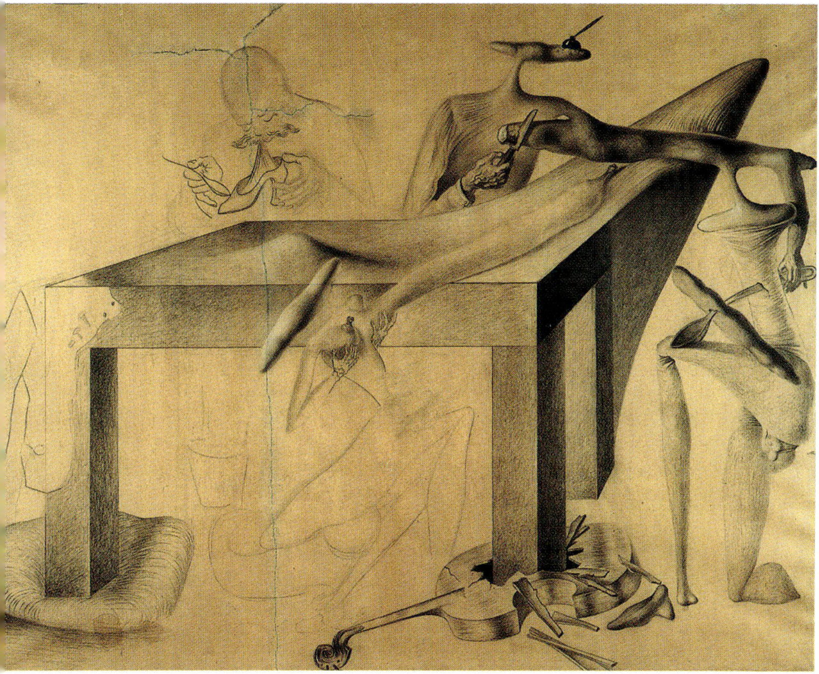

de Léonard de Vinci. Cette « réalisation de désirs solidifiés » qu'évoquent dès 1933 ses « maisons pour les fous vivants » ou « maisons pour érotomanes » s'affirme dans *L'Angélus de Millet architectonique* ou dans *Vestiges ataviques après la pluie*. L'architecte Emilio Terry l'accompagne prudemment. Sous l'influence de Dali, ses volumes s'incurvent et se dynamisent, parfois revêtus de drapés paranoïaques. Mais la « maison escargot », que Terry présente en 1933 à la galerie Jacques Bonjean puis à l'exposition « Fantastic Art, Dada, Surrealism » au Museum of Modern Art de New York en 1936, reste bien timide, comme Dali le montre dès 1934, non sans une certaine cruauté, dans le portrait de son mécène (page 90), où un mystérieux amas de crânes lubriques et turgescents dénonce autant l'espace classique que les timidités de l'architecte gentilhomme.

Autrefois dans la collection du marchand de Dali, François Petit, ce *Cannibalisme des objets* (ci-dessus), dessin de plus d'un mètre de large, est aujourd'hui une des gloires du Cabinet des dessins du musée national d'Art moderne. Un grand classique des traités d'anamorphose, la table allongée s'anime et s'érige, lieu d'un grand banquet sacrificiel où objets et personnages s'entre-déchirent et se dévorent dans un désir d'universelle symbiose. À gauche, *La Cité des tiroirs*.

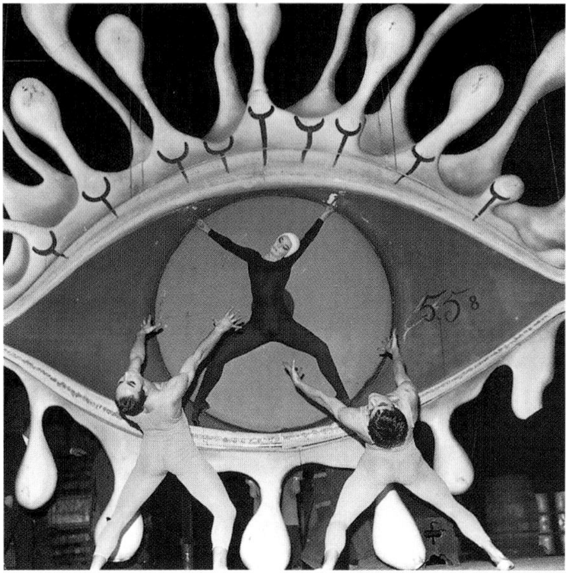

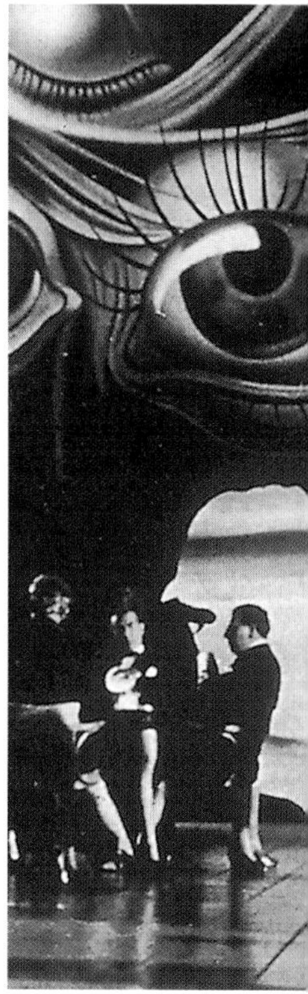

La confusion paranoïaque

Apportant un correctif à la formule de Breton dans *Nadja* par un article paru dans *Minotaure* en 1933 et intitulé « De la beauté terrifiante et comestible de l'architecture modern' style », Dali conclut : « La beauté n'est que la somme de conscience de nos perversions. Breton a dit : "La beauté sera convulsive ou ne sera pas". Le nouvel âge surréaliste du "cannibalisme des objets" justifie également cette conclusion : la beauté sera comestible ou ne sera pas. »

La confusion paranoïaque gagne les décors, les meubles et même l'« objet surréaliste » dont Dali rédige un savant catalogue dans *Le Surréalisme au service de la révolution* où apparaît son premier « objet à fonctionnement symbolique », fondé sur le fétichisme de la chaussure et les effets inconscients de la dissolution d'un sucre dans un verre de lait tiède. Gala l'accompagne, à la plus grande joie de René Crevel qui décrit ses agaçantes éponges métalliques effleurant des bols de farine dans

Depuis la séquence initiale du *Chien andalou*, l'œil omniprésent, menaçant et fragile est, de Dali à Bataille, le fantasme premier du regard érectile du « Grand Paranoïaque ». Il apparaît en haut dans le Ballet du XXe siècle, présenté en 1962 à la Monnaie de Bruxelles et au Théâtre des Champs-Élysées, sur une musique de Scarlatti, avec Maurice Béjart et Ludmila Tcherina.

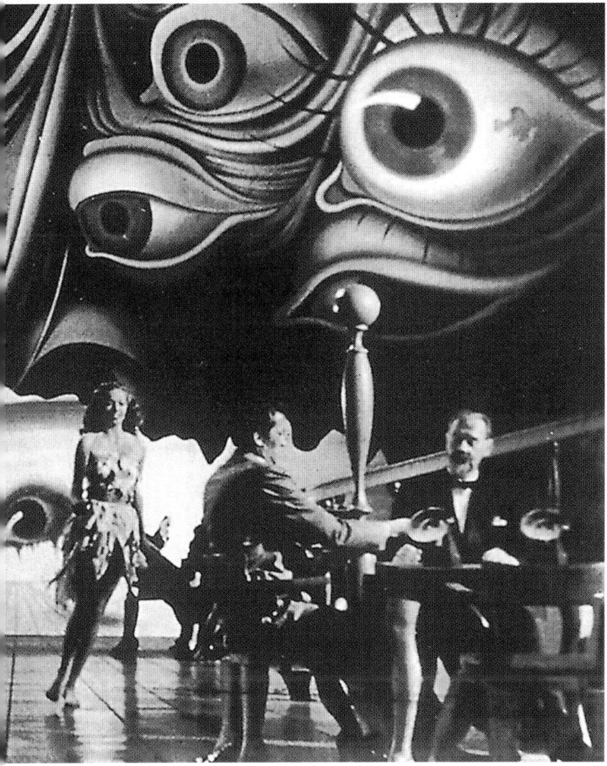

Les murs de *Spellbound* (*La Maison du docteur Edwardes*) d'Alfred Hitchcock, démultiplication de l'œil caïnite, découpés en vain par les ciseaux castrateurs du héros, observent la table aux jambes dénudées où se noue l'intrigue. John Ballantine, doublure amnésique du docteur assassiné, interprété par Gregory Peck, raconte lui-même son rêve au docteur Brulov : « Je ne me souviens pas de l'endroit où j'étais, mais ce devait être une maison de jeux. Il n'y avait pas de murs, juste des rideaux qui pendaient et des yeux peints dessus. Des hommes s'étaient assis, en train de jouer aux cartes, mais les cartes étaient blanches. Puis un homme est entré en tenant une grande paire de ciseaux à la main. Il a commencé à faire le tour de la pièce en coupant les rideaux en deux. Une fille presque nue a glissé le long d'une rampe dans la salle de jeux et a commencé à embrasser tout le monde. [...] J'étais assis dans un coin et je jouais aux cartes avec un homme barbu » (extrait du scénario original, Selznick Archives, Austin). Peu après ce travail avec Hitchcock, Dali entreprend avec Walt Disney un film d'animation, *Destino*.

Dali ou l'anti-obscurantisme, commentaire enthousiaste des textes critiques de l'artiste. André Breton et Valentine Hugo s'y mettent également ; l'objet devient un jeu surréaliste.

Les expositions surréalistes sont aussi l'occasion de mises en scènes éphémères. En 1936, à Londres, Dali arrive en scaphandrier pour accomplir sa descente dans l'inconscient : le collectionneur Edward James le sauve *in extremis* de l'asphyxie. En 1938, à la galerie Beaux-Arts de Georges Wildenstein, Dali et Ernst, « conseillers spéciaux », organisent la mise en scène de mannequins dans des rues parisiennes fantasmatiques : le taxi pluvieux de Dali, avec sa passagère couverte d'escargots de Bourgogne vivants, en est l'image forte.

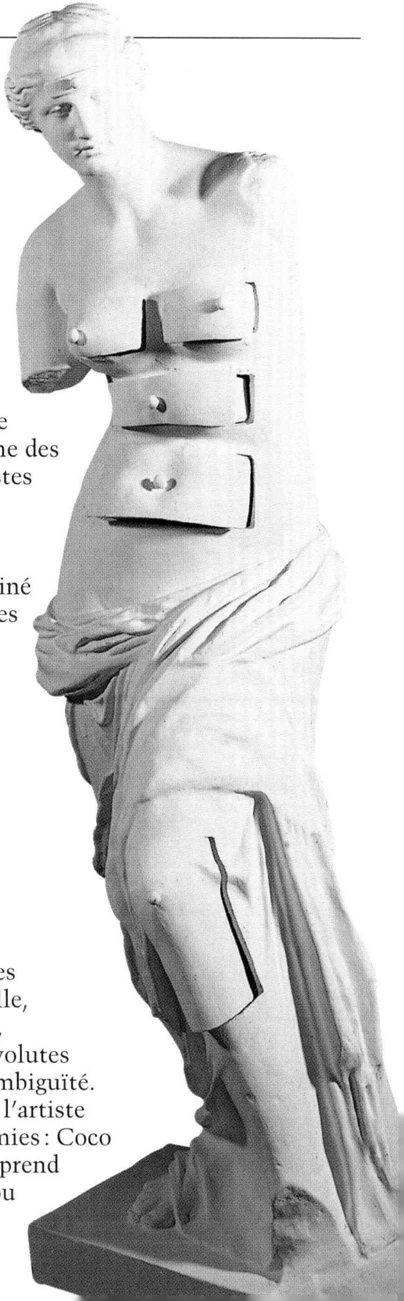

Un mobilier vivant

Si les objets s'animent, les meubles se déchaînent, accomplissant, sur le dessin, les métaphores les plus audacieuses : au canapé « lèvres » succèdent la cheminée « nez », les rideaux « cheveux » et les cadres « yeux » pour former l'appartement surréaliste. Des sièges en fourrure habités de fantômes prennent racine sur le parquet du salon, tandis que des divans aux muscles salivaires attirent d'inconscientes odalisques. Ailleurs, ce sont des *rocking-chairs* dessinés comme des cages thoraciques qui invitent aux siestes en abîmes. Cataleptiques, les grandes hystériques s'arc-boutent, seins érigés et tiroirs ouverts. Non loin, un porte-parapluies en forme de phallus est destiné à recueillir les ombrelles détumescentes dans le droit fil de la métaphore de Lautréamont. Des lampadaires sont formés de vertèbres emboîtées.

Le cinéma, la mode et la scène

Pour un décor destiné aux Marx Brothers, des appliques en forme de mains autour d'un vagin capitonné de rouge se referment sur l'imprudent qui s'approche. Dans *Spellbound (La Maison du docteur Edwardes*) d'Alfred Hitchcock, dont il dessine la séquence onirique, la table de jeux a des jambes de femme et un œil-piano vacille, déséquilibré. Érotisés, animés, pervers, les meubles daliniens s'emparent des volutes « modern' style » qui renforcent leur ambiguïté.

La mode s'empare des trouvailles de l'artiste qui est l'ami des deux créatrices ennemies : Coco Chanel et Elsa Schiaparelli. Celle-ci reprend à son compte le « chapeau côtelette » ou le « chapeau chaussure ». Elle dessine également un tailleur aux poches tiroirs que Cecil Beaton photographie pour *Vogue* contre des décors inspirés des plages daliniennes. Toujours dans *Vogue*, André Durst photographie la collection de septembre 1939 contre des mannequins aux têtes de flammes qui, pour le mensuel, « montrent l'influence du peintre S. Dali dans le domaine décoratif ».

La scène est aussi l'occasion de recycler quelques icônes attendues pour donner corps aux nombreux projets esquissés sur le papier. À l'automne 1937, Dali signe un contrat avec Leonide Massine pour les Ballets de Monte-Carlo, pour lesquels travaillent alors Christian Bérard, Eugène Berman ou Étienne de Beaumont. Mais ce *Tristan fou*, musique de Wagner et de Nietzsche, dont la maquette, présentée par *Vogue*, mêle souvenirs du *Corridor palladien* et de *L'Angélus de Millet*, ne verra le jour que deux ans plus tard, au Metropolitan Opera à New York, sous le nom de *Bacchanale*. Coco Chanel, qui avait réussi à supplanter Schiaparelli pour les costumes, renonce finalement à leur envoi. En 1942, Dali se charge lui-même des décors et des costumes de *Labyrinthe* où l'un

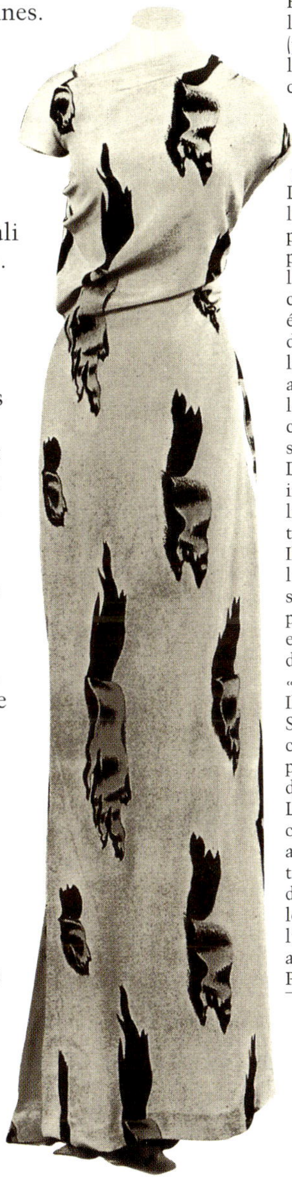

Dans la lignée des gravures de Giovanni Battista Bracelli, la *Vénus à tiroirs* (page de gauche) est l'expression la plus connue de cet anthropomorphisme des objets repris au XIXe siècle par Grandville. Les tétons et le tiroir lui-même (sans son polichinelle) ne sont pas exempts, comme le rappelle le langage courant, d'allusions érotiques. L'autonomie des « petites choses » lancée à la fin des années vingt atteint le design des objets qui, comme l'architecture, s'animent. En 1940, Dali est le premier à imaginer des moutons lits ou des moutons tables de téléphone. Il présente à l'exposition d'objets surréalistes organisée par Charles Ratton, en 1936, une veste de smoking « aphrodisiaque ». Il imagine pour Elsa Schiaparelli des chapeaux souliers que porte Gala avec Baba de Faucigny-Lucinge. Le motif du tissu de cette robe (ci-contre), aux déchirures en trompe l'œil, a servi de reliure pour le catalogue de l'exposition Dali au centre Georges-Pompidou en 1980.

des décors campe le gigantesque torse de son « Bureaucrate moyen » sur un paysage böcklinien.

Vers une architecture

Un autre mécène, Edward James, prend la relève au milieu des années trente. Cet Anglais, écrivain et collectionneur, dans la lignée d'Horace Walpole et de William Beckford, fait une entrée éclatante dans le « smart set » parisien en finançant, sur les conseils de Marie-Laure de Noailles, les Ballets 1933 de Balanchine auxquels participent Derain, Bérard, Tchelitchev et Emilio Terry. Dali fait sa connaissance en 1935 à Londres; ils se retrouvent l'été à Cadaquès, l'automne en Italie et entament une correspondance suivie. En novembre, James présente Dali à son architecte, Hugh Casson, chargé de redécorer Monkton, sa résidence de campagne.

Les idées fusent aussitôt : un enduit violet, des gouttières en forme de palmiers, des serviettes autour des fenêtres, quatre canapés lèvres, du capiton et des miroirs, sans oublier le téléphone homard dont l'idée reviendrait à James. Le 10 mai suivant, James demande à Dali et Gala de lui envoyer quelques photographies des rochers du cap Creus pour décorer le grand salon de Londres. « Mes architectes me disent que la pesanteur serait trop grande si je mettais des morceaux de ce roc même sur les murs, la maison, étant ancienne et délicate, s'écroulera sous ce poids. On va alors imiter, avec du plâtre, un peu de ciment et de la peinture semée de quelques grains de mica, cette matière de roc... Mais avec le seul petit morceau que j'avais à leur montrer, ils n'ont pas su donner en grand cet aspect des merveilleuses formations trouées. »

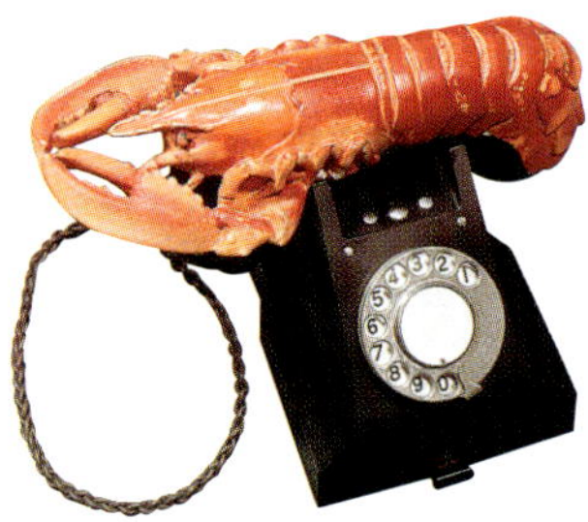

James, qui avait avancé une grosse somme pour agrandir la maison de Port Lligat, lui propose en juin 1936 un généreux contrat d'exclusivité

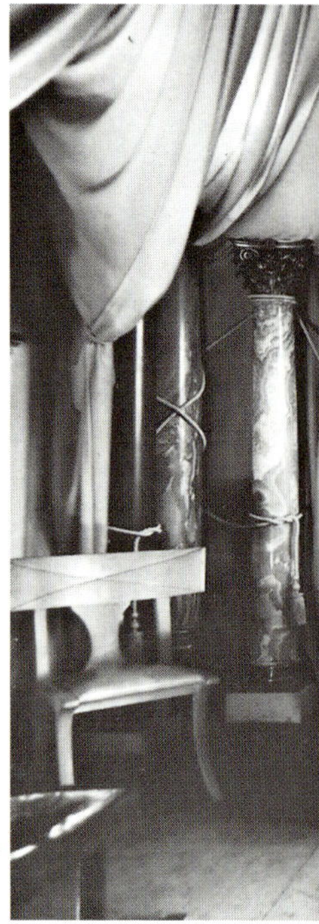

Photographié par Norman Parkinson dans sa « Tent Room » du 35 Wimpole Street en compagnie d'Igor Markevitch, Edward James, poète, collectionneur et mécène, pose sous *Femme assise au chapeau* de Picasso (1923) et *Calme blanc* de Dali (1936). Les audaces du drapé rappellent certains décors surréalisants de Terry ou de Tchelitchev pour les Ballets 1933 du Théâtre des Champs-Élysées.

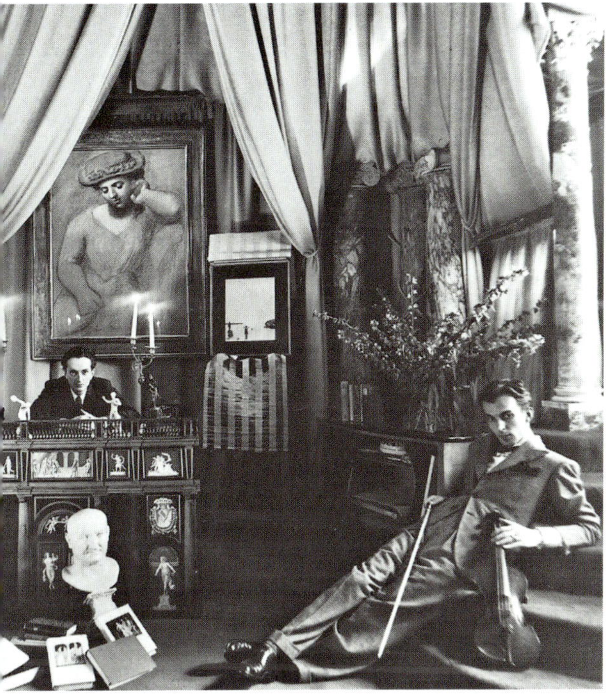

Le homard téléphone, les canapés en lèvres de Mae West et la chaise aux bras tendus (sur une idée de James) agrémentaient les décors surréalistes des diverses maisons qu'Edward James aurait voulu transformer radicalement : il cherche à évoquer dans sa salle à manger londonienne les rochers paranoïaques du cap Creus, ailleurs il rêve de murs pulsatiles que Dali voulait recouvrir de poils. James accomplit finalement son rêve d'environnement surréaliste, après la guerre, à Xilitla, au Mexique. Ses pavillons aériens et ses fontaines de béton rappellent, sous les frondaisons tropicales, autant Dali et Ernst que les maisons « jupitériennes » de Victorien Sardou, publiées par Breton dans *Minotaure*, revue qu'il subventionnait.

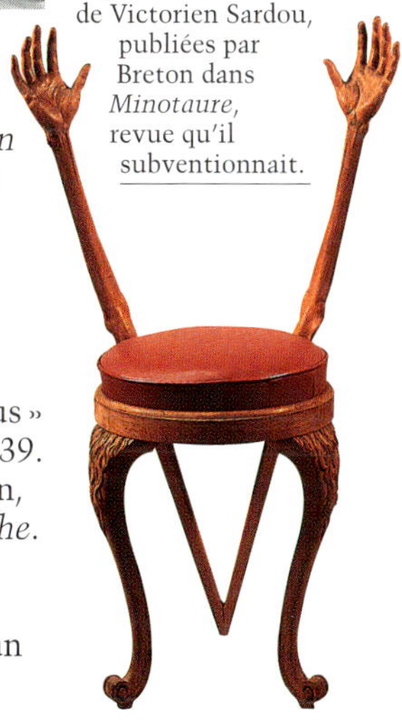

qui lui permettra, avec *Couple aux têtes pleines de nuages*, *Impressions d'Afrique*, *Le Grand Paranoïaque*, *Espagne*, *Le Sommeil* et *La Création des monstres*, de se constituer une des plus belles collections daliniennes, aujourd'hui dispersée.

Si Monkton, avec son mélange de mobilier Regency et de gags surréalistes, ne peut être considéré comme un intérieur surréaliste, James subventionne ce qui sera le Grand Œuvre architectural de Dali : le pavillon « Dream of Venus » de l'Exposition internationale de New York en 1939. Déjà en 1934, lors de son premier séjour américain, Dali avait dessiné *Manhattan saisi par la débauche*. Des autoroutes permettaient aux humeurs automobiles de circuler d'un gratte-ciel à l'autre. Certains immeubles adoptaient la forme du paysan et de la paysanne de *L'Angélus de Millet*.

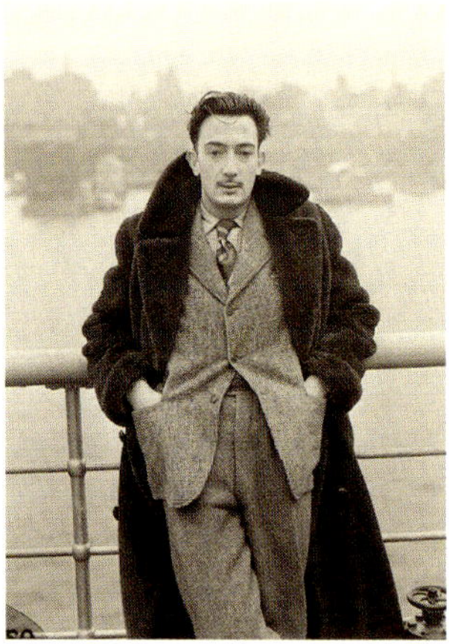

Dali (ci-contre à son arrivée à New York) doit affronter les tracasseries de ses commanditaires qui refusent de sommer la Vénus d'un poisson, ce qui le conduit à rédiger sa « Déclaration d'Indépendance de l'Imagination et des Droits de l'Homme à sa propre folie ».

En 1936, l'exposition « Fantastic Art, Dada, Surrealism » organisée au Museum of Modern Art par Alfred Barr, comprend une section architecture où l'on retrouve Gaudí et Guimard redécouverts par Dali, le Facteur Cheval architecte « médiumnique » selon Breton, Kurt Schwitters et son « Merzbau », Emilio Terry et sa « maison escargot ». En 1939, Julien Levy, son galeriste new-yorkais confie à Dali le projet d'un « pavillon surréaliste » prévu dans la zone de divertissement de la World's Fair. Dali décide de l'appeler « Dream of Venus » et, en compagnie de Gala et de James, d'y réunir toutes les extravagances qui n'ont jamais trouvé mécène. La façade du pavillon, qui emprunte un peu à la grotte aux coraux dessinée en 1936 par Emilio Terry pour le photographe Horst, est irrégulière et organique ; la rocaille le disputant aux drapés de plâtre, l'entrée se fait sous les jambes d'une géante assise sur un tabouret. Les ouvertures irrégulières hérissées de pics, de coraux ou de mains laissent entrevoir quelques beautés sculpturales ainsi que *La Joconde* et la *Vénus* de Botticelli, affublée à l'origine d'une tête de poisson. À l'intérieur, deux grands aquariums : « L'un est rempli d'eau et d'un assortiment incongru d'objets, tels une vache en plastique, enveloppée de bandelettes à la façon des momies, un homme composé de raquettes de ping-pong en caoutchouc, un monstre sous-marin fabuleux, un enchevêtrement vacillant de téléphones en plastique et un piano, dont le clavier est peint sur une femme en caoutchouc. Dans ces eaux agitées, des sirènes au corps parfait s'ébattent, vêtues d'effets légers dessinés par Dali. »

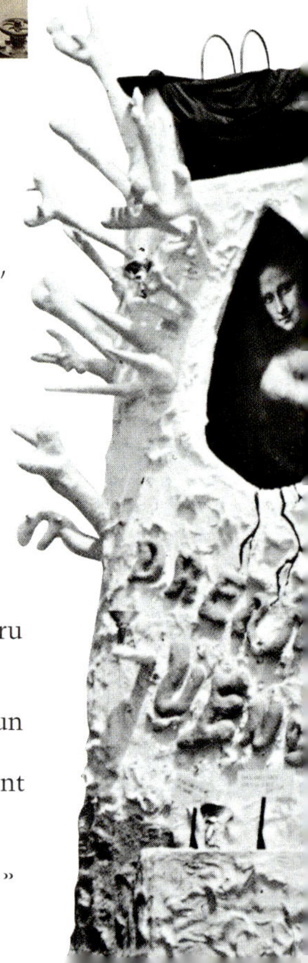

Le chantier est l'occasion d'un travail d'équipe : Gala, James, Julien Levy, tout le monde met la main à la pâte. Les « costumes » des sirènes permettent d'époustouflantes séances photographiques où Horst et Platt Lynes immortalisent les éphémères « êtres-objets » de Dali affublés de fruits de mer et de crustacés.

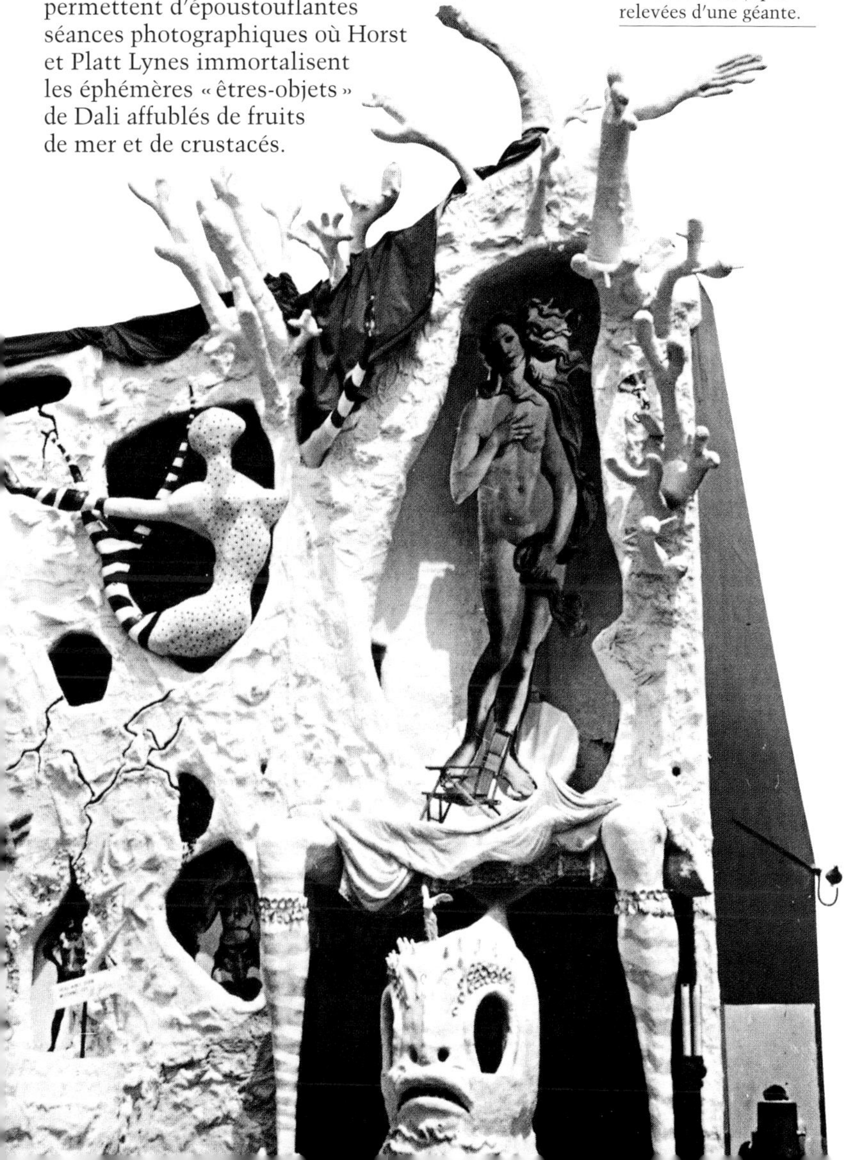

Le pavillon « Dream of Venus » : la caisse en forme de poisson est située sous les jupes relevées d'une géante.

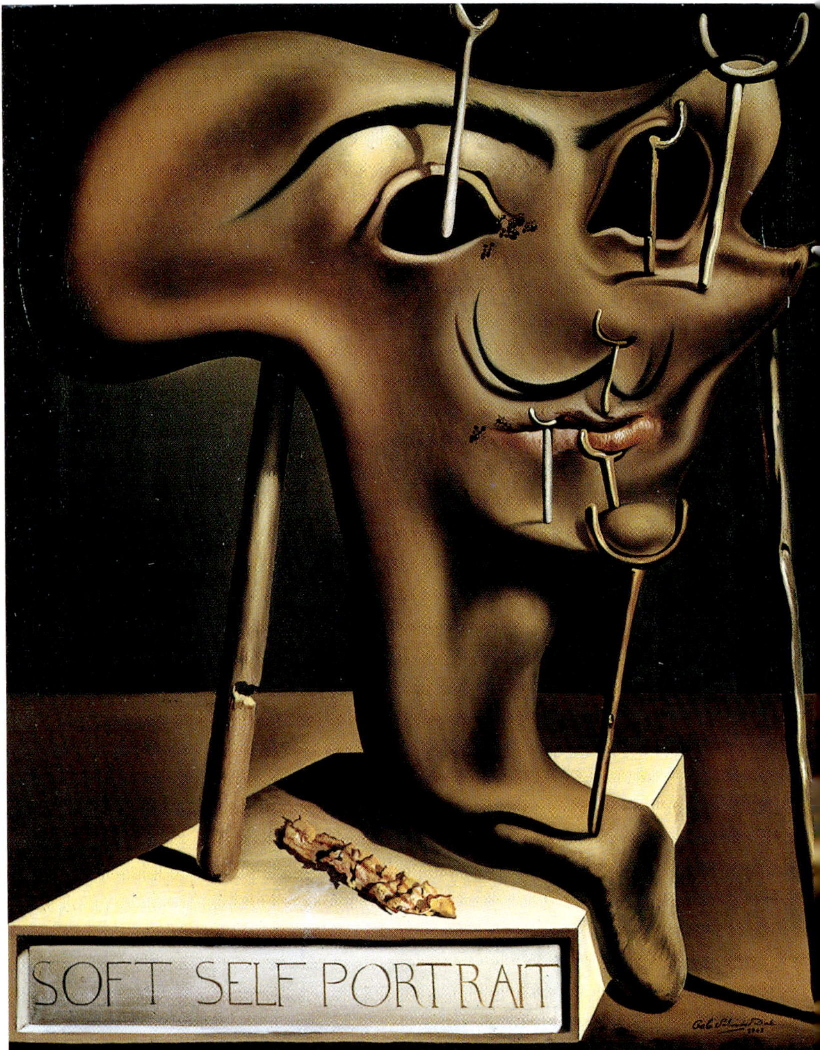
SOFT SELF PORTRAIT

En célébrant les noces mystiques de la psychanalyse et de la morphologie, Dali annonce en 1942, dans *The Secret Life of Salvador Dali*, sa conversion à la forme classique et au catholicisme. Le recyclage commercial de l'imagerie surréaliste se double de l'invention de grandes toiles « mystiques » sous l'égide de Gala.

CHAPITRE 6

LE RETOUR À L'ORDRE D'AVIDA DOLLARS

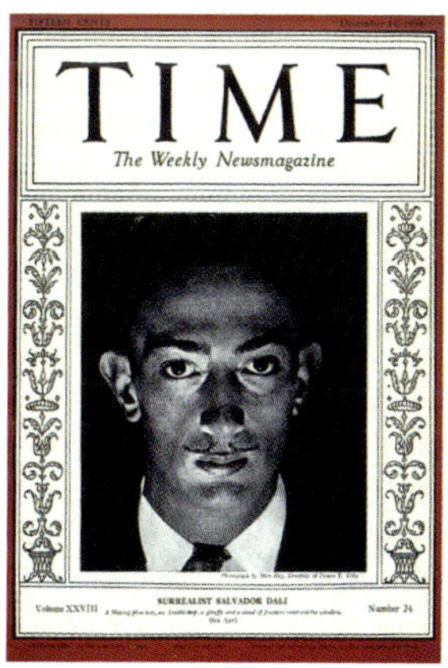

Présenté à la galerie Julien Levy, dont il orne le catalogue, l'*Autoportrait mou avec lard grillé* annonce l'abandon de l'introspection psychologique au profit d'une simple description de l'enveloppe extérieure. Réduit à lui-même, le corps déformé par les perversions retrouve une forme sublimée que le portrait de Dali par Man Ray, sur la couverture de *Time*, annonce dès 1936.

De la psychologie à la morphologie

La *Métamorphose de Narcisse* annonçait la métamorphose de l'œuvre. Les distorsions et fragmentations subies par l'image depuis 1927 connaissent un dernier paroxysme avant de laisser place au nouveau culte de la forme. Parallèlement, la violence du regard paranoïaque fondé sur la force du désir se voile d'un respect religieux devant l'*Énigme sans fin* de 1938. Avec cette œuvre qu'il présente en 1939 à la galerie Julien Levy de New York, Dali se laisse aller au jeu des six images dont la ronde vertigineuse aboutit au néant formel. Dans sa préface au catalogue, Dali banalise ses intuitions paranoïaques en les intégrant dans une histoire de l'art qui va des silhouettes entrevues sur les rugosités de la roche par l'homme des cavernes aux crachats inspirant Piero di Cosimo en passant par les images composées d'Arcimboldo et de Bracelli.

Trop de paranoïa tue la paranoïa, et cet universalisme annonce, sur un proscenium « palladien », la rencontre fatale de la « psychanalyse, encore très jeune en dépit d'un front ridé des traces délicates de la tristesse » et de la « morphologie, enfant de Goethe, ange véritable ».

Trois ans plus tard, dans le catalogue d'une nouvelle exposition chez Julien Levy, sous le titre *Le Dernier Scandale de Salvador Dali*, Dali nous précise que Goethe a gagné sur Freud. Assimilant rétrospectivement son attitude surréaliste à la situation de l'Europe en guerre, Dali annonce un second « retour à l'ordre » et le passage d'une époque « psychologique » à une ère « morphologique » : « En ces temps chaotiques de confusion, de débandade et de démoralisation grandissante, où le vermicelle

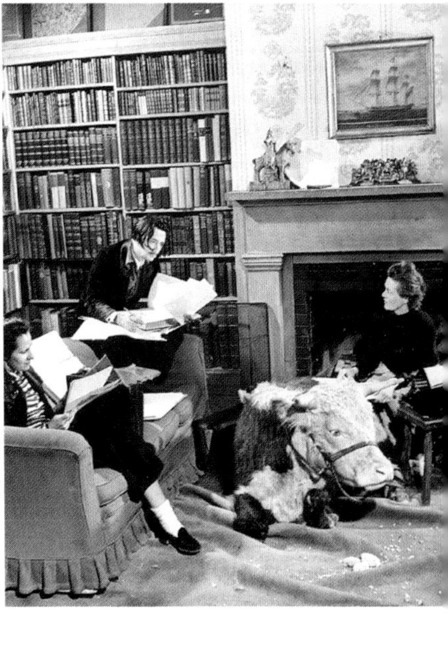

Fuyant la Seconde Guerre mondiale, Dali est accueilli aux États-Unis par Caresse Crosby, un des membres du Zodiaque. C'est chez elle qu'il rédige *The Secret Life of Salvador Dali* dont il lit ici quelques passages dans le salon de Hampton Manor. La vache domestique, soigneusement mise en scène pour l'occasion, rappelle un des gags de *L'Âge d'or*. Pendant ce temps, à New York, les rapports de Dali avec les surréalistes exilés se tendent : « Oui, Dali est un renégat », déclare Nicolas Calas dans *View* en juin 1941.

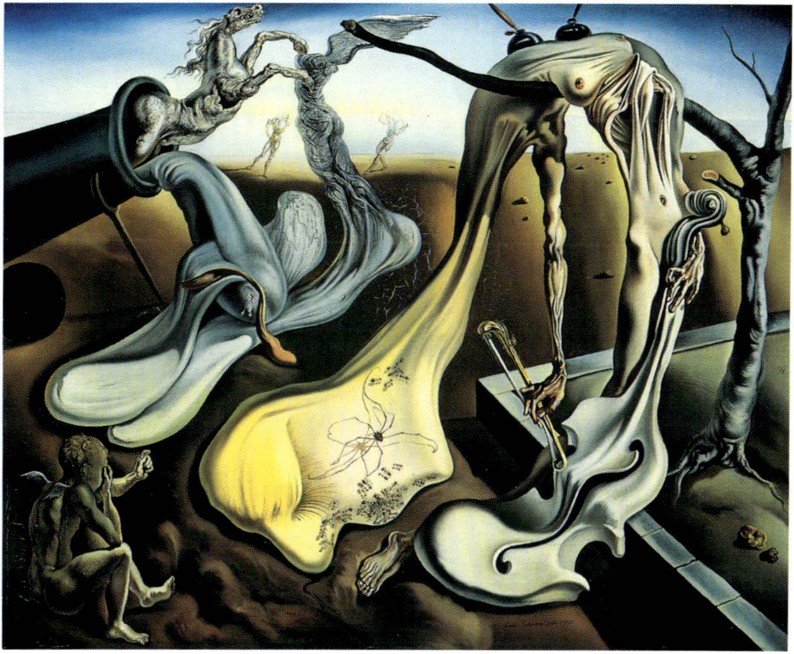

réchauffé du romantisme sert de nourriture quotidienne aux rêves sordides de tous les rats d'égouts de l'art et de la littérature, Dali, je le répète, adopte, lui, l'unique attitude convenant à sa destinée "Devenir classique". » Aux antipodes de l'entreprise de démoralisation systématique de *L'Âne pourri*, à l'opposé de l'informe excrémentiel de l'Art Nouveau, apparaît la forme sereine sous le signe de l'architecture idéale de l'Escurial, de Bramante ou de Raphaël. « Finie, l'époque des dramatico-lyriques taches improvisées, de l'irresponsable dessin spontané, de la philosophie à deux sous qui travestit le néant technique du gratuit, de l'informe et du difforme. La jeune sévérité inquisitoriale de l'ère morphologique, habillée de la tête aux pieds en architecture nue, se tient déjà, telle une resplendissante déesse, aux portes du temple de l'art, interdisant une fois encore, l'entrée aux indignes. »

Cette *Araignée du soir... espoir* salue l'agonie d'une imagerie exsangue. Les formes vomies par le canon de la Guerre mondiale peinent à se relever. La dialectique du dur et du mou se réduit en bouillie, mise en page sans conviction dans une structure géométrique, compilation iconographique des décors contemporains pour la scène.

Comment « devenir classique »

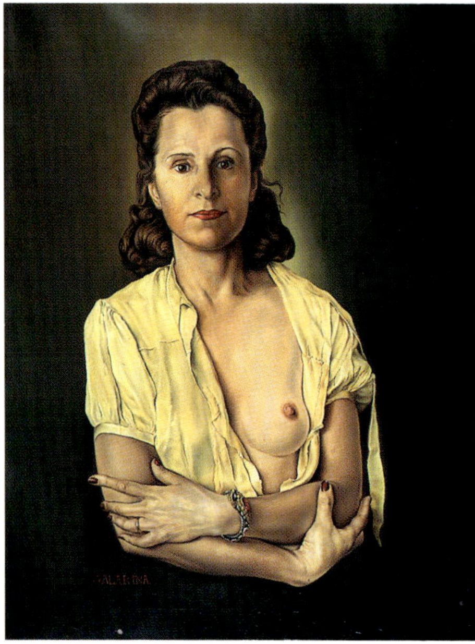

À en juger l'œuvre contemporaine, « To become classic » n'est encore qu'un vœu pieux. Non seulement ses « couloirs palladiens » de 1938 sont peuplés de spectres maniéristes, mais le mou est devenu déliquescent comme dans *Allégorie du crépuscule* en 1941 où le Masturbateur n'est plus qu'une flaque sur le pavé. L'œuvre de la décennie achevée n'en finit pas de disparaître, et un répertoire éculé est repris, recyclé dans les domaines mineurs de l'illustration, des décors scéniques, du film d'animation, de la publicité, des bijoux et des portraits mondains. *L'enfant géopolitique observant la naissance de l'homme nouveau* en dit long sur l'improbable Re-naissance fœtale que Dali au même moment simule dans ses recherches photographiques avec Philip Halsman.

Seule Gala, dont le portrait *Galarina* de 1941 se veut d'obédience raphaélienne, résiste à cette déroute triomphale d'Avida Dollars, selon l'anagramme forgée par André Breton. Elle seule incarne ce désir de « devenir classique » sous le signe de Bramante comme dans *Ma femme, nue, regardant son propre corps devenir marches, trois vertèbres d'une colonne, ciel et architecture*. Seule sa rencontre, l'été 1929, donne un sens à une vie revue et corrigée dans cette mythologie autobiographique qu'est *The Secret Life of Salvador Dali*. Des « souvenirs intra-utérins » de l'embryon aux rêveries de l'écolier, des masturbations de l'adolescent aux hallucinations de l'adulte,

Triomphante et lucide, l'initiatrice, la muse et l'égérie est devenue la très efficace Madame Dali (ci-dessus, *Galarina*, 1941). Anaïs Nin, en séjour chez les Crosby raconte : « Ainsi chacun d'entre nous remplissions la tâche qui nous avait été attribuée, Madame Dali ne levait jamais la voix, elle ne cherchait ni à séduire ni à charmer. Tout simplement elle estimait que tout le monde était là pour servir Dali, le grand, l'indiscutable génie. »

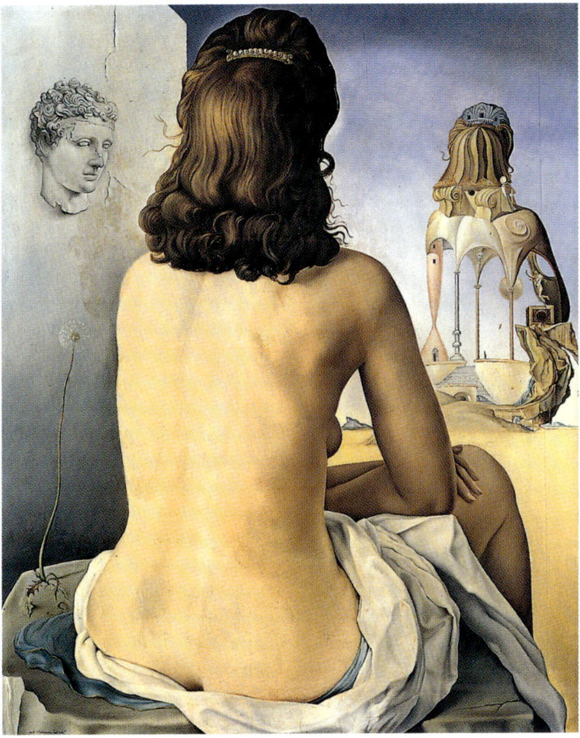

Dans *Ma femme, nue...*, le rêve d'une architecture à la mesure des proportions humaines renoue avec les mythes de la Renaissance. « Aussi puis-je dire de Gala assise qu'elle a la même grâce que le Tempietto de Bramante, près de l'église San Pietro in Montorio à Rome. Et comme Stendhal le fit dans le Vatican, je puis, moi également, mesurer les colonnes sveltes de sa fierté, les balustres tendres et têtus de son enfance et les escaliers divins de son sourire. » Cette vision anthropomorphe, traduite ici selon la figure des « échos morphologiques » de la fin des années trente, est aux antipodes de la fusion de la chair et de la pierre dans « la beauté terrifiante et comestible de l'architecture modern' style ». Parti d'un monde aseptisé et architectonique, sous l'égide de Le Corbusier, Dali ne s'est attardé dans le monde anarchique de l'Art Nouveau que pour redonner à la forme toute sa puissance. Les sculptures hystériques qui émergeaient des circonvolutions organiques de la pierre sont désormais domestiquées dans le cadre de l'architecture classique. Les spectres maniéristes qui entouraient encore le « couloir palladien » se sont définitivement enfuis.

tout annonçait, selon l'auteur, « celle qui avance », Gala « Gradiva », pour reprendre le titre du roman de Jensen immortalisé par Freud et très répandu dans les milieux surréalistes. En un an, grâce à Gala, la folie de Dali aurait été guérie et les néfastes surréalistes vaincus. « Au mot d'ordre de l'irrationnel pour l'irrationnel, je devais substituer au bout d'un an la Conquête de l'irrationnel qui était déjà d'essence catholique. L'irrationnel m'avait livré certains de mes secrets que je gardai précieusement tout en m'acharnant à ma conquête destructive et en essayant d'entraîner avec moi le groupe surréaliste entier. »

À lire *The Secret Life*, ce « besoin d'ordre », mêlé à une nostalgie du retour au giron de l'église catholique, l'aurait toujours habité, et l'aventure surréaliste n'aurait été que le jet d'une gourme et un marchepied vers la notoriété. En se représentant en saint Jean brandissant la croix devant une Europe menacée par la chute d'un avion ivre dans une

En lévitation atomique, Gala-Leda ne semble guère effarouchée par ce cygne de taxidermiste.

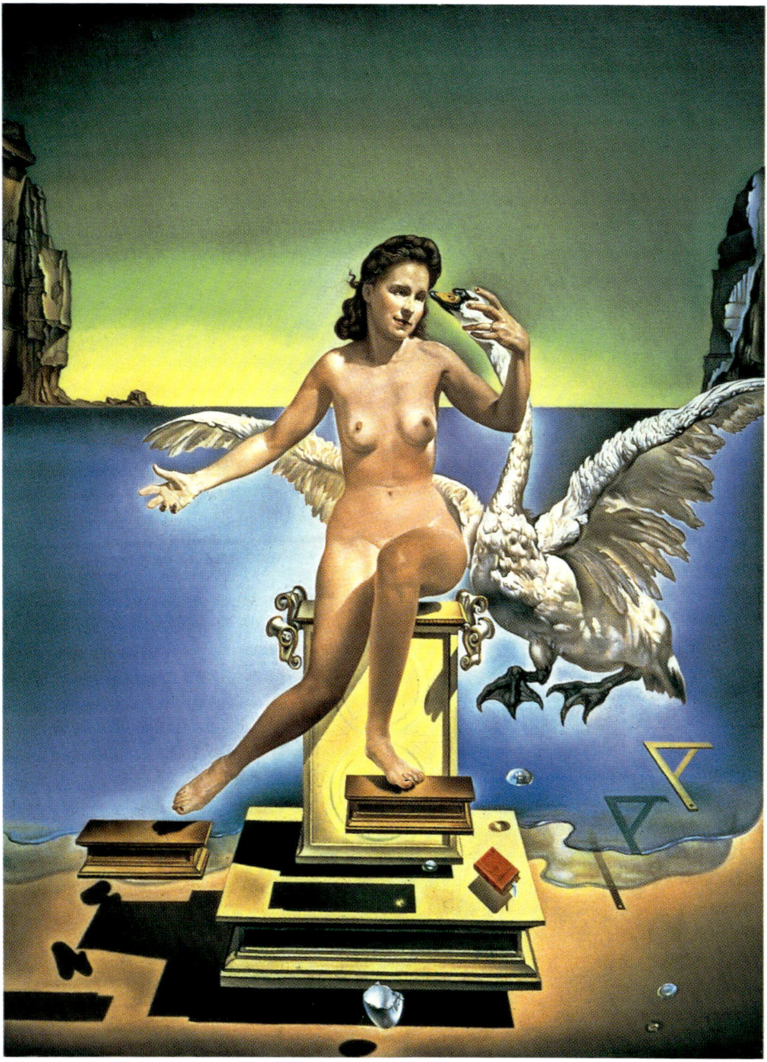

illustration de *The Secret Life*, Dali annonce dans la lumière du plein midi le *happy end* du livre: « Une chose est certaine: rien, absolument rien, dans les découvertes philosophiques, esthétiques, morphologiques, biologiques ou morales de notre époque n'est une négation de la religion. Au contraire, l'architecture du temple des sciences particulières garde ses fenêtres ouvertes vers le ciel. Le ciel est ce que j'ai cherché tout au long, et à travers la densité d'une chair égarée et démoniaque, tout au long de ma vie. Le Ciel! Malheur à celui qui n'a pas encore compris cela. »

Une Madone superstar

Ces accents de repenti, destinés à plaire à ses nouveaux hôtes américains et à la nouvelle Espagne franquiste, ont dû soulager le cœur des exilés surréalistes qui auraient pu encore lui garder, comme André Breton, quelque affection. La « Conquête de l'irrationnel » entreprise, non pas en 1930, mais en 1935, s'achève par son élimination pure et simple. Dali se retrouve face à la réalité nue qui s'appelle désormais, comme il le souligne encore dans les dernières lignes de *The Secret Life*, Gala.

Mais la Gala triomphante et féroce de *Galarina* se métamorphose après-guerre en poupée de cire. Rajeunie à faire peur et naturalisée comme le cygne empaillé qu'elle embrasse, *Leda atomica* est, comme les *Madone de Port Lligat*, une icône de carte postale ou plutôt de poster. Elle habite les toiles des années cinquante où l'artiste, à la façon

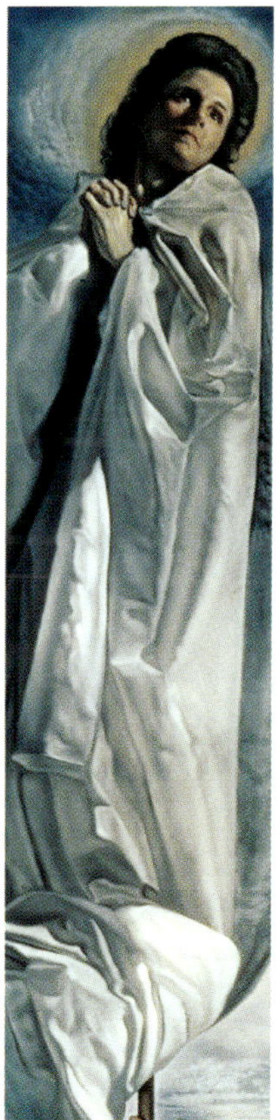

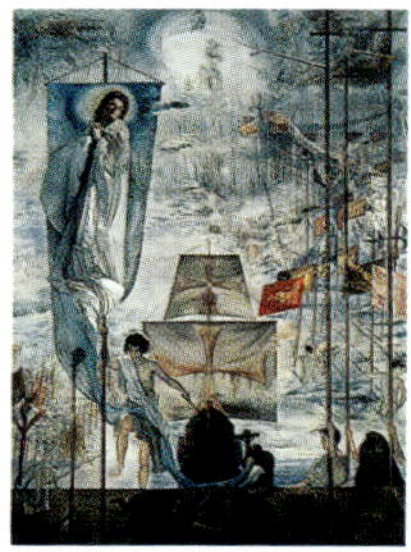

Gala et Dali avaient des raisons de célébrer la découverte d'un continent qui leur avait apporté la gloire et l'argent. Commandée pour sa galerie de Columbus Circus par Huntington Hartford, un des plus grands épiciers d'Amérique, *Le Rêve de Christophe Colomb* (ci-dessous et détail ci-contre) fait partie de ces grandes machines de Dali (410 x 284 cm) où son aide Isidor Bea, spécialiste des décors d'opéra, excellait. Sa virtuosité à faire des nuages par exemple épargnait au peintre un temps précieux. Dali, qui pensait que Colomb, comme tous les génies, était catalan, voyait, dans ce haut fait d'armes d'un prédécesseur d'Avida Dollars, la victoire du Christ et d'une Vierge que Gala incarne, en lévitation toujours, les plis de sa robe venant fort à propos cacher la nudité de l'éphèbe annonciateur de la croix et des hallebardes.

d'un Léonard de Vinci de l'époque atomique, essaye de combiner science et mystique et de faire monter la fièvre religieuse en agitant le spectre apocalyptique né sur l'atoll de Bikini. Nous la retrouvons dans *Assumpta corpuscularia lapislazulina* ou contemplant en Madone le Christ blond, superstar avant l'heure, de *Corpus hypercubicus*, ou de *Saint Jacques le Majeur*. C'est elle encore en sainte Hélène, drapée dans les étendards du *Rêve de Christophe Colomb*, ou sous le burnous d'un cavalier de *La Bataille de Tétouan*.

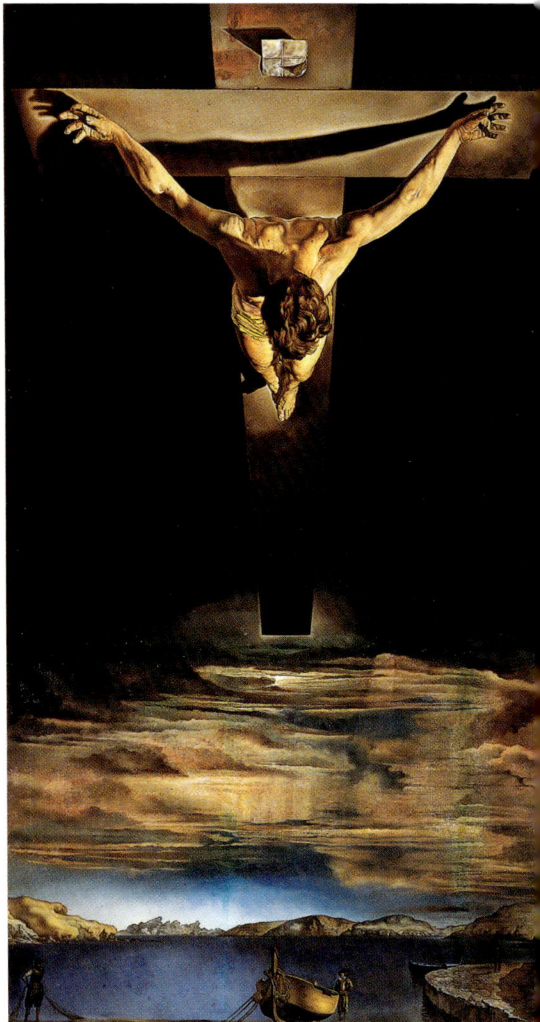

Le Christ de saint Jean de la Croix (1951), inspiré par un dessin du mystique d'Avila, plane au-dessus de Port Lligat.

Un manifeste mystique

Mais la désintégration atomique n'ébranle guère « la nouvelle ère morphologique ». Le nez de Néron, les graines de la grenade ou de la pastèque, l'encrier et la tête de cygne, l'œuf de Mantegna, les éléments architectoniques du trône de Leda ou des Madones affectent un détachement distancié qui s'inscrit dans les lignes d'une éternelle harmonie. Au-dessus d'un bas-monde déchiré par l'impuissance et l'anarchie, Dali entrevoit, dans son *Manifeste mystique* de la nuit du 15 avril 1951, l'avenir radieux d'une « peinture mystique » inspirée de la théorie de la relativité et de la monarchie absolue : « Monarchie absolue, coupole esthétique parfaite de l'âme, homogénéité, unité, continuité biologique héréditaire suprême. Tout cela en haut, élevé près de la coupole du ciel. En bas, anarchie grouillante et super gélatineuse, hétérogénéité, visqueuse, diversité ornementale des ignominieuses structures molles, comprimées et rendant le dernier jus de leurs ultimes formes de réactions. "Mornarchie anarchique", voilà "l'harmonie (quasi divine) des contraires" proclamée par Héraclite que seul le moule incorruptible de l'extase pétrira un jour avec des nouvelles pierres d'Escorial. » Ou comment réconcilier les classes dans l'Espagne franquiste en attente d'une restauration.

Brossées avec la minutie d'un miniaturiste, les « grandes machines », où Dali mêle les vieux trucs surréalistes à ses dernières trouvailles optiques, n'auraient pu atteindre leurs dimensions extravagantes, plus de trois mètres sur quatre souvent, sans la complicité d'Isidor Bea, un décorateur de théâtre et d'opéra rencontré en 1955 et dont la technique facilitait ces fastidieuses adaptations à grande échelle. Faut-il d'ailleurs voir dans ce recours aux procédés illusionnistes, particulièrement à propos dans *Saint Jacques le Majeur*, un goût acquis lors des essais scéniques de ballets ou d'opéras ?

Hors de ces images pieuses, dont la plus réussie est un *Christ* inspiré par un croquis attribué à saint Jean de la Croix, quelques obsessions et monomanies ont heureusement agité l'eau dormante de ces plages désespérément calmes où Dali, « à l'âge de six ans, quand [il se croyait] une petite fille, [soulevait] avec une extrême précaution la peau de la mer pour observer un chien dormant à l'ombre de l'eau ». Parmi celles-ci, aussi mystique que phallique, celle de la corne de rhinocéros née

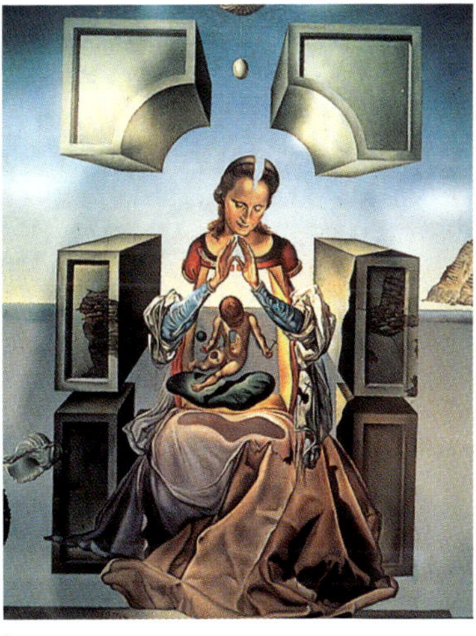

Suspendue dans l'espace, *La Madone de Port Lligat* a la solidité architecturale de son trône. Le renversement de la coquille et de l'œuf, empruntés à la *Madone* de Piero della Francesca, confirme cette négation des lois matérielles. La porte ouverte dans le corps de la mère et de l'enfant réalise le concept de l'icône comme porte ouverte vers le ciel. Métaphore rappelée par le squelette de l'oursin dont la structure spiralée débouche, comme la coupole du Panthéon romain, sur l'azur divin. La lumière rasante qui isole la mer des collines architecturées de Port Lligat accentue encore cette impression de lévitation.

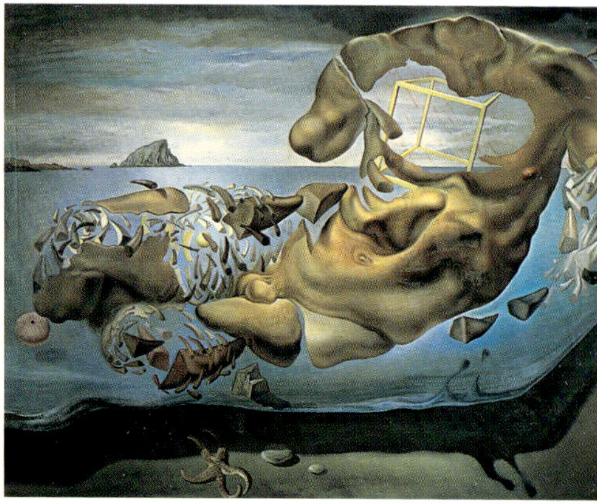

des essais de décomposition « corpusculaire » des anatomies daliniennes, comme la *Tête raphaélesque éclatée* de 1951. Fêté depuis la Chine antique pour ses vertus aphrodisiaques et richement monté dans les cabinets de curiosité de la Renaissance, cet appendice aux rotondités logarythmiques fait vibrer les fibres daliniennes pour la section d'or. Nouveau Luca Paccioli, à la recherche des divines proportions, il retrouve la courbe cornue dans les choux-fleurs et les pistils des tournesols, dans *La Dentellière* de Vermeer, dans la *baretta* des paysans catalans et même dans les plis de l'anus rhinocérontique. Bref, la corne est partout, à la plus grande joie des étudiants de la Sorbonne à qui Dali

Sous la *Figure rhinocérontique de l'Illissos de Phidias* de 1954, un portrait contemporain de Dali par Philip Halsman.

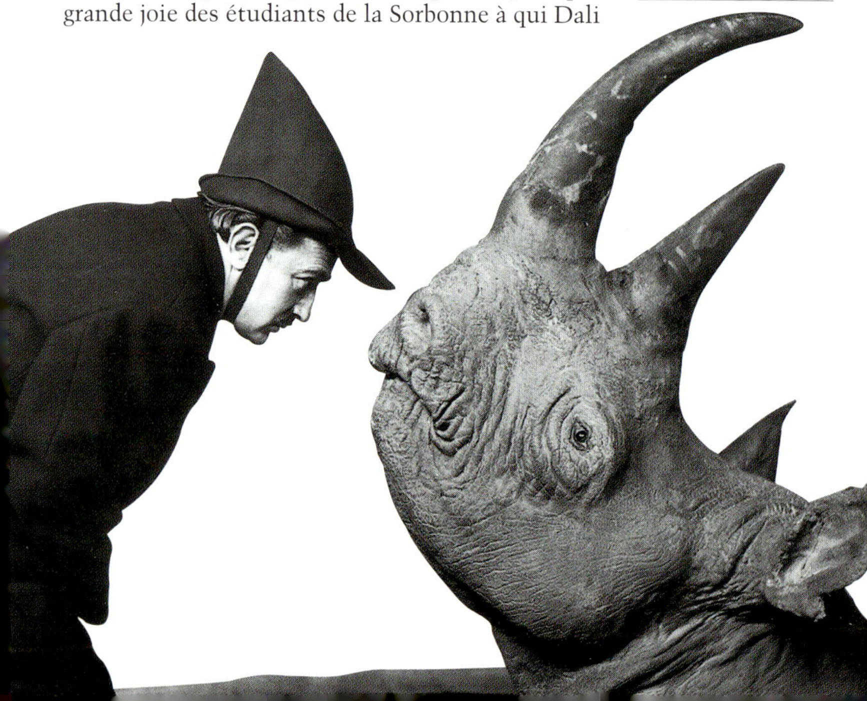

confie en 1955 la bonne nouvelle : « Et moi, après ma communication de ce soir, je crois que, vraiment, pour avoir pu passer de la Dentellière au Tournesol, du Tournesol au Rhinocéros et du Rhinocéros au Chou-Fleur, il faut vraiment être ou avoir quelque chose dans le crâne. »

Réconcilier science et religion

D'autres fantasmes plus incarnés dans sa chair et dans sa biographie lui permettent de revenir aux anatomies déchirées de 1928 lors de la dislocation du monde de la Sainte Objectivité. C'est le retour à la mort et au sang, deux mystères que les surfaces nettes et propres de l'ère morphologique n'arrivent pas à masquer.

Ainsi dans *La Pêche au thon*, où les proies prises au filet sont achevées entre les bateaux lors de pugnaces harponnements qui rougissent et font bouillonner l'eau de la mer. Ces corps à corps luisants dans un espace confiné sont censés illustrer la pensée d'une des gloires philosophico-théologiques de l'époque, un jésuite nommé Teilhard de Chardin, qui ployait, comme Dali, sous l'immense charge de réconcilier science et religion, de la préhistoire à l'atome. Échappant à l'illustration jésuitique, *La Pêche au thon* montre que le vieux maître savait encore tirer quelque émoi des rondeurs callipyges et des cous michelangelesques des pêcheurs, des cuisses « thoniennes » des tritons de Pergame et des épaules des *top models* en « marcel », retraités à l'aérographe. Les yeux enfin ouverts, le vieux Masturbateur crée avec cette gigantesque partouze une icône homosexuelle bien plus convaincante que ses travestis contemporains d'Amanda Lear en *Angélique*.

Le Torero hallucinogène résume et achève ces aventures à travers les images, leurs morts et leurs résurrections, dans un ultime raccourci qui coagule dans la même constellation, et sous le regard de Dali enfant, la vie des formes.

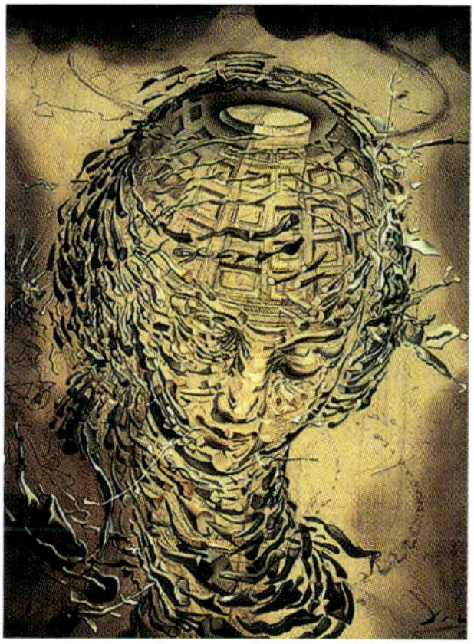

Dali reste fidèle à lui-même dans le jeu entre la forme et sa désintégration, mais l'ambiguïté crépusculaire et mélancolique de la tête du *Grand Paranoïaque* (page 82) fait place, dans cette *Tête raphaélesque éclatée* (ci-dessous), à l'illumination d'un rayon de soleil à travers la fontanelle du Panthéon d'Hadrien. L'anthropomorphisme de l'architecture classique, théorisée par Vitruve, s'accomplit, la coupole ouverte sur le ciel faisant partie du nouveau credo « catholique romain ». Preuve de l'existence de Dieu par la dématérialisation qui révèle « la spiritualité de toute substance » comme l'affirme le peintre à la même époque dans le *Manifeste mystique*.

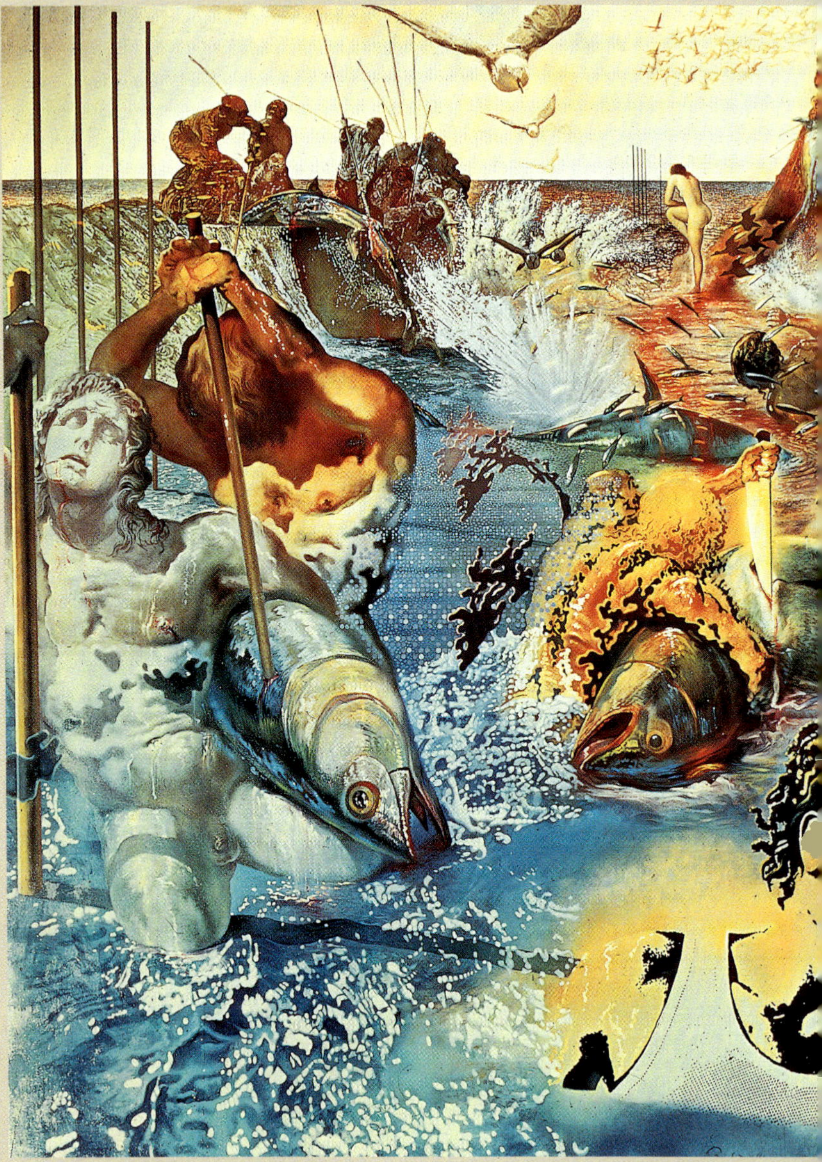

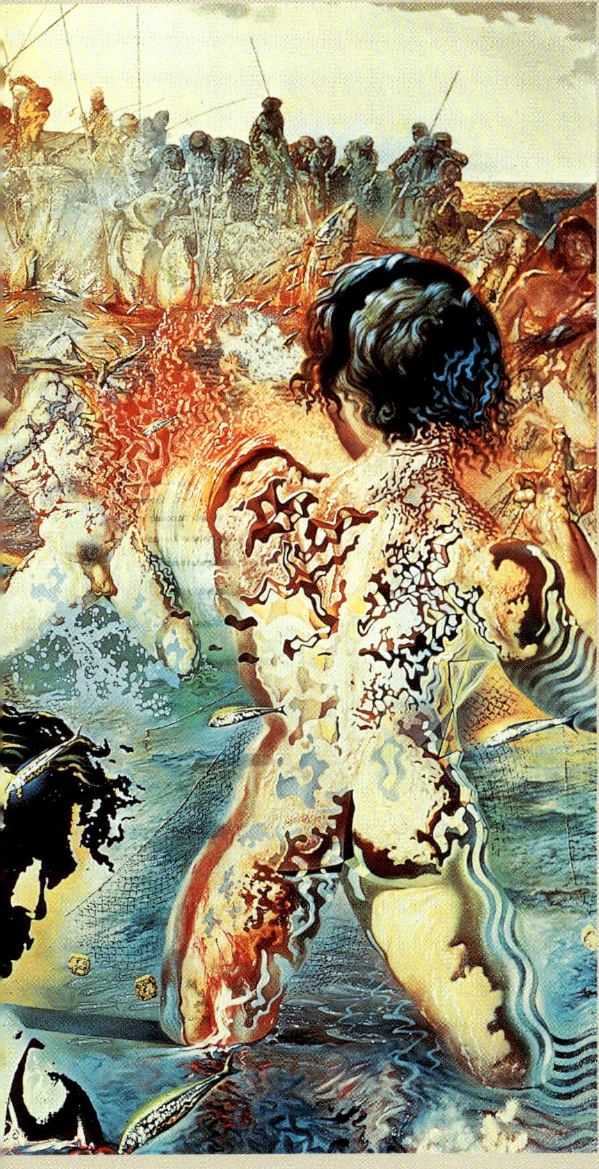

« Les thons et autres représentants de la même famille, maquereaux et bonites sont des poissons migrateurs et voraces. Grégaires, ils se déplacent en troupes (ou bancs); nageurs rapides, ils se nourrissent de poissons plus petits et, au large, de zooplancton. Ce sont des prédateurs hors pair qui se situent, à cet égard, au sommet de la pyramide ichtyologique marine (mammifères mis à part). Le jack est capable de développer une puissance quarante fois supérieure à celle normalement développée par les poissons de la même taille. Cette faculté exceptionnelle s'est emparée de l'imagination des physiologistes » et de celle de Dali dans cette *Pêche au thon* (1966-1967), de trois mètres sur quatre, que Paul Ricard vint chercher à l'atelier de Port Lligat avec son yacht. En donnant à cette scène de pêche ce caractère sacrificiel et érotique, Dali crée l'équivalent nautique des sacrifices mithraïques, le sang bouillonnant dans la mer devenant le signe d'une régénération païenne où les souvenirs de Pergame et de la chapelle Sixtine se mêlent aux icônes pop de la publicité.

L'immense tableau, partagé en douze parties comme un zodiaque rétrospectif, place en rébus les diverses obsessions du peintre sous le signe de la Vénus de Milo dont le torse révéla à l'artiste le visage d'un torero. Cette « double image ready-made », selon l'expression de Ian Gibson, réveille la mort du toréador chantée par Lorca dans *Lamentation* : « Oh blanc mur de l'Espagne, Oh noir taureau d'angoisse », et ravive la mort de Lorca lui-même, mort comme un héros devant l'ennemi de l'intérieur. Nul doute que le souvenir de Lorca et de son *Ode* se soit accompagné d'un arrière-goût de remords, lors du retour à l'ordre et en Espagne.

La chaise cubiste de Gris, les « particules atomiques » auréolant le front du taureau, la paysanne de *L'Angélus* dans l'ombre de la Vénus, les mouches de Gérone tournent autour d'un « Chien andalou visitant la Perona Cove » au cap Creus. Le toréador incarnerait, selon les confidences de Dali à Romero, les amis disparus, depuis son frère aîné, Pierre Batcheff (acteur du *Chien andalou*), le prince Alexis Mdivani, René Crevel, jusqu'à Lorca auquel ferait allusion la cravate verte du toréador. Les arcades chiriquiennes de l'arène, les anges gardiens de la porte centrale suggéreraient, ainsi que la lune, l'ascension nocturne de l'âme du toréador pleuré par Lorca dans son poème. Méduséenne et spectrale, la tête de Gala, les yeux clos, assiste, absente, à cette ronde des souvenirs.

Les dernières années, assombries par la mort de Gala et par la maladie, ne laissent guère de place à une œuvre où la main tremblante de l'artiste a trop souvent été guidée pour être elle-même. Les dernières photographies du Maître, habillé pour la circonstance comme un dieu vivant, ne plaident guère en faveur de l'artiste qui cède aux pressions de l'entourage quant à l'avenir de ses droits, signe des feuilles lithographiques en blanc, autorise reproductions et éditions fantaisistes dont les derniers objets, parodiques interprétations de bazar, ont achevé de déconsidérer l'œuvre pour plusieurs décennies.

C'est en regardant « distraitement » une boîte de crayons Vénus, ornée d'une Vénus de Milo, que Dali crut reconnaître le visage d'un torero, l'ombre du drapé donnant naissance à la cravate. Sur la toile, au sein de l'arène, l'écho morphologique des torses vénusiens donne naissance insensiblement à son dos. *Le Torero hallucinogène* (400 x 300 cm) est composée de douze tableaux d'un mètre carré chacun, faits d'autocitations sous le regard du petit garçon en costume marin, emprunté au *Spectre du sex-appeal.* Redites ? Ressassements stériles ? Luis Romero, auteur d'un ouvrage sur ce seul tableau, nous rassure : « Pour nous servir d'images un peu banales peut-être, mais éclairantes, nous dirons que Dali ne se plagie ni ne s'imite, mais qu'il emploie les matériaux extraits de son propre monde psychique et pictural qui font partie de sa cosmogonie personnelle. On peut le comparer à Balzac dont les personnages apparaissent dans plusieurs romans et donnent à l'ensemble consistance et unité. L'œuvre de Dali serait une sorte de *Comédie humaine* peinte où s'entremêlent imagination subconsciente et rageuse actualité. » Dont acte.

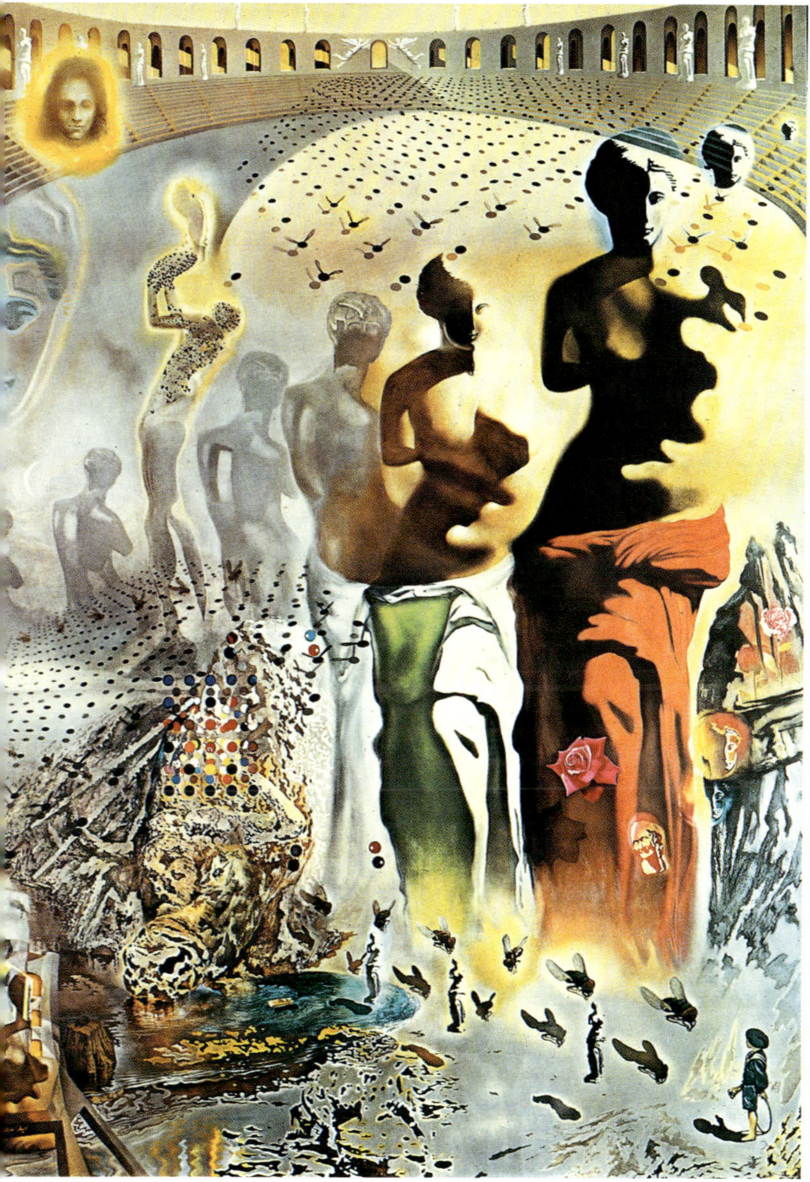

Avida Dollars ou la traversée du désert

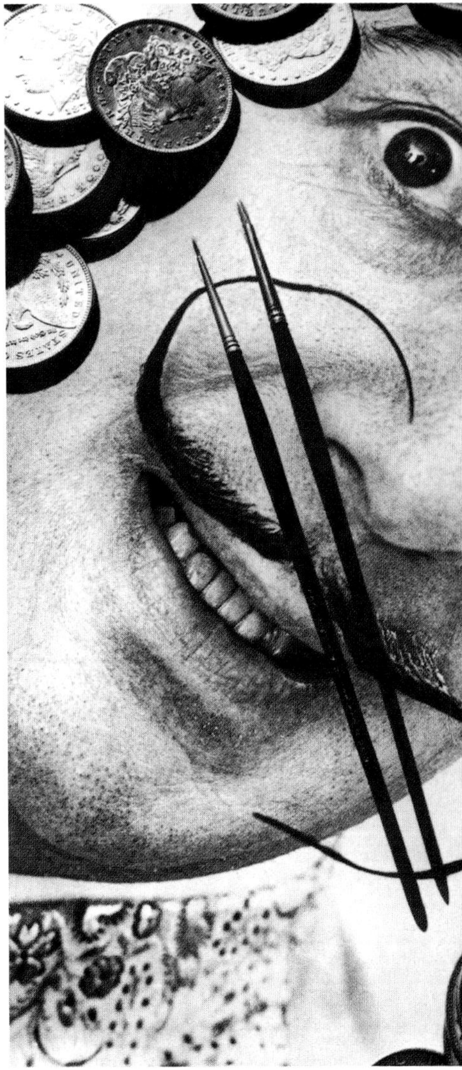

Dali en Avida Dollars, par Halsman, ou la dérision revendiquée.

Bien avant de mourir, en 1988, Dali était entré dans un purgatoire duquel il sort à peine. L'exposition du centre Georges-Pompidou de 1980 avait été un dernier baroud d'honneur. D'un côté, bretonniens de stricte observance et spécialistes du surréalisme ignoraient l'œuvre antérieure à 1929 et réduisaient celle des années trente à quelques « jeux optiques » et provocations, résumant l'expérience paranoïaque à cette prétendue « méthode paranoïaque-critique », formule que Dali lui-même n'utilisa qu'en 1936, au moment où il commençait à opérer son retour à l'ordre. De l'autre, les daliniens crédules ou illuminés acceptaient sans broncher les révélations de *The Secret Life*, du *Journal d'un génie* et de tous les entretiens accordés par le Maître dans les années cinquante à soixante-dix, dont le but manifeste était de brouiller les pistes et de « crétiniser le lecteur », selon la formule dalinienne empruntée à Lautréamont.

Familiers s'érigeant en historiens, intermédiaires véreux jugeant du vrai et du faux, dédain de la part des universitaires, l'œuvre disparaissait derrière le talent incontesté du dessinateur prestidigitateur qu'il était resté. Depuis les recherches de critiques

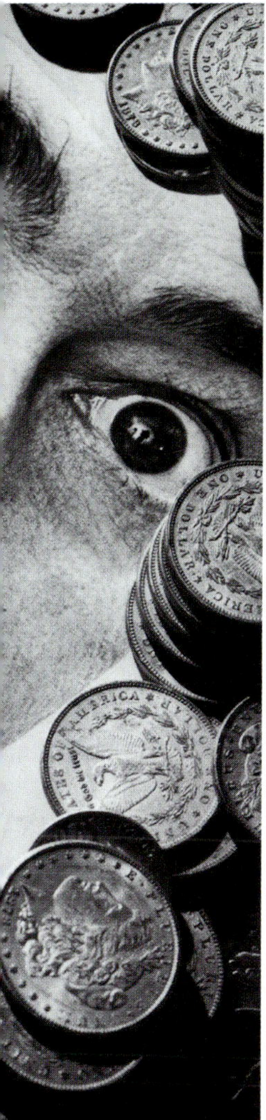

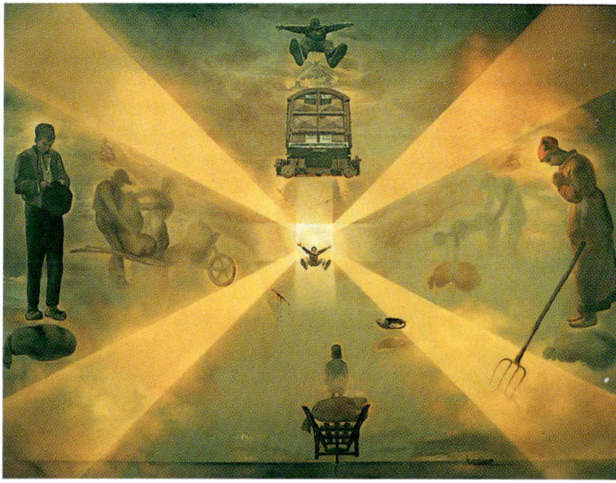

comme Rafael Santos Torroella, d'historiens comme Felix Fanes, Peter Gorsen ou Haim Finkelstein, et à la suite d'expositions comme *Early Years* à la Tate Gallery en 1994 ou celles organisées par la fondation Gala-Salvador Dali, la peinture a été reconsidérée, l'œuvre replacée dans une perspective critique et l'analyse thématique a su éviter aussi bien la clé des songes psychanalytiques que le recours aux confessions rétrospectives du peintre.

La première monographie digne de ce nom, celle de Ian Gibson, permet enfin de relativiser les légendes de tous bords. Elle laisse apparaître autour de l'artiste trois personnages clés : le père, Lorca et Gala, configuration essentielle que de nombreuses archives et correspondances égarées en mains privées permettront un jour de mieux comprendre.

La Gare de Perpignan (1965) est réalisé peu après la publication du *Mythe tragique de l'Angélus de Millet*, interprétation « paranoïaque-critique » qui ravive en Dali une iconographie des années trente : « Gala observe Dali qui flotte allégrement pop-op-op-yes-yes-Kitsch au-dessus de son œuvre. Plus haut, nous voyons les deux silhouettes oppressantes de *L'Angélus* de Millet en état d'hibernation atavique sur un ciel qui se transforme soudain en une gigantesque croix de Malte au milieu de la gare de Perpignan, point nodal où convergent toutes les parties de l'univers. » Page 128, la *Jeune Vierge autosodomisée par les cornes de sa propre chasteté* (1954), communion idéale avec le Cosmos, sous le signe du Rhinocéros.

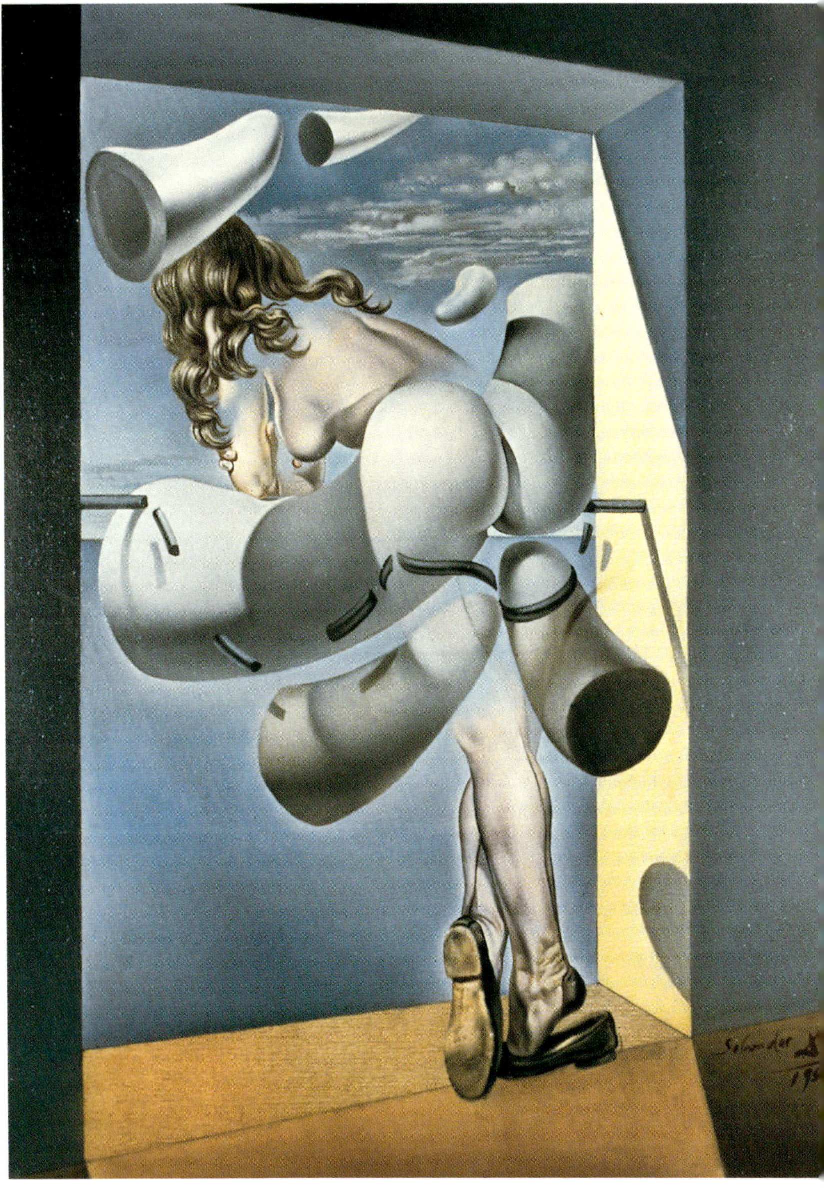

TÉMOIGNAGES ET DOCUMENTS

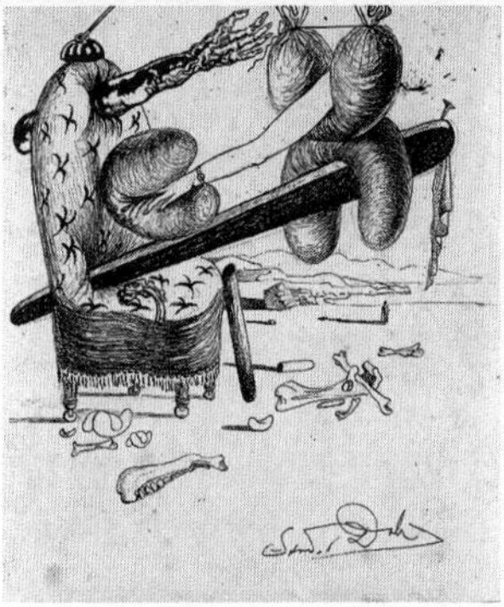

Dali écrivain

La logorrhée provocante du Dali d'après-guerre a fait oublier les premiers écrits théoriques de l'étudiant et du peintre. Une vision critique de la peinture, de la photographie et du cinéma contemporains s'accompagne d'une réflexion sur son propre travail, sur les phénomènes de la vision, sur le contrôle de l'inconscient. Lectures indispensables pour comprendre son entrée en surréalisme.

ÉCRITS THÉORIQUES

Saint Sébastien

[…] Je me suis rendu compte que je me trouvais en Italie par l'empierrement des marbres noir et blanc de l'escalier. Je suis monté. En haut, il y avait saint Sébastien attaché à un vieux tronc de cerisier. Ses pieds reposaient sur un chapiteau cassé. Plus je regardais sa figure, plus curieuse elle me paraissait. Cela dit, il me semblait la connaître depuis toujours et la lumière aseptique du matin m'en révélait les plus petits détails avec une telle clarté, une telle pureté, que mon trouble n'était pas possible.

La tête du saint était formée de deux parties : l'une faite d'une matière similaire à celle des méduses, soutenue par un finissime cercle de nickel, l'autre par un demi-visage qui me rappelait quelqu'un de très connu; de ce cercle partait un support de plâtre de Paris blanchissime, qui formait comme la colonne vertébrale de la figure. Toutes les flèches portaient leur température indiquée et une petite inscription gravée dans l'acier disait : Invitation à la coagulation du Sang. Dans certaines parties du corps, les veines apparaissaient à la surface de la peau avec leurs bleus intenses de tempête de Patinir, décrivant les courbes d'une volupté douloureuse sur le rose corail de la peau. […]

in *L'Amic de les Arts*,
31 juillet 1927, traduit dans *Oui 1*,
Gonthier-Denoël, Paris, 1971
article dédié à Federico García Lorca

L'Âne pourri

Une activité à tendance morale pourrait être provoquée par la volonté violemment paranoïaque de systématiser la confusion.

Le fait même de la paranoïa, et spécialement la considération de son mécanisme comme force et pouvoir, nous conduit aux possibilités d'une crise mentale d'ordre peut-être équivalent, mais en tout cas aux antipodes de la crise à laquelle nous soumet également le fait de l'hallucination.

Je crois qu'est proche le moment où, par un processus de caractère paranoïaque et actif de la pensée, il sera possible (simultanément à l'automatisme et autres états passifs) de systématiser la confusion et de contribuer au discrédit total du monde de la réalité. […]

Aussi loin que possible de l'influence

des phénomènes sensoriels auxquels l'hallucination peut se considérer comme plus ou moins liée, l'activité paranoïaque se sert toujours de matériaux contrôlables et reconnaissables. Il suffit que le délire d'interprétation soit arrivé à relier le sens des images des tableaux hétérogènes qui couvrent un mur, pour que déjà personne ne puisse nier l'existence réelle de ce lien. La paranoïa se sert du monde extérieur pour faire valoir l'idée obsédante, avec la troublante particularité de rendre valable la réalité de cette idée pour les autres. La réalité du monde extérieur sert comme illustration et preuve, et est mise au service de la réalité de notre esprit.

Tous les médecins sont d'accord pour reconnaître la vitesse et l'inconcevable subtilité fréquentes chez le paranoïaque, lequel, se prévalant de motifs et de faits d'une finesse telle qu'ils échappent aux gens normaux, atteint à des conclusions souvent impossibles à contredire ou à rejeter, et qui en tout cas défient presque toujours l'analyse psychologique.

C'est par un processus nettement paranoïaque qu'il a été possible d'obtenir une image double : c'est-à-dire la représentation d'un objet qui, sans la moindre modification figurative ou anatomique, soit en même temps la représentation d'un autre objet absolument différent, dénuée elle aussi de tout genre de déformation ou anormalité qui pourrait déceler quelque arrangement. […]

in *La Femme visible*,
Éditions surréalistes, Paris, 1930,
texte dédié à Gala Eluard

« Interprétation paranoïaque-critique de l'image obsédante "L'Angélus" de Millet »

[…] À l'opposé des nouvelles interventions coercitives de nature à faire supposer toute autre intervention de l'idée de systématisation sur les contenus délirants, la considération du mécanisme paranoïaque comme force et pouvoir agissant à la base même du phénomène de la personnalité, de son caractère «homogène», «total», «subit», de ses caractéristiques de «permanence» et d'«accroissement», de «productivité» inhérents au fait systématique ne fait que se confirmer d'une manière rigoureuse à la lecture de l'admirable thèse de Jacques Lacan : *De la Psychose paranoïaque dans ses rapports avec la Personnalité*. C'est à elle que nous devons de nous faire, pour la première fois, une idée homogène et totale du phénomène, hors des misères mécanistes où s'embourbe la psychiatrie courante. Son auteur s'élève spécialement contre les idées générales des théories constitutionnalistes rasant l'abstrait, suivant lesquelles la systématisation s'élaborerait après coup par suite du développement de très vagues facteurs constitutionnels, ce qui contribue à créer les équivoques grossières de «folie raisonnante». Cette dernière notion, en annulant l'essence concrète et réellement phénoménologique du problème, fait encore ressortir par son statisme unilatéral toute l'éblouissante signification dialectique du processus paranoïaque, qui ne peut à cette occasion manquer de nous apparaître comme éminemment exemplaire. L'ouvrage de Lacan rend parfaitement compte de l'hyperacuité objective et «communicable» du phénomène, grâce à laquelle le délire prend ce caractère tangible et impossible à contredire qui le place aux antipodes mêmes de la stéréotypie de l'automatisme et du rêve. Loin de constituer un élément passif propice à l'interprétation et apte à l'intervention comme ceux-ci, le délire paranoïaque constitue déjà en lui-même une forme d'interprétation. C'est précisément cet élément actif né de la «présence systématique» qui, au-delà des considérations générales qui précèdent, intervient comme principe de cette contradiction en laquelle réside pour moi le drame poétique du surréalisme. Cette contradiction ne peut mieux trouver sa conciliation dialectique que dans les idées nouvelles qui se font jour sur la paranoïa, et selon lesquelles le délire surgirait tout systématisé. [...]

Prologue des « Nouvelles Considérations générales sur le mécanisme du phénomène paranoïaque du point de vue surréaliste », in *Minotaure*, nº 1, 1933

« L'Angélus » de Millet, beau comme la « rencontre fortuite, sur une table de dissection, d'une machine à coudre et d'un parapluie »

[...] Aucune image ne me paraît capable d'illustrer plus littéralement, d'une façon plus délirante, Lautréamont et *Les Chants de Maldoror* en particulier, que celle qui fut exécutée il y a soixante-dix ans environ par le peintre des tragiques atavismes cannibales, des ancestrales et horrifiantes rencontres de viandes douces, molles et de bonne qualité : je fais allusion à Jean-François Millet, ce peintre incommensurablement incompris. C'est précisément le mille fois fameux «Angélus» de Millet qui, selon moi, équivaudrait dans la peinture à la bien connue et sublime «rencontre fortuite, sur une table de dissection, d'une machine à coudre et d'un parapluie». Rien ne me paraît, en effet, pouvoir illustrer aussi littéralement, d'une façon aussi atroce et hyperévidente, cette rencontre que l'image obsédante de «L'Angélus». «L'Angélus», est, à ma connaissance, l'unique tableau au monde qui comporte la présence immobile, la rencontre expectante de deux êtres dans un milieu solitaire, crépusculaire et mortel. Ce milieu solitaire, crépusculaire et mortel joue, dans le tableau, le rôle de la table de dissection dans le texte poétique, car non seulement la vie s'éteint à l'horizon, mais encore la fourche plonge dans cette réelle et substantielle viande qu'a été, de tous temps, pour l'homme la terre labourée; elle s'y enfonce, dis-je, avec cette intentionnalité gourmande de fécondité, propre aux incisions délectables du bistouri qui, comme chacun sait ne fait que chercher secrètement, sous divers prétextes analytiques, dans la dissection de tout cadavre la synthétique, féconde et nourrissante pomme de terre de la mort; d'où ce constant dualisme, ressenti à travers toutes les époques, de terre labourée – nourriture, table à manger, terre labourée se nourrissant de ce fumier doux comme le miel qui n'est autre que celui des authentiques et ammoniacaux désirs nécrophiliques –, dualisme qui nous conduit à considérer finalement la terre labourée, surtout si elle s'aggrave du crépuscule, comme la table de dissection la mieux servie, celle entre toutes qui nous offre le cadavre le plus garanti et appétissant, condimenté de cette truffe fine et impondérable qui ne se trouve que dans les rêves nutritifs constitués par la viande des épaules ramollies des nourrices hitlériennes et ataviques, et de ce sel incorruptible et excitant, fait du grouillement frénétique et vorace des fourmis, que doit comporter toute authentique «putréfaction insépulte», qui se respecte et peut passer pour digne de ce nom. [...]

Extrait de la préface du catalogue de l'exposition Dali, galerie des Quatre-Chemins, Paris, 1934

« Les eaux où nous nageons »

[…] C'est dans ces circonstances que Salvador Dali, l'appareil précis de l'activité paranoïaque-critique à la main, et moins prêt que jamais de déserter son poste culturel intransigeant, propose depuis longtemps que l'on veuille essayer de manger aussi les surréalités, car nous, surréalistes, nous sommes la sorte de nourriture de bonne qualité, décadente, stimulante, extravagante et ambivalente qui, avec le plus de tact et de la façon la plus intelligente de ce monde, convient à l'état faisandé, paradoxal et succulentement truculent qui est propre et caractéristique du climat de confusion idéologique et morale où nous avons l'honneur et le plaisir de vivre en ce moment.

Car nous, surréalistes, comme vous pouvez vous en convaincre en nous observant avec une légère attention, nous ne sommes pas exactement des artistes, et nous ne sommes pas non plus exactement de vrais hommes de science; nous sommes du caviar, et le caviar, croyez-moi, est l'extravagance et l'intelligence même du goût, surtout en des moments concrets comme les moments présents où la famine irrationnelle dont je vous parle, quoique incommensurable, impatiente et impérialiste, se trouve tellement exaspérée par les expectations salivaires de l'attente, qu'elle a besoin, pour arriver progressivement à ses proches conquêtes glorieuses, d'avaler, pour commencer, le raisin fin, enivrant et dialectique du caviar, sans lequel la nourriture épaisse et étouffante des proches idéologies menacerait de paralyser à son début la rage vitale et philosophique du ventre historique.

Car, si le caviar est l'expérience vitale de l'esturgeon, elle est aussi celle des surréalistes, car comme lui, nous sommes des poissons carnassiers, qui, comme je l'ai déjà insinué, nageons entre deux eaux, l'eau froide de l'art, l'eau chaude de la science, et c'est précisément dans cette température et nageant contre le courant que l'expérience de notre vie et de notre fécondation atteint cette profondeur trouble, cette hyper-lucidité irrationnelle et morale, qui ne peut se produire que dans ce climat d'osmose néronien fait de la fusion vivante et continue de l'épaisseur de la sole et de la tiédeur couronnée, de la satisfaction et de la circoncision de la sole et de la tôle, de l'ambivalence territoriale et de la patience agricole, de collectivisme aigu et de visières soutenues des lettres du blanc sur les bandes du vieux billard et des lettres du blanc sur les bandes du vieux pillard, de toutes ces sortes d'éléments tièdes et dermatologiques qui sont en somme les éléments coexistants et caractéristiques qui président à la notion d'«impondérable», notion-simulacre reconnue unanimement juste pour servir d'épithète au goût insaisissable du caviar, et aussi notion-simulacre qui cache déjà les germes timides et gustatifs de l'irrationalité concrète, qui, n'étant que l'apothéose et le paroxysme de cet impondérable objectif, fait de l'exactitude et de la précision divisionniste du caviar même de l'imagination, va constituer d'une façon exclusiviste et, par-dessus le marché, philosophique, le résultat terriblement démoralisant et terriblement compliqué de mes expériences et inventions dans le plan pictural.

Car une chose est certaine, c'est que je hais, sous toutes ses formes, la simplicité.

La Conquête de l'irrationnel,
Éditions surréalistes, Paris, 1935

POÈMES ET PROSES

« Mon amie et la plage »
En ce moment même, à la plage, les lettres imprimées du journal sont en train de manger l'âne engourdi, pourri et net comme le mica.

Nous irons tous près de là où les bêtes abattues et pitoyables périssent avec leur petite veine qui a éclaté dans leur vol grinçant et suant de petites gouttes de sérum. Nous y briserons le plâtre des escargots, jusqu'à découvrir ceux qui, dedans, ont de tout petits appareils de nickel doux comme le miel, et légèrement fébriles à cause de la limpidité de leurs propres perfections articulaires.

Maintenant que je transpire sous les bras, je laisserai crever dans son éponge l'air subtil que dégagent tous les appareils de la plage en lâchant la joie des seins volants, rouges et chauds, qui gouttent du sang.

Mon amie est allongée avec les extrémités tendrement sectionnées, pleine de mouches et de petites hélices d'aluminium, qui accourent vers son corps nu semi-végétal enduit avec tout le rimmel que je lui ai offert le jour de son anniversaire. Mon amie a des oreilles adorables. Mon amie a le corps plein de petits trous, et transparent comme des feuilles sèches perforées avec une brosse et vues à contre-jour.

Un matin j'ai peint avec du ripolin un nouveau-né que j'ai ensuite laissé sécher sur le court de tennis. Au bout de deux jours je l'ai trouvé tout hérissé de fourmis qui le faisaient bouger au rythme anesthésié et silencieux des oursins. Pourtant, je me suis tout de suite rendu compte que cet enfant nouveau-né n'était autre que le sein rose de mon amie, frénétiquement mangé par l'épaisseur métallique et brillante des aiguilles du phonographe. Mais ce n'était pas non plus son sein : c'étaient des petits morceaux de mon papier à cigarette nerveusement groupés autour du topaze aimanté de la bague de ma fiancée. [...]

in *L'Amic de les Arts*,
30 novembre 1927
traduit dans *Oui 1*,
Gonthier-Denoël, Paris, 1971

Le Grand Masturbateur
Malgré l'obscurité régnante
le soir était encore peu avancé
aux bords des grandes escaliéreries
d'agate
où
fatigué par la lumière du jour
qui durait depuis le lever du soleil
le grand Masturbateur
son immense nez appuyé sur le parquet
d'onyx
ses énormes paupières closes
le front mangé par d'affreuses rides
et le cou gonflé par le célèbre furoncle
où bouillonnent les fourmis
s'immobilise
confit dans cette heure du soir encore
trop lumineuse
tandis que la membrane qui recouvre
entièrement sa bouche
durcit le long de l'angoissante de
l'énorme sauterelle
agrippée immobile et collée contre elle
depuis cinq jours et cinq nuits.
Tout l'amour
et tout l'enivrement
du grand Masturbateur
résidait
dans les cruels ornements d'or faux
qui recouvrent ses tempes délicates et
molles
en imitant
la forme d'une couronne impériale
dont les fines feuilles d'acanthe bronzé
se prolongent
jusqu'aux joues roses et imberbes

et continuent leurs fibres dures
jusqu'à les fondre
dans l'albâtre clair de sa nuque. […]
in *La Femme visible*,
Éditions surréalistes,
Paris, 1930

La métamorphose de Narcisse

Narcisse s'anéantit dans le vertige
cosmique
au plus profond duquel
chante
la sirène froide et dionysiaque de
sa propre image.
Le corps de Narcisse se vide et se perd
dans l'abîme de son reflet,
comme le sablier que l'on ne retournera
pas.
Narcisse, tu perds ton corps,
emporté et confondu par le reflet
millénaire de ta disparition,
ton corps frappé de mort
descend vers le précipice des topazes
aux épaves jaunes de l'amour,
ton corps blanc, englouti,
suit la pente du torrent férocement
minéral
des pierreries noires aux parfums âcres,
ton corps…
jusqu'aux embouchures mates de la nuit
au bord desquelles
étincelle déjà
toute l'argenterie rouge
des aubes aux veines brisées dans
«les débarcadères du sang».
Narcisse,
comprends-tu?
La symétrie, hypnose divine de la
géométrie de l'esprit, comble déjà ta tête
de ce sommeil inguérissable, végétal,
atavique et lent
qui dessèche la cervelle
dans la substance parcheminée
du noyau de ta proche métamorphose.
La semence de ta tête vient de tomber
dans l'eau.
L'homme retourne au végétal
par le sommeil lourd de la fatigue
et les dieux
par l'hypnose transparente de leurs
passions.
Narcisse, tu es si immobile
que l'on croirait que tu dors.
S'il s'agissait d'Hercule rugueux et brun,
on dirait : il dort comme un tronc
dans la posture
d'un chêne herculéen.
Mais toi, Narcisse,
formé de timides éclosions parfumées
d'adolescence transparente,
tu dors comme une fleur d'eau.
Voilà que le grand mystère approche,
que la grande métamorphose va avoir
lieu.
Narcisse, dans son immobilité, absorbé
par son reflet avec la lenteur digestive
des plantes carnivores, devient invisible.
Il ne reste de lui
que l'ovale hallucinant de blancheur
de sa tête,
sa tête de nouveau plus tendre,
sa tête, chrysalide d'arrière-pensées
biologiques,
sa tête soutenue au bout des doigts
de l'eau,
au bout des doigts
de la main insensée,
de la main terrible,
de la main coprophagique,
de la main mortelle
de son propre reflet.
Quand cette tête se fendra,
Quand cette tête se craquèlera,
Quand cette tête éclatera,
ce sera la fleur,
le nouveau Narcisse,
Gala –
mon narcisse.
in *Métamorphose de Narcisse*,
Éditions surréalistes,
Paris, 1937

Dali vu par les surréalistes

Dès son arrivée à Paris en 1929, Dali a été pris en charge par Breton qui voulait l'arracher à la séduction de Bataille. Crevel, Eluard et Breton cherchent à récupérer la « pensée paranoïaque-critique » théorisée par Dali tandis qu'Aragon reste plus circonspect. Lacan et Dali s'inspirent mutuellement pour affiner le concept de paranoïa.

Breton à la première exposition Dali

Dalí est ici comme un homme qui hésiterait (et dont l'avenir montrera qu'il n'hésitait pas) entre le talent et le génie, on eût dit autrefois le vice et la vertu. Il est de ceux qui arrivent d'assez loin pour qu'à les voir entrer, et seulement entrer, on n'ait pas le temps de les voir. Il se place, sans mot dire, dans un système d'interférences. […] Le procès que nous avons intenté à la réalité, nous croyons bel et bien le gagner et c'est pourquoi, dès maintenant, nous tenons à produire, en l'entourant d'un éclat particulier, le témoignage pathétique d'un homme qui nous semble entre tous n'avoir rien à sauver : rien, pas même sa tête.
Nous vivant, quoi qu'il advienne, on ne plantera pas le drapeau ignoble de la patrie, de l'art ni même de la déconfiture sur la Cimmérie, seul lieu qu'à nouveau nous avons découvert et que nous entendons nous réserver. Dalí, qui règne sur ces contrées lointaines, doit être instruit de trop nombreux et de trop coupables exemples pour se laisser déposséder de sa merveilleuse terre de trésors. Plaise aux puissantes dont il est au monde et parmi nous l'envoyé qu'il garde à jamais les yeux fermés sur les misérables projets de ponts que la convoitise et le dépit vont s'ingénier à lui faire jeter sur la rivière brillante, inapprochable et aimantée…

André Breton,
« Point du jour », 1929, in *Œuvres complètes I*, « Bibliothèque de la Pléiade », Éditions Gallimard, Paris, 1988

Bataille et le « Jeu lugubre »

[…] J'en arrive à dire, à peu près sans préambule, que les peintures de Picasso sont hideuses, que celles de Dalí sont d'une laideur effroyable. On est victime de l'incommodité des mots, ou encore d'un maléfice relevant quelque peu des pratiques de la magie noire, quand on s'assure du contraire. Il suffit d'imaginer brusquement la petite fille, d'apparence charmante, dont l'âme serait l'abominable miroir de Dalí, pour mesurer l'étendue du mal. La langue de cette petite fille n'est pas une langue mais une rate. Et si elle paraît encore admirablement belle, c'est, comme on dit, que le sang noir est beau, coulant sur le pelage d'un bœuf ou sur la gorge d'une femme. […]

Peu à peu se révèlent en toutes choses les signes contradictoires de la servitude et des révoltes. Les grandes constructions de l'intelligence en définitive sont des prisons : c'est pourquoi elles sont obstinément renversées. Les rêves et les Cimméries illusoires restent à la portée d'irrésolus à tout crin dont l'inconscient calcul n'est pas si malhabile puisqu'ils mettent innocemment la révolte à l'abri des lois. Comment ne pas admirer d'ailleurs la perte de volonté, l'allure aveugle, l'incertitude à la dérive allant de la distraction consentie à l'attention? Il est vrai que je parle ici de ce qui, déjà, tombe dans l'oubli quand les rasoirs de Dalí taillent à même nos visages des grimaces d'horreur qui probablement risquent de nous faire vomir comme des ivrognes cette noblesse servile, cet idéalisme idiot qui nous laissaient sous le charme de quelques comiques garde-chiourmes.

Georges Bataille,
« Le "Jeu lugubre" »
in *Documents,* n° 7, décembre 1929

Prière d'insérer pour « La Femme visible » de Dali, par Eluard et Breton

Le misérable expédient mental qui se cache sous ces mots : «la réalité» fait de nos jours l'objet d'une dénonciation systématique dont les conséquences révolutionnaires sont indiscutables. Il s'agit en effet de démontrer, et le surréalisme n'a pas d'autre prétention, que des raisons de conservation sociale, fondées sur la lâcheté individuelle, sont à l'origine du très attaquable phénomène d'amnésie volontaire sur lequel l'homme s'appuie pour, aux autres comme à lui-même, tenter de donner le change sur le caractère véritable de ses désirs.

Il appartient, en 1930, à Dalí plus qu'à tout autre, d'extraire l'homme de cette caverne de mensonges qu'avec la complicité d'innommables pouvoirs publics il élève autour de lui, de le rendre à sa conscience première et dernière d'être venant du non-être et y retournant, mais y retournant sans bassesse inutile

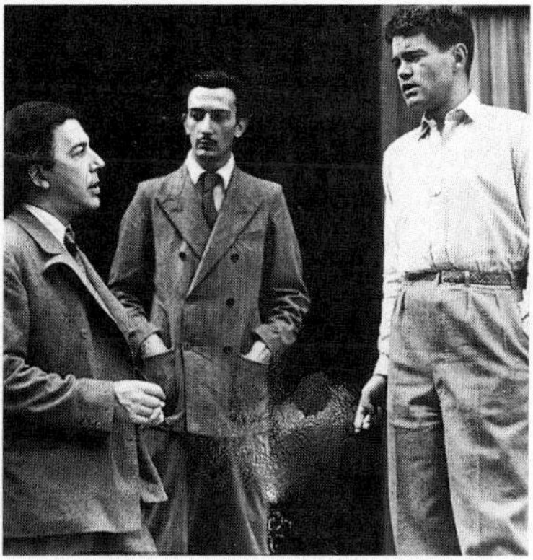

Salvador Dali, entouré par André Breton et René Crevel.

envers un état organique passager.

Des très grands moyens de Dalí – moyens définis sur le plan artistique – dépend aujourd'hui la liquidation d'une formule surannée qui est, qu'on s'en persuade, celle du monde bourgeois réduit à utiliser pour toute arme défensive celle de plus en plus aiguisée, par suite de plus en plus brisable, de la censure.

La pensée dialectique conjuguée à la pensée psychanalytique, l'une l'autre se couronnant de ce que Dalí appelle d'une manière saisissante, la pensée paranoïaque-critique, est le plus admirable instrument qui ait encore été proposé pour faire passer dans les ruines immortelles le fantôme-femme au visage vert-de-grisé, à l'œil riant, aux boucles dures qui n'est pas seulement l'esprit de notre naissance c'est-à-dire le Modern Style, mais encore le fantôme toujours plus attirant du devenir.

André Breton,
« Alentours III »,
in *Œuvres complètes I,*
« Bibliothèque de la Pléiade »,
Éditions Gallimard, Paris, 1988

Le collage vu par Aragon

Ce qui défie probablement le mieux l'interprétation, c'est l'emploi du collage par Salvador Dalí. Celui-ci peint à la loupe; il sait imiter à ce point le chromo, que l'effet est immanquable : les parties de chromo collées passent pour peintes alors que les parties peintes passent pour collées. Veut-il par là dérouter l'œil, et se réjouit-il d'une erreur provoquée? On peut le penser, mais sans trouver l'explication de ce double jeu, qui n'est pas imputable au désespoir du peintre devant l'inimitable, ni à sa paresse devant le tout-exprimé. Il est certain aussi que l'aspect incohérent du tableau de Dalí, dans son ensemble, rappelle l'incohérence particulière aux collages. On a tenté jadis de réduire les collages de Max Ernst à des poèmes plastiques. Si on voulait à des fins psychologiques esquisser une manœuvre de la même espèce à l'égard des peintures de Dalí, il faudrait prétendre que chacun de ses tableaux est un roman. Par là aussi Dalí s'associe à cet esprit antipictural qui faisait naguère crier les peintres, puis les critiques, et qui envahit aujourd'hui la peinture. C'est ce qui est à retenir de cette suite de faits auxquels nous assistons et qui pourraient sembler chaotiques à qui n'en verrait pas le lien essentiel.

Louis Aragon,
La Peinture au défi, Hermann, Paris, 1930

Crevel et l'anti-obscurantisme

[…] Sans doute Dalí est-il servi par des dons d'expression prodigieux, mais ces dons, dans leur ensemble, ne constituent point cette mosaïque de vocations que la psychologie traditionnelle aimerait sans doute à signaler, pour spécifier que le temps des Pics de La Mirandole n'est pas aussi définitivement, irrévocablement révolu qu'on le pourrait craindre.

Or, sans aller chercher des comparaisons dans la Renaissance italienne ou d'ailleurs, si Dalí est à la fois peintre, sculpteur, poète, philosophe et orateur à l'éloquence on ne peut plus directe, s'il a collaboré avec Luis Buñuel au *Chien andalou* et à *L'Âge d'or*, les deux premiers, les deux seuls films subversifs, c'est que la peinture (et merde pour les critiques d'art qui condamnent, parce que littéraire, celle qui n'accepte pas d'être bêtement gourmande), l'art de sculpter, poémifier, scénariser et celui de se faire entendre des spécialistes idéologues ou des réunions publiques, ne sont pas des fins, mais des moyens. […]

Le droit de la pensée à la paranoïa, quoi qu'en puissent dire nos Mussolini de l'hygiène mentale, est le même que celui d'un sexe à l'érection, à l'éjaculation. Donc plus de housses sur les objets, ni de capote anglaise sur les idées. Ils bandent et craquent les préservatifs, cuirasses contre la volupté, toiles d'araignée contre les risques.

Au temps des sommeils, Breton écrivait : «Les mots, les mots enfin font l'amour.» Aujourd'hui, s'il est affirmé que les objets bandent, ce n'est point caprice métaphorique. Et ils ne bandent pas dans le vide. Ils se caressent, se sucent, s'enfilent, ils font l'amour, quoi! ces objets surréalistes dont Dalí eut l'idée et supputa les chances, ressources, suggestions érotiques, à voir en action cette boule de bois que Giacometti marqua d'un creux féminin, pour qu'elle pût glisser sur l'arête d'un long fruit de la même matière mais de forme virile, l'un et l'autre à bout de nerfs et frénétiques l'un de l'autre, et faisant l'un et l'autre partager cette manière d'être affectés à qui les contemplait, ce qui n'eût guère, a priori, semblé possible de la part de deux morceaux de buis bien lisses, mais devenait indéniable, du fait d'une ficelle qui retenait la boule dans son élan, ne lui permettait point de tomber dans le nirvanâ des assouvissements.

René Crevel, « Dali ou l'anti-obscurantisme », in *L'Esprit contre la raison et autres récits surréalistes*, Pauvert, département des Éditions Fayard, Paris, 1986

Breton lance l'expression « méthode paranoïaque-critique »

Sous la pression exercée par de nouveaux éléments, l'expérimentation surréaliste, restée par trop velléitaire, a été reprise totalement; ses perspectives et ses fins ont pu être parfaitement éclaircies; je puis dire qu'elle n'a pas cessé d'être menée d'une manière continue, dans l'enthousiasme. L'impulsion maîtresse qu'elle a subie pour cela est celle de Salvador Dali dont le bouillonnement intérieur exceptionnel a été pour le surréalisme, durant toute cette période, un ferment inappréciable. Comme l'a très justement fait valoir Guy Mangeot dans son *Histoire du surréalisme*, parue récemment aux éditions René Henriquez, Dali a doué le surréalisme d'un instrument de tout premier ordre, en l'espèce la *méthode paranoïaque-critique* (1), qu'il s'est montré d'emblée capable d'appliquer indifféremment à la peinture, à la poésie, au cinéma, à la construction d'objets surréalistes typiques, à la mode, à la sculpture, à l'histoire de l'art et même, le cas échéant, à toute espèce d'exégèse.

(1) L'expression «méthode paranoïaque-critique» est absente du texte de Guy Mangeot. *(N.D.A.)*

André Breton, « Qu'est-ce que le surréalisme ? », 1934, in *Œuvres complètes II*, « Bibliothèque de la Pléiade », Éditions Gallimard, Paris, 1992

Des tendances les plus récentes de la peinture surréaliste, par Breton

[...] Il est remarquable que sur les peintres apparus le plus récemment – des précédents j'excepte donc Paalen qui a prouvé depuis longtemps sa maîtrise – l'influence moderne qui s'exerce d'une manière déterminante est celle de Tanguy. Par contre celle de Dalí marque un déclin très rapide. Il ne pouvait en être autrement vu chez ce dernier le goût de plaire poussé au paroxysme, entraînant pour lui la nécessité d'enchérir sans cesse sur ses propres paradoxes. Dalí professe en février 1939 – c'est de lui-même que je le tiens et j'ai pris le temps de m'assurer que toute espèce d'humour était exclue de ce propos – que tout le malaise actuel du monde est racial et que la solution à faire prévaloir est, concertée par tous les peuples de race blanche, la réduction de tous les peuples de couleur à l'esclavage. Je ne sais quelles portes une telle déclaration peut faire ouvrir à son auteur en Italie et aux États-Unis, pays entre lesquels il oscille, mais je sais quelles portes elle lui ferme. Je ne vois pas après cela comment on pourrait encore tenir compte de son message dans les milieux indépendants. Déjà la profonde, la véritable monotonie guette la peinture de Dalí. À force de vouloir raffiner sur sa méthode paranoïaque on observe qu'il commence à verser dans un divertissement de l'ordre des mots croisés.

André Breton, in *Minotaure*, nº 12-13, Paris, 1939

Au-delà de la peinture

Échapper au cadre limité de la peinture de chevalet pour mieux faire partager l'expérience surréaliste, conduit Dali, précédé ici par Breton, à imaginer des objets paradoxaux destinés à mieux répandre la confusion dans le monde de la réalité. De l'objet à l'environnement et à l'architecture, en passant par le film, Dali part à « la conquête de l'irrationnel ».

Les objets surréalistes exposés

OBJET, PAR GALA ELUARD

Deux antennes métalliques oscillantes, courbes.

À leurs extrémités deux éponges, l'une métallique, l'autre naturelle taillées en forme de sein avec, pour figurer les mamelons, des osselets passés au carmin. Une impulsion donnée aux antennes, les éponges décrites effleurent, l'une la farine d'un bol l'autre les pointes hérissées d'une brosse métallique. Le bol est lui-même installé dans une botte inclinée contenant d'autres objets correspondant à des représentations supplémentaires. Une membrane rouge, élastique et longtemps mobile au plus imperceptible mouvement, une petite spirale noire flexible ressemblant à une cheville pend d'une petite cage rouge. Un pinceau de bois blanc et un tube de verre pharmaceutique divisent les compartiments de la botte.

OBJET, PAR SALVADOR DALI

Un soulier de femme, à l'intérieur duquel a été placé un verre de lait tiède, au centre d'une pâte en forme ductile de couleur excrémentielle.

Le mécanisme consiste à plonger un sucre sur lequel a été peinte l'image d'un soulier afin d'observer la désagrégation du sucre et par conséquent de l'image du soulier dans le lait. Plusieurs accessoires (poils du pubis collés à un sucre, petite photo érotique) complètent l'objet qu'accompagnent une boîte de sucre de rechange et une cuiller spéciale qui sert à remuer des grains de plomb à l'intérieur du soulier.

Salvador Dali,
« Objets surréalistes, catalogue »,
in *Le Surréalisme au service de la révolution*, nº 3-4, Paris, 1931

« L'objet tel que l'expérimentation surréaliste le révèle »

[…] Les premiers expérimentateurs surréalistes se virent plonger dans les passages souterrains de «La Révolution, la nuit», dans ces passages qui auraient très bien pu être le cadre des Mystères de New York, passages oniriques, aujourd'hui encore identifiables. Ils se sont vus plonger dans la rue, à l'ère post-industrielle, alors qu'une végétation de fer, des plus belles et des plus hallucinantes qui soient, faisait son apparition pour donner ces éclosions électriques qui décorent aujourd'hui encore en «Modern Style» les entrées du métro parisien. C'est alors qu'ils furent frappés d'oubli, et menacés par des cataclysmes non délibérés, devinrent les marionnettes automatiques, hautement sophistiquées, que les hommes risquent de devenir à présent. Pendant des nuits entières, quelques surréalistes se réunissaient autour de la grande table qui servait aux expérimentations. Ils avaient les yeux protégés et masqués par de fines lamelles mécaniques, opaques, sur lesquelles apparaissait convulsivement la courbe aveuglante de graphiques émis de façon intermittente par des signaux lumineux et fugitifs; accroché à leur cou était un appareil en nickel, délicat comme un astrolabe sur lequel étaient fixées des membranes animales destinées à enregistrer, par interpénétration, l'apparition de chaque trait poétique nouveau; ils avaient le corps attaché à la chaise par un système ingénieux de courroies, de telle sorte qu'ils ne pouvaient déplacer la main que d'une certaine façon, la ligne sinueuse ainsi dessinée ne pouvant que former les cylindres blancs appropriés. Cependant leurs amis, retenant leur souffle et mordant leur lèvre inférieure dans une attitude de concentration profonde se penchaient sur l'appareil enregistreur et, les pupilles dilatées, attendaient le mouvement, la phrase ou l'image attendus qui allaient les surprendre.

Il y avait sur la table quelques instruments de physique utilisés dans un système aujourd'hui tombé en désuétude ou dans tel autre encore à élaborer et qui dotaient la nuit de leurs différentes températures et des différentes odeurs de leur mécanisme délicat, rendu légèrement fiévreux par le goût frais et nouveau de l'électricité. Il y avait également un gant de femme en bronze et quelques autres objets détournés de leur fonction première comme «cette sorte de demi-cylindre blanc, irrégulier et verni, présentant des reliefs et des dépressions sans signification» qui est mentionné dans *Nadja* et en outre la cage décrite par Breton dans *Les Pas perdus*. «Je songe à Marcel Duchamp allant quérir des amis pour leur montrer une cage qui leur apparaissait vide d'oiseau et à moitié remplie de morceaux de sucre, leur demandant de soulever la cage qu'ils s'étonnaient de trouver si lourde, ce qu'ils avaient pris pour des morceaux de sucre étant en réalité de petits morceaux de marbre que Duchamp, à grands frais, avait fait scier à ces dimensions. Ce tour, pour moi en vaut un autre et même presque tous les tours de l'art réunis.»

Salvador Dali,
in *This Quarter*, Paris, septembre 1932,
cité dans *Salvador Dali, Rétrospective 1920–1980*, catalogue de l'exposition au centre Georges-Pompidou, musée national d'Art moderne, Paris (1979-1980)

L'architecture comestible

[...] Je crois avoir été le premier en 1929 et au début de *La Femme visible*, à considérer, sans l'ombre d'humour, l'architecture délirante de Modern' Style comme le phénomène le plus original et le plus extraordinaire de l'histoire de l'art.

J'insiste ici sur le caractère essentiellement extra-plastique du Modern' Style. Toute utilisation de celui-ci à des fins proprement «plastiques» ou picturales ne manquerait pas d'impliquer pour moi la trahison la plus flagrante des aspirations irrationalistes et essentiellement «littéraires» de ce mouvement. Le «remplacement» (question de fatigue) de la formule «angle droit» et «section d'or» par la formule convulsive-ondulante ne peut à la longue que donner naissance à un esthétisme aussi triste que le précédent

– moins ennuyeux momentanément à cause du changement, c'est tout. Les meilleurs se réclament de cette formule : la ligne courbe paraît redevenir aujourd'hui le plus court chemin d'un point à un autre, le plus vertigineux, – mais tout cela n'est que la «misère dernière du plasticisme». Décorativisme antidécoratif, contraire au décorativisme psychique du Modern' Style. [...]

C'est dans l'architecture que nous allons pouvoir admirer l'ébranlement profond, dans son essence la plus consubstantiellement fonctionnaliste, de tout «élément», fût-il le plus congénital, le plus héréditaire du passé. Avec le Modern' Style les éléments architecturaux du passé, outre qu'ils vont être soumis à la fréquente, à la totale trituration convulsive-formelle qui va donner naissance à une nouvelle stylisation, seront appelés à revivre, à subsister couramment sous leur véritable aspect originaire, de sorte qu'en se combinant les uns avec les autres, en se fondant les uns dans les autres (en dépit de leurs antagonismes intellectuellement les plus irréconciliables, les plus irréductibles) ils vont atteindre au plus haut degré de dépréciation esthétique, manifester dans leurs rapports cette affreuse impureté qui n'a d'équivalente et d'égale que la pureté immaculée des entrelacements oniriques.

Dans un bâtiment modern' style, le gothique se métamorphose en hellénique, en extrême-oriental, et, pour peu que cela passe par la tête – par une certaine fantaisie involontaire – en Renaissance qui peut à son tour devenir modern' style pur, dynamique-asymétrique (!) tout cela dans le temps et dans l'espace «débile» d'une seule fenêtre, c'est-à-dire dans ce temps et cet espace peu connus et vraisemblablement vertigineux qui, comme nous venons de l'insinuer, ne seraient autres que ceux du rêve.

Tout ce qui a été le plus naturellement utilitaire et fonctionnaliste dans les architectures connues du passé, dans le Modern' Style ne sert subitement plus à rien du tout, ou ce qui ne saurait lui concilier l'intellectualisme pragmatiste ne sert plus qu'au «fonctionnement des désirs», d'ailleurs les plus troubles, disqualifiés et inavouables.

Salvador Dali,
« De la beauté terrifiante et comestible de l'architecture Modern' Style »,
in *Minotaure*, n° 3-4, Paris, 1933

«Le phénomène de l'extase»

L'extase constitue l'«élan vital» le plus phénoménalement bouleversant des fantômes et représentations psychiques. – Durant l'extase, aux approches du désir, du plaisir, de l'angoisse, toute opinion, tout jugement (moral, esthétique, etc.) change sensationnellement. – Toute image, de même change sensationnellement. – On croirait que par l'extase nous avons accès à un monde aussi éloigné de la réalité que celui du rêve. – Le répugnant peut se transformer en désirable, l'affection en cruauté, le laid en beau, les défauts en qualités, les qualités en misères noires. – L'extase est la conséquence culminante des rêves, elle est la conséquence et la vérification mortelle des images de notre perversion. – Certaines images provoquant l'extase, qui provoque à son tour certaines images. – Il s'agit depuis toujours d'images authentiquement et essentiellement surréalistes. – L'extase constitue l'«état pur» d'exigeante et hyperesthésique lucidité vitale, lucidité aveugle du désir. – Le monde des images provoquées par l'extase est infini et inconnu. – Il s'agit d'images néologistiques, d'images extra-rapides comparativement aux images hypnagogiques. – Toute méthodologie à ce sujet nous échappe encore. – Parfois les images provoquées par l'extase répètent des images transfigurées d'extase, qu'il s'agisse de l'«apparente» stéréotypie des oreilles (celles-ci toujours en extase), ou de l'extase d'une certaine «chose atmosphérique», ou encore de l'extase fine d'une aiguille Modern' Style. – Je demande au critique d'art : que penseriez-vous de telle ou telle œuvre au moment de votre extase? Et d'abord : mettez-vous en état d'extase pour me répondre. – L'extase est par excellence l'état mental critique que l'invraisemblable pensée actuelle, hystérique, moderne, surréaliste et phénoménale aspire à rendre «continue». – À la recherche d'images susceptibles de nous extasier.

Salvador Dali, *ibidem*

Film-art, film anti-artistique

Le metteur en scène artistique, corrompu par l'absorption inassimilable de la littérature et avec un désir risible d'originalité, a tendance au maximum de complexité des conflits psychologiques et expressifs, qu'il embrouille avec l'assortiment le plus grand et le plus varié de recours très souvent extracinématographiques, tout cela menant, bien sûr, directement à l'anecdote avec des apparences de transcendantalisme mais, au fond, d'une innocence et d'une puérilité parfaites. Le metteur en scène antiartistique anonyme filme une confiserie blanche, une chambre quelconque, anodine et simple, la guérite du train, l'étoile du policeman, un baiser à l'intérieur d'un taxi. Une fois le film projeté, nous savons qu'on a filmé tout un monde de contes de fées d'une poésie inimaginable.

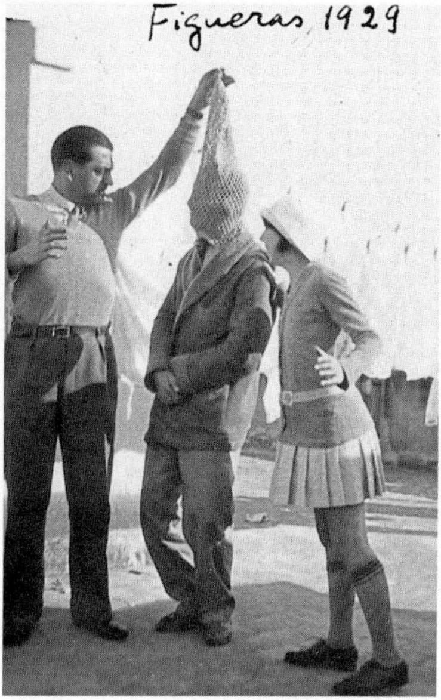

Salvador Dali, entre Luis Buñuel et sa sœur Ana Maria à Figueras en 1929.

Fritz Lang monte un spectacle grandiose : architectes, ingénieurs, entrecroisement de projecteurs très puissants, grandiose mise en scène dantesque, proportions dites grandioses, où les foules s'agitent, les lumières et les machines… avec tout le pire théâtralisme de la peinture d'histoire. Qu'un Moreno Carbonero peigne le Moyen Âge ou un gratte-ciel, ce n'est pas la même chose. Le cinéma, cette façon, devient un instrument d'expression de la plus gratuite et vulgaire anecdote; sa palpitation pure, qui vient de naître, est affreusement infectée par tous les germes de putréfaction artistique.

Salvador Dali, in *Gaceta literaria*, 15 décembre 1927, traduit dans *Oui 1*, Gonthier-Denoël, Paris, 1971 article dédié à Luis Buñuel

Dali-Lorca, une amitié intransigeante

*Le peintre et le poète, tous deux étudiants à Madrid, vivent une amitié exaltée où les témoignages d'affection sanctionnent une double exigence esthétique et philosophique. À l'*Ode à Salvador Dali *répond le texte de Dali sur saint Sébastien, symbole de l'artiste moderne, récepteur passif des impressions sensorielles. Thèmes poursuivis dans une correspondance passionnée où les échanges intellectuels se doublent d'allusions à un amour impossible.*

« Ode à Salvador Dali »

Une rose dans le haut jardin que
tu désires.
Une roue dans la pure syntaxe de l'acier.
Elle est nue la montagne de brumes
impressionnistes.
Les gris en sont à leurs dernières
balustrades.

Dans leurs blancs studios, les peintres
modernes
coupent la fleur aseptique de la racine
carrée.
Sur les eaux de la Seine, un iceberg
de marbre
refroidit les fenêtres et dissipe les lierres.
[...]
Les marins ignorant le vin ou la
pénombre
décapitent les sirènes sur des mers de
plomb.
La Nuit, noire statue de la prudence,
tient
le miroir rond de la lune dans sa main.

Un désir nous gagne, de formes, de
limites,
Voici l'homme qui voit à l'aide
d'un mètre jaune.
Vénus est une blanche nature-morte.
Voici que les chasseurs de papillons
s'effacent.

Cadaquès, sur le fléau de l'eau et de
la colline,
soulève des gradins et enfouit des
coquilles.
Des flûtes de bois pacifient l'air.
Un vieux dieu sylvestre donne des fruits
aux enfants.

Sans avoir pris le temps de s'endormir,
les pêcheurs dorment sur le sable.
En haute mer, ils ont une rose pour
boussole.
L'horizon vierge de mouchoirs blessés
joint les masses vitrifiées du poisson
et de la lune.

Une dure couronne de blanches
brigantines
ceint des fronts amers, des cheveux
de sable.
Les sirènes persuasives ne nous
suggestionnent pas.

Elles apparaissent au premier verre
d'eau douce.

Ô Salvador Dali à la voix olivée!
Je ne vante pas ton imparfait pinceau
adolescent,
ni ta couleur qui courtise la couleur
de ton temps.
Je chante ton angoisse, ô limité, limité
éternel!

Âme hygiénique, tu vis sur des marbres
nouveaux.
Tu fuis l'obscure selve des formes
incroyables,
Où atteignent tes mains, ta fantaisie
atteint,
et tu jouis du sonnet de la mer dans
ta fenêtre.

Aux premières bornes que l'homme
rencontre,
le monde n'est que désordre et que
sourde pénombre.
Mais déjà les étoiles, cachant les
paysages,
désignent le schéma parfait de ses
orbites.
[…]
En prenant ta palette, dont l'aile est
trouée d'un coup de feu,
tu demandes la lumière qui anime
la coupe renversée de l'olivier.
Large lumière de Minerve, constructrice
d'échafaudages,
lumière où ni le songe, ni sa flore
inexacte n'ont place.

Tu as raison de banderoler la limite
obscure,
toute brillante de nuit.
En tant que peintre, tu ne veux pas que
ta forme
soit amollie par le contour changeant
d'un nuage imprévu.
[…]
Tu aimes une matière définie et exacte
où le champignon ne puisse dresser
sa tente.
Tu aimes l'architecture qui construit
dans l'absent
et tu prends le drapeau pour une simple
plaisanterie.

Le compas d'acier rythme son court
vers élastique.
La sphère déjà dément les îles inconnues.
La ligne droite exprime son effort
vertical
et les cristaux savants chantent leurs
géométries.

Mais encore et toujours la rose du jardin
où tu vis.
Toujours la rose, toujours! nord et sud
de nous-mêmes!
Tranquille et concentrée comme une
statue aveugle,
ignorante des efforts souterrains qu'elle
cause.

Rose pure, abolissant artifices et croquis
et nous ouvrant les ailes ténues du
sourire.
(Papillon cloué qui médite son vol.)
Rose de l'équilibre sans douleurs voulues.
Toujours la rose!
[…]
Ne regarde pas la clepsydre aux ailes
membraneuses,
ni la dure faux des allégories.
Habille et déshabille toujours ton
pinceau dans l'air,
face à la mer peuplée de barques et de
marins.

Federico García Lorca,
traduction de Paul Eluard
et Louis Parrot, cité dans *Salvador Dali, Rétrospective 1920–1980*,
catalogue de l'exposition au centre
Georges-Pompidou, musée national
d'Art moderne, Paris (1979-1980)

Lettres d'un amour impossible

Cadaquès, début de l'été 1926
Je te parlerai une autre fois de Sainte-Objectivité, qui maintenant s'appelle saint Sébastien.

Cadaquès est un «fait suffisant», parler de dépassement ce serait une exagération, un péché véniel; la profondeur excessive pourrait aussi être pire, ce pourrait être l'extase. Moi, je n'aime pas que les choses me plaisent extraordinairement, je fuis les choses sur lesquelles je risquerais de m'extasier, comme je fuis les voitures, l'extase est un danger pour l'intelligence.

C'est à sept heures, quand j'arrête de peindre, à l'heure où le ciel est capable de choses extraordinaires et dangereuses, c'est à cette heure qu'au lieu de contempler le spectacle presque insupportable de la nature, je prends mon cours de «charleston», chez Salisacs; cette danse est très convenable, puisqu'elle appauvrit parfaitement l'esprit, que je me sens bien! Je suis en pleine Pâques de résurrection! Le fait de ne pas éprouver l'angoisse de vouloir se donner à tout; ce cauchemar de se sentir plongé dans la nature, c'est-à-dire dans le mystère, dans ce qui est confus, ce qui est insaisissable, être enfin assis, limité à quelques vérités, quelques préférences, claires, ordonnées, suffisantes pour ma sensibilité spirituelle.

Monsieur le professeur me dit : mais la nature aussi possède son ordre, ses lois, ses mesures supérieures. «Supérieures», dangereux mot, cela veut dire supérieur à nous, ordre incompréhensible pour nous, lois et mesures mystérieuses, et nous voilà dans la religion, et nous entrons dans les principes de la foi et de l'obscurantisme et Papini qui jeûne et veut écrire une encyclopédie.

Mais, grâce à Dieu, aujourd'hui on sait clairement où commence l'art et où commence le naturisme.

Goethe, ce si grand penseur, disait déjà que nature et art sont deux choses différentes. Le Corbusier en sait long dans ce domaine et aussi en amour.

Lettre de Dali à Lorca,
in *Federico García Lorca – Salvador Dali, Correspondance, 1925-1936*,
Rafael Santos Torroella ed.,
Carrère, Paris, 1987

Départ de Cadaquès, juillet 1927
Je suis enthousiaste en pensant aux découvertes que tu vas faire de Cadaquès et je me rappelle le Salvador néophyte léchant la coque du crépuscule sans encore y entrer, la carapace rose pâle du crabe retourné. Aujourd'hui, tu es dedans. D'ici, je sens (aïe, mon fils, quel dommage!) la douce petite pluie de la belle saignant dans un bois d'appareils et j'entends crépiter deux petites bêtes comme le bruit des cacahouètes que l'on ouvre entre les doigts. La femme sectionnée est le poème le plus beau que l'on puisse faire sur le sang et qui contient plus de sang que tout celui qui a coulé dans la Guerre Européenne, qui était du sang chaud et qui n'avait pour objectif que d'arroser la terre et d'étancher une soif, symbole d'érotisme et de foi. Ton sang pictural et, en général, toute la conception plastique de ton esthétique physiologique, possède un air concret et si proportionné, si logique et si véritable, comme l'est la pure poésie, qu'il atteint la catégorie de ce dont nous avons besoin pour vivre.

On peut dire «j'étais de plus en plus fatigué et je me suis assis à l'ombre et à la fraîcheur de ce sang», ou encore «j'ai descendu la colline et j'ai couru sur la plage pour trouver la tête mélancolique où se regroupaient les délicieuses bêtes crépitantes si nécessaires à une bonne digestion».

Maintenant je sais ce que je perds en me séparant de toi. L'impression que me donne Barcelone est que tout le monde joue et transpire en s'inquiétant de l'oubli. Tout est confus et menaçant comme l'esthétique de la flamme, tout est indécis et distrait. Là-bas, à Cadaquès, les gens posent toutes les sinuosités et tous les pores de la plante des pieds sur le sol. Je vois maintenant combien je sentais mes épaules à Cadaquès. C'est un régal de me rappeler les courbes glissantes de mes épaules où, pour la première fois, j'ai senti la circulation du sang à l'intérieur de quatre petits tubes spongieux qui tremblaient avec des mouvements de nageur blessé.

Lettre de Lorca à Dali,
in Ian Gibson, *Lorca-Dali,*
un amour impossible, Stanké,
collection « L'Heure de la sortie »,
Montréal, 2001

Septembre 1928

En réalité, il n'y a aucune relation entre deux danseurs et un nid d'abeilles, à moins que ce ne soit la relation qui existe entre Saturne et la petite chenille qui dort dans la chrysalide, ou à moins qu'en réalité aucune différence n'existe entre le couple qui danse et un nid d'abeilles.

L'aiguille des minutes (ne tiens pas compte de mes exemples, je ne les cherche pas précisément poétiques) acquiert seulement une réelle valeur quand elle cesse d'indiquer les heures et que, pendant son rythme circulaire et sa mission arbitraire à laquelle notre intelligence l'a soumise (indiquer les heures), elle s'évade de la montre pour se placer à l'endroit qui correspondrait au sexe des petites miettes de pain.

Toi, tu évolues dans le champ des notions admises et antipoétiques. Tu parles d'un cavalier et cela implique d'après toi qu'il est sur un cheval et que le cheval galope, c'est beaucoup dire, parce qu'en réalité il conviendrait de vérifier si c'est vraiment le cavalier qui est dessus, si les rênes ne sont pas une continuation organique des mains elles-mêmes, si en réalité, les petits poils des couilles du cavalier ne vont pas plus vite que le cheval, et voir si le cheval n'est pas au contraire immobile, fixé au sol par de vigoureuses racines…, etc., etc. Songe un peu à ce que c'est d'en venir, comme tu le fais, au concept d'un garde civil. À vrai dire, poétiquement parlant, un garde civil, ça n'existe pas, à moins qu'il ne s'agisse d'une silhouette gaie et mignonne, vive et brillante, précisément de par ses qualités et les petites cornes de son chapeau qui sortent de partout, et ses petites lanières et ceintures qui font viscéralement partie de cette petite bête, etc., etc.

Mais toi… conformément aux normes de la putréfaction – le garde civil – que fait-il? telle, telle, telle irréalité, irréalité. – Anti-poésie – conception abstraite des choses : Il faut libérer les petites choses des idées conventionnelles auxquelles l'intelligence a voulu les soumettre – Alors, ces jolies petites choses agissent seules, en accord avec leur réelle et consubstantielle façon d'être – Qu'elles décident elles-mêmes de la direction de la projection de leurs ombres! et il se peut que ce dont nous imaginions l'ombre étendue n'en fasse aucune, etc., etc. Laid, beau? Des mots qui n'ont plus aucun sens. L'horreur, ça c'est autre chose, c'est ce que la connaissance de la réalité nous inspire, loin de toute esthétique, puisque le lyrisme n'est possible que dans le cadre des perceptions de la réalité plus ou moins approximatives de notre intelligence.

Dernière lettre de Dali à Lorca,
in Ian Gibson, *op. cit.*

Les écrits autobiographiques

Le premier biographe sérieux de Dali, Ian Gibson, a attiré l'attention sur les paradoxes et les pièges des écrits autobiographiques de Dali comme La Vie secrète de Salvador Dali *ou encore* Journal d'un génie. *Ce qui n'empêche pas d'en savourer l'humour et l'esprit, la méchanceté et parfois même la tendresse.*

Une autobiographie mégalomane

Vie secrète est une autobiographie mégalomane, écrite en grande partie sans renvoi à des documents et excluant ou déformant délibérément des épisodes essentiels de la vie de Dali. Le marxisme virulent de son adolescence n'est jamais mentionné; les raisons de la répudiation par son père en 1929 ne sont pas données (il n'y a pas d'allusion à la peinture choquante du Sacré-Cœur); sa vénération pour Breton au début des années trente, attestée par leur correspondance, reste inavouée – Breton est d'ailleurs à peine nommé; on nous demande de croire que moins d'un an après avoir rejoint les rangs du Surréalisme, Dali avait rejeté l'automatisme, avait inventé le slogan «la conquête de l'irrationnel» (en réalité formulé pour la première fois en 1935) et s'était embarqué dans un programme voilé pour prendre le contrôle du mouvement et rediriger ses énergies; Dali revendique la paternité de «la mode des objets surréalistes», sans référence aux précurseurs et aux instructions explicites de Breton quant à leur propagation; il exprime son mépris envers l'engagement politique du mouvement surréaliste alors qu'il l'a lui-même partagé un temps («personnellement, la politique ne m'a jamais intéressé», nous assure-t-il, oubliant délibérément son implication auprès du Front des ouvriers et paysans de Catalogne); la responsabilité de l'anticléricalisme de *L'Âge d'or* est entièrement rejetée sur le dos de Buñuel, Dali déclarant qu'en 1930, quand le film est sorti, il était déjà «ébloui et obsédé par la grandeur et la somptuosité du Christianisme»); il nous demande d'admirer le stoïcisme avec lequel Gala et lui-même refusaient d'avouer leur manque de moyens durant leurs premières années ensemble, supprimant toute référence au Zodiaque, explicitement constitué en réponse à leur demande d'aide; Picasso est présenté comme un grand ami; en ce qui concerne la Guerre civile espagnole, Dali nie que Lorca, «par essence la personne la plus apolitique du monde», ait pu être exécuté par les fascistes autrement qu'en tant que «victime propritiatoire» exigée par la «confusion révolutionnaire»; et ainsi de suite. La trahison succède à la trahison : trahison d'anciens amis, trahison de ce que Dali lui-même avait dit, écrit ou fait, trahison de la vérité, trahison de la déclaration faite au début du livre que l'œuvre est une «tentative honnête de dresser son autoportrait».

Ian Gibson, *The Shameful Life of Salvador Dali*, Faber and Faber, Londres, 1997, traduction JLG

«La Vie secrète de Salvador Dali»

De même que dans le visage humain il n'y a qu'un seul nez, et non pas des centaines poussant dans toutes les directions, de même sur le globe terrestre, cette chose rare – réussite de circonstances miraculeuses et impondérables – qu'est le paysage existe seulement sur les bords de la Méditerranée et pas ailleurs. Le plus curieux de tout est que le plus beau, le plus intelligent, le plus excellent des paysages se trouve aux alentours de Cadaquès qui est par une unique chance (je m'empresse de le reconnaître) l'endroit exact où, depuis sa première enfance, Salvador Dali passe périodiquement le cours esthétique de ses étés. La beauté et l'excellence du paysage de Cadaquès tiennent en sa structure. Chaque colline, chaque roche semble dessinée par Leonardo lui-même. [...]

La Résidence des étudiants se divisait en groupes et sous-groupes. Un de ces groupes se disait d'avant-garde littéraire et artistique, non conformiste. [...] Mon accoutrement si peu européen m'avait fait mépriser et considérer comme un vulgaire résidu romantique, plus ou moins pouilleux. Mon allure studieuse, mon visage sans trace d'humour me définissaient à leurs yeux comme un individu lamentable, mentalement déficient, et tout au plus pittoresque. Rien ne pouvait contraster plus violemment avec leurs complets et pantalons de golf britanniques que mes vestes de velours, ma cravate lavallière et mes molletières. Ils se coupaient les cheveux très courts et je gardais les miens longs comme ceux d'une fille. [...] Seul Garcia Lorca m'impressionnait. Il personnifiait à lui seul le phénomène poétique dans sa totalité, en chair et en os, confus, sanguinolent, visqueux et sublime, frémissant de mille feux souterrains, comme toute matière prête à trouver sa propre forme originale. [...]

Ce fut une découverte de constater qu'en plus de tableaux que j'étais capable de peindre, je n'étais pas absolument un crétin inintelligent. Je savais parler et Gala, avec son fanatisme dévoué et intelligent, se chargea de convaincre les amis surréalistes que j'étais également capable d'écrire des textes dont la portée philosophique devançait toutes les prévisions du groupe. [...] Gala avait d'ailleurs dû batailler pour que mes idées fussent au moins prises en considération par ceux de nos amis qui m'étaient le plus favorables. Tous avaient déjà deviné inconsciemment que je venais détruire – avec leurs propres armes, mais plus redoutables et mieux aiguisées – leur tentative révolutionnaire. Déjà, dès cette année 1929, je réagissais contre la «révolution intégrale» déclenchée par l'inquiétude de ces dilettantes de l'après-guerre. [...]

À mon arrivée à New York, je ne fus pas peu surpris des étalages de la Cinquième Avenue. Tous essayaient de faire du Dali. Bonwitt-Teller me redemanda d'arranger de nouveau deux de ses vitrines. J'acceptai car il paraissait utile de faire une démonstration publique de ce qu'est le vrai et le faux Dali. [...] Nous allâmes déterrer dans le grenier d'un vieux magasin ces mannequins de cire des années 1900. Leurs longs cheveux de mortes leur donnaient un aspect effrayant. La poussière et les toiles d'araignées les recouvraient depuis plusieurs années. [...] Le lendemain nous avions un grand déjeuner et ce n'est qu'à cinq heures de l'après-midi que nous pûmes nous diriger vers la Cinquième Avenue pour juger de l'effet. Quelles ne furent pas ma colère et ma stupeur de constater que tout avait été changé sans que l'on ait eu la politesse de m'en prévenir. Mes mannequins poussiéreux avaient été remplacés par les mannequins habituels de la maison. On avait retiré le lit et sa dormeuse! Ne restaient que les murs capitonnés de satin, c'est-à-dire exactement ce que j'avais fait en guise de plaisanterie. À ma pâleur Gala comprit ma rage et me supplia de garder mon calme. […] J'entrai dans l'étalage et me tins un instant immobile à regarder à travers la glace la foule qui déambulait sur le trottoir. Mon apparition dut paraître particulièrement insolite car, aussitôt, un grand attroupement se fit. Je n'attendais que cela. Prenant la baignoire à deux mains, je la soulevai pour la renverser. Elle était plus lourde que je croyais et je me sentis prêt à demander à Samson un peu de sa force. La baignoire glissa et se rapprocha de la vitre. Quand je réussis enfin à basculer, elle cogna dans le verre qui vola en éclats. La foule s'écarta en poussant des cris tandis que l'eau se répandait dans la rue.

Salvador Dali,
La Vie secrète de Salvador Dali,
La Table Ronde, Paris, 1952

«Journal d'un génie»

1er mai 1952

Lorsque les surréalistes découvrirent dans la maison de mon père, à Cadaquès, le tableau que je venais de peindre et que Paul Eluard baptisa : *le Jeu lugubre*, ils furent scandalisés par les éléments scatologiques et anaux de l'image représentée. Gala, surtout, désapprouva mon œuvre avec une véhémence qui me révolta ce jour-là, mais que, depuis, j'ai appris à adorer. Je me disposais à entrer dans le groupe surréaliste dont je venais d'étudier consciencieusement, en les décortiquant jusqu'au plus petit osselet, les mots d'ordre et les thèmes. J'avais cru comprendre qu'il s'agissait de transcrire spontanément la pensée sans aucun contrôle rationnel, esthétique ou moral. Or, avant même que j'entre effectivement dans le groupe avec la meilleure bonne foi du monde, on allait exercer sur moi des contraintes semblables à celles de ma propre famille. Gala fut la première à m'avertir que, parmi les surréalistes, j'allais souffrir des mêmes veto qu'ailleurs, et qu'au fond ils étaient tous des bourgeois. Ma force, prévoyait-elle, serait de rester équidistant de tous les mouvements artistiques et littéraires. Avec une intuition qui dépassait alors la mienne, elle ajoutait que l'originalité de ma méthode d'analyse paranoïa-critique aurait suffi à n'importe quel membre du groupe pour fonder une école à part. […]

Le groupe surréaliste fut convoqué un soir pour juger de mon prétendu hitlérisme. Cette séance, dont j'ai malheureusement oublié la plupart des détails, fut extraordinaire. […] Au cours de mon plaidoyer pro domo, je m'agenouillai à plusieurs reprises, non pour supplier que l'on ne m'expulsât pas, comme il a été faussement dit, mais bien au contraire pour exhorter Breton à comprendre que mon obsession hitlérienne était strictement paranoïaque et apolitique par essence. Je leur expliquai également que je ne pouvais être nazi, car si Hitler conquérait l'Europe, il en profiterait pour faire passer de vie à trépas tous les hystériques de mon espèce comme on l'avait déjà fait en Allemagne en les traitant de dégénérés. Enfin le rôle féminin et irrésistiblement loufoque que j'attribuais à la personnalité d'Hitler aurait suffi à me faire qualifier d'iconoclaste par les nazis. […] On fut enfin convaincu de mon innocence, mais je dus quand même signer un document dans lequel, entre autres choses, je déclarais n'être pas l'ennemi du prolétariat.

27 juillet 1952

Ce matin, défécation exceptionnelle : deux petits excréments en forme de corne de rhinocéros. Une selle si peu abondante me préoccupe. J'aurais cru que le champagne, si peu dans mes habitudes, aurait eu un effet laxatif. Mais moins d'une heure après, je dois retourner aux cabinets où j'ai enfin une selle normale. Mes deux cornes de rhinocéros étaient donc la fin d'un autre processus. je reviendrai sur cette question d'un intérêt primordial. […]

18 décembre 1955

Apothéose dalinienne hier soir dans le temple du Savoir devant une foule fascinée. […] L'assistance frémissante attendait des paroles décisives.
Elle les a eues. […] Pour confirmer mes dires, on a projeté l'image d'une copie effectuée par moi d'un tableau de Raphaël, visiblement influencée par mes obsessions rhinocérontiques.
Ce tableau – une crucifixion – est un de plus grands exemples d'organisation conique d'une surface. Il ne s'agissait pas, comme je l'ai précisé, de la corne de rhinocéros telle qu'elle est dans Vermeer (où elle a une puissance beaucoup plus grande), non il s'agit de la corne de rhinocéros qu'on pourrait appeler néo-platonicienne. […] De nouveau, mon auditoire haletait. Je devais lui assener d'autres vérités toutes crues. On projeta la photo d'un cul de rhinocéros que j'avais très subtilement analysé récemment, pour découvrir que ce n'était rien d'autre qu'un tournesol plié en deux. Le rhinocéros ne se contente pas de porter une des plus belles courbes logarithmiques sur la pointe du nez, mais encore dans son derrière il porte une espèce de galaxie de courbes logarithmiques en forme de tournesol.
[…] Après l'étude morphologique du tournesol, ai-je dit, j'ai senti que ses points, ses courbes et ses ombres avaient un air taciturne qui correspond très exactement à la mélancolie profonde de Léonard de Vinci en personne. Je me suis posé la question : n'était-ce pas trop mécanique?
Le manque de dynamisme du tournesol m'empêchait de voir la Dentellière dans le tournesol. J'étudiais la question quand je suis tombé par hasard sur la photo d'un chou-fleur… Révélation : le problème morphologique du chou-fleur est identique à celui du tournesol en ce sens qu'il est constitué lui aussi par de vraies spirales logarithmiques.
Mais les floraisons ont une espèce de force expansive, presque une force atomique. Un bourgeonnement de tension semblable à ce front têtu et méningitique que j'aime si passionnément dans la Dentellière.
J'étais venu à la Sorbonne dans une Rolls bourrée de légumes, mais la saison ne se prête pas à des choux-fleurs géants.
Il faut attendre mars prochain. Le plus grand que je trouverai, je vais l'éclairer et le photographier sous un certain angle.
Alors – et j'en ai donné ma parole d'honneur d'Espagnol – la photo une fois développée, tout le monde y verra une Dentellière avec la propre technique de Vermeer.

Une véritable frénésie s'est emparée de la salle […].

Salvador Dali,
Journal d'un génie,
La Table Ronde, Paris, 1964

MUSÉOGRAPHIE

Quelques collections conservant des œuvres importantes de Salvador Dali :

Le MOMA (Museum of Modern Art) de New York, premier musée à avoir organisé une rétrospective Dali en 1942, est aussi le premier à avoir acquis en 1934 une œuvre de Dali, les célèbres montres molles de *La Persistance de la mémoire,* achetée par Julien Levy à Paris chez Pierre Colle en juin 1931. On peut également y voir *L'Angélus de Gala*, *Étude de cavaliers* et *Débris d'une automobile donnant naissance à un cheval aveugle mordant un téléphone.*

A. Reynolds et Eleanor R. Morse ayant découvert l'œuvre de Dali à la rétrospective du MOMA lors de sa présentation à Cleveland en 1942, commencent leur long parcours d'achat et de mécénat qui se poursuivra jusqu'à la mort de Dali. L'ensemble de la collection, une des plus belles et qui s'étend de 1917 à 1970, est présenté depuis 1982 à Saint Petersburg, en Floride, tout d'abord dans d'anciens entrepôts puis dans l'actuel Salvador Dali Museum qui conserve 95 huiles, 100 aquarelles et dessins, 1300 esquisses, photographies, sculptures, objets ainsi qu'une base d'archives.

Les donations faites par Dali de son vivant à l'État espagnol dotent l'actuel Museo Nacional Reina Sofia de Madrid de tableaux importants, donations suivies par des acquisitions dont son chef-d'œuvre, *Le Grand Masturbateur*.

Autre institution à avoir profité en Espagne des donations de Dali : le Théâtre-Musée Dali de Figueras, géré par la Fundació Gala-Salvador Dali, qui administre également la Maison-Musée Salvador Dali de Port Lligat et la Maison-Musée Château Gala Dali de Pùbol. S'y trouvent près de 4000 œuvres, dont beaucoup de dessins et des archives. La Fondation, qui gère les droits de l'œuvre de Dali, a entrepris depuis quelques années une énergique politique d'acquisitions et de publications.

Le Musée national d'Art moderne au Centre Georges-Pompidou, à Paris, possède quelques peintures de Dali en rapport avec l'histoire de l'œuvre à Paris, dont *La Vache spectrale* et *Parfois je crache avec plaisir sur le portrait de ma mère*, présents à l'exposition Goemans de 1929 ou en raison de l'histoire parisienne du mouvement surréaliste dont *Dormeuse, lion, cheval invisibles* (1930) et le plus célèbre tableau de Dali pour les Français : *Hallucination partielle, six images de Lénine sur un piano* (1931). Le cabinet des Dessins du musée possède beaucoup de feuilles, dont le *Cannibalisme des objets*.

La collection d'Edward James a été dispersée en vente publique, mais beaucoup d'œuvres se trouvent aujourd'hui au musée Boymans-Van Beuningen de Rotterdam. La Tate Gallery de Londres possède, provenant de cette collection, le petit tableau *Métamorphose de Narcisse*, ainsi que *Le Cannibalisme de l'automne.*

BIBLIOGRAPHIE

– Dali, Salvador, *Visages cachés*, S. Wespieser éditeur, Paris, 2004.
– Dali, Salvador, *Journal d'un génie adolescent, Salvador Dalí*, traduit du catalan par Patrick Gifreu, préface et notes de Félix Fanés, Le Rocher, Monaco, 2000.
– Dali, Salvador, *Œuvres complètes – Oui 1, La Révolution paranoïaque-critique* et *Oui 2, L'Archangélisme scientifique*, Denoël-Gonthier, Paris, 1971.
– Dali, Salvador, *The Secret Life of Salvador Dali*, traduit par Haakon M. Chevalier, New York, Dover, 1993 (1re édition New York, Dial Press, 1942).
– Dali, Salvador, *La Vie secrète de Salvador Dali*, adaptation par Michel Déon, Éditions de la Table ronde, Paris, 1952, réédition dans la collection «L'Imaginaire», Gallimard, Paris, 2002.
– Dali, Salvador, *Journal d'un génie*, Éditions de la Table Ronde, Paris 1964, réédition dans la collection «L'Imaginaire», Gallimard, Paris, 1996.
– *Federico Garcia Lorca - Salvador Dali, Correspondance, 1925-1936*, notes et chronologie de Rafael Santos Torroella, Carrère, Paris, 1987.
– *Salvador Dali, Rétrospective 1920-1980*, catalogue de l'exposition au Centre Georges-Pompidou, Musée national d'Art moderne (1979-1980), Paris, 1979.
– *La Vie publique de Salvador Dali*, publié à l'occasion de la rétrospective Salvador Dali au Centre Georges-Pompidou (1979-1980), Centre Georges Pompidou, Musée national d'Art moderne, 1979.
– *Salvador Dali the Early Years*, Michael Raeburn ed., catalogue de l'exposition à la Hayward Gallery, Metropolitan Museum, New York, 1994.
– *Dali architecture*, catalogue de l'exposition à La Pedrera, Fundació Gala-Salvador Dali (1996), Fundació Caixa de Catalunya, Barcelona, 1996.
– *Salvador Dali, A Mythology*, Dawn Ades,Fiona Bredley ed., catalogue de l'exposition à la Tate Gallery, Liverpool (1998-1999) et au Salvador Dali Museum, Saint Petersburg, Floride, 1999.
- *Salvador Dali. Dream of Venus*, catalogue de l'exposition, Fundació Gala-Salvador Dali, Figueras, 1999.
– *Dali's Optical Illusions*, Dawn Ades, Peter

C. Sutton, Eric M. Zafran ed., Wadsworth Atheneum Hartford (Conn.), Yale University Press, New Haven, 2000.
– Finkelstein, Haim, *Salvador Dali's Art and Writing, 1927-1942, The Metamorphosis of Narcissus*, Cambridge University Press, 1996.
– Finkelstein, Haim, *The Collected Writings of Salvador Dali*, Cambridge University Press, 1998.
– Gaillemin, Jean-Louis, *Dali, désirs inassouvis. Du purisme au surréalisme. 1925-1935*, Éditions Le Passage, Paris, 2002.
– Gibson, Ian, *Lorca-Dali, un amour impossible*, Stanké, Montréal, 2001.
– Gibson, Ian, *The Shameful Life of Salvador Dali*, Faber and Faber, Londres, 1997.
– Gorsen, Peter, *Salvador Dali, Der «kritische Paranoiker», in Kunst und Krankheit, Metamorphosen der ästhetischen Einbildungskraft*, Europäische Verlagsanstalt, 1988.
– Lubar, Robert S. et Morse, Reynolds A., *Dali inattendu, Le musée Salvador-Dali de Saint Petersburg, Floride*, Herscher, Paris, 1993.
- Mas Peinado, Ricard et Rojas, Carlos, *Dali*, Hazan, Paris, 2003.
- Schaffner, Ingrid, *Salvador Dali's Dream of Venus, The surrealist Funhouse from the 1939 World's Fair*, photographs by Eric Schaal, Princeton Architectural Press, New York, 2002.

TABLE DES ILLUSTRATIONS

Museum, Saint Petersburg, Floride.
41 *Portrait de Luis Buñuel*, h/t, 68,5 x 58,5 cm, 1924. Museo Nacional, Centro de Arte Reina Sofia, Madrid.
42b Photographie extraite du film *Le Chien andalou* de Luis Buñuel, 1929.
42-43h Luis Buñuel et Salvador Dali au cap Creus en 1929. Fonds Luis-Buñuel, Paris.
43b Photographie extraite du film *Le Chien andalou* de Luis Buñuel, 1929.

CHAPITRE 3

44 *Jeu lugubre*, huile et collage sur carton, 44,4 x 30,3 cm, 1929. Coll. part.
45 Dali à Cadaquès avec Gala en surimpression, photographie, 1934. Fundació Gala-Salvador Dali, Figueras.
46-47 *Les Plaisirs illuminés*, huile et collage sur bois, 23,8 x 34,5 cm, 1929. The Museum of Modern Art, New York.
48-49 *La Main, les remords de conscience*, h/t, 41 x 66 cm, 1930. The Salvador Dali Museum, Saint Petersburg, Floride.
49h Paul Eluard et André Breton, photographie de Man Ray.
51 *Les Premiers Jours du printemps*, huile et collage sur bois, 50 x 65 cm, 1929. The Salvador Dali Museum, Saint Petersburg, Floride.
51b *Idem* (détail).
52 *L'Accommodation des désirs*, huile sur bois, 22 x 35 cm, 1929. The Metropolitan Museum of Art, New York.
53 Le groupe surréaliste de Paris, photographie de Man Ray, 1930.
54 *Portrait de Gala*, huile, encre et photographie sur carton, 14 x 9 cm, 1931. Coll. part.
54b Dali et Paul Eluard en 1929, photographie. Fundació Gala-Salvador Dali, Figueras.
55 *Portrait de Paul Eluard*, huile sur carton, 33 x 25 cm, 1929. Coll. part.
56 Dali à Cadaquès, été 1931, photographie.
57 Gala et Crevel à Cadaquès, été 1931, photographie.
58b *L'Énigme du désir, Ma mere, ma mere, ma mere*, h/t, 110 x 150,7 cm, 1929. Staatsgalerie moderner Kunst, Munich.
58h *Idem* (détail).
59 Frontispice du *Second Manifeste du surréalisme*, crayon gouache et encre sur papier, 30,5 x 26,7 cm, 1930.
60h et b Photographies extraites du film *L'Âge d'or* de Luis Buñuel, 1930.
61 *La Profanation de l'hostie*, h/t, 100 x 73 cm, 1929. The Salvador Dali Museum, Saint Petersburg, Floride.
62 *Moment de transition*, h/t, 54 x 65 cm, 1934. Coll. part.
63 *Visage paranoïaque*, photographies retouchées, publié in *Le Surréalisme au service de la révolution*, 1931.
64 *Guillaume Tell*, h/t, 300 x 407 cm, 1930. Musée national d'Art moderne, Centre Georges-Pompidou, Paris.
65 *La Fontaine,* h/t, 1930. The Salvador Dali Museum, Saint Petersburg, Floride.
66 *Solitude, l'écho anthropomorphe*, h/t, 36 x 26 cm, 1931. Coll. part.
67 *Ombres de la nuit tombante*, h/t, 61 x 50 cm, 1931. The Salvador Dali Museum, Saint Petersburg, Floride.
69h *Le Grand Masturbateur*, h/t, 110 x 150 cm, 1929. Centro Nacional Reina Sofia, Madrid.
69b *La Persistance de la mémoire*, h/t, 24 x 33 cm, 1931. The Museum of Modern Art, New York.

CHAPITRE 4

70 *Le Spectre du sex-appeal*, huile sur bois, 18 x 14 cm, 1934. Fundació Gala-Salvador Dali, Figueras.
71 Dali, photographie, 1930.
72-73 *Crânes mous et harpe crânienne*, gravure, 37 x 30,5 cm, 1935. Brighton Art Gallery, Brighton.
73 *Méditation sur la harpe*, h/t, 67 x 47 cm, 1932-1934. The Salvador Dali Museum, Saint Petersburg, Floride.
74 *Construction molle avec des haricots bouillis*, dit aussi *Prémonition de la guerre civile*, h/t, 100 x 99 cm, 1936. The Philadelphia Museum of Art, Philadelphie.
75 *Girafe en feu*, huile sur bois, 35 x 27 cm, 1936-1937. Kunstmuseum, Bâle.
76d *L'Homme invisible*, h/t, 143 x 81 cm, 1929-1932. Centro Nacional Reina Sofia, Madrid.
76g *Idem* (détail).
77 *Le Sevrage du meuble-aliment*, huile sur bois, 18 x 24 cm, 1934. The Salvador Dali Museum, Saint Petersburg, Floride.
78-79 *L'Énigme de Guillaume Tell*, h/t, 201,5 x 346 cm, 1933. Moderna Museet, Stockholm.
80 *Dormeuse, cheval, lion invisibles*, h/t, 50,2 x 65,2 cm, 1930. Musée national d'Art moderne, Centre Georges-Pompidou, Paris.
81 *Le Rêve*, h/t, 96 x 96 cm, 1931. The Cleveland Museum of Art.
82 *Le Grand Paranoïaque*, h/t, 62 x 62 cm, 1936. Musée Boymans-Van Beuningen, Rotterdam.
83 *Marché d'esclaves avec apparition du buste invisible de Voltaire*, h/t, 46,5 x 65,5 cm, 1940. The Salvador Dali Museum, Saint Petersburg, Floride.
84-85h Étude pour *Banlieue de la ville paranoïaque-critique*, encre et crayon sur papier, 32,5 x 20,3 cm, 1935. Coll. part.
84-85b *Banlieue de la ville paranoïaque-critique*, huile sur bois, 46 x 66, 1936. Musée Boymans-Van Beuningen, Rotterdam.
86-87 *Métamorphose de Narcisse*, h/t, 50,8 x 78,3 cm, 1937. The Tate Gallery, Londres.
89 Fac-similé du catalogue de Dali à la Julien Levy Gallery en 1939.
89 *L'Énigme sans fin*, h/t, 114,5 x 146,5 cm, 1938. Centro Nacional Reina Sofia, Madrid.

CHAPITRE 5

90 *Portrait d'Emilio Terry*, huile sur bois, 34 x 27 cm, 1934. Fundació Gala-Salvador Dali, Figueras.
91 Dali dans le jardin de la villa Marlia, photographie de Anna-Laetitia Pecci-Blunt.
92g Le salon de l'hôtel Bischofsheim de Charles et Marie-Laure de Noailles, décoré

CHAPITRE 6

TÉMOIGNAGES ET DOCUMENTS

INDEX DES ŒUVRES CITÉES

A

B

C

D

E

F

G - H

I - J

L - M

N - O

P

Q - R

S

T - V

INDEX

A

CRÉDITS PHOTOGRAPHIQUES

AKG Paris 78-79, 118, 127. Bettmann/Corbis 108h. Bridgeman Giraudon, Paris 2e plat, 11, 29, 35, 36-37, 44, 55, 58, 62, 66, 69b, 70, 75, 81, 82, 83, 84-85, 94b, 98, 100g, 106g, 107d, 115, 116, 117, 119, 121, 128, 129. Bridgeman Giraudon/Charmet, Paris 53. Brighton Art Gallery 72-73. CNAC/MNAM Dist. RMN, Paris 80, 101. Coll. Christophe L., Paris 42b, 43b, 60h, 60b. Connaissances des Arts, Paris 92g. Fonds documentaire, MNAM/CCI, Paris 25d, 27g, 56, 57, 64, 91, 94, 95,108-109. Halsmann Philippe/Magnum Photos 120b, 126. Hulton-Deutsch Collection/Corbis 71. Fonds Luis Buñuel, Paris 42-43, 143. Fundació Gala-Salvador Dali, Figueras 12, 14, 15, 18b, 20, 21, 22, 23, 24, 25g, 26, 28bg, 40h, 45, 54d, 76, 100d, 104, 114. Ian Gibson 17. Keystone, Paris 102. Leemage, Paris 137. Man Ray Trust/Adagp, Paris 2004 49h, 53. Museu de Montserrat 33. Norman Parkinson Ltd/Fiona Cowan, Londres 106-107. Oronoz, Madrid 1er plat, dos, 18-19, 27d, 30, 31, 41, 54g, 69h, 74, 89, 99, 110, 120h, 122-123, 125. Photos 12. Com/ARJ 93. Rue des Archives, Paris 13. Sotheby's Picture Library, Londres 90. Tate Picture Library, Londres 86-87. Telimages, Paris 49h. The Metropolitan Museum of Art, New York 52, 102-103. The Museum of Modern Art, New York 46-47. The Salvador Dali Museum, Saint Petersburg 1, 2-3, 4-5, 6-7, 8-9, 16, 34, 38-39, 40b, 48-49, 51, 61, 65, 67, 73, 77, 113. Timepix 111, 112.

REMERCIEMENTS

L'auteur remercie tout d'abord Elisabeth de Farcy qui a su, d'une conversation déjà lointaine au jardin des Tuileries, retenir l'idée de ce livre ainsi que Daniel Abadie pour ses considérations sur Dali en compagnie du regretté Patrice Bachelard; Frédéric Morvan et Anne Soto; Chloé Boyeldieu, Natalie Mennasseyre; Felix Fanes et Montse Aguer. Il tient également à remercier son directeur de recherches à la Sorbonne Paris-IV, Monsieur le Professeur Bruno Foucart ainsi que les membres du jury de sa thèse «Architecture et surréalisme» qui lui ont fait profiter de leurs remarques et de leurs avis : Madame le Professeur José Vovelle, Monsieur le Professeur Thierry Dufrêne, Monsieur le Professeur Serge Lemoine. Ainsi que Marie-Claude Beaud, Alain Beausire, Stella Beddoe, Claude Bernard, Antoine Broccardo, Joanne Bremner, Gérard Benoit Vivier, Alexandre Biaggi, Christian Boutonnet, David Biggelman, Jean-Loup Champion, Martin Chapman, Steven Calloway, le regretté Stephane Deschamp, Philippe Duboÿ, Anne-Sophie Duval, Marc Dessauce, Jean Fournier, Marie-Noël de Gary, Philip Garner, Yves Gastou, Alvar Gonzalès-Palacios, Adrien Goetz, Ian Gibson, Didier Girard, Maïté Hudry, Barthélemy Jobert, Philip Jodidio, Sandrine Lalau, Elisabeth Lebovici, James Lord, Benjamin Loyauté, Alain Mérot, Monique Mosser, Raphaël Ortiz, Costi Papachristopoulos, Annie Pérez, Alexandre Pradère, Raphaël Sadouki, Josiane Sartre, Béatrice Salmon, Helmuth D. Stöcker, Ingrid Strömberg, Maud Trao. Et tout particulièrement Doryck Sembaz, pour son esprit et sa bonne humeur de tous les jours.

ÉDITION ET FABRICATION

DÉCOUVERTES GALLIMARD
COLLECTION CONÇUE PAR Pierre Marchand.
DIRECTION Elisabeth de Farcy.
COORDINATION ÉDITORIALE Anne Lemaire.
GRAPHISME Alain Gouessant.
COORDINATION ICONOGRAPHIQUE Isabelle de Latour.
SUIVI DE PRODUCTION Fabienne Brifault.
SUIVI DE PARTENARIAT Madeleine Gonçalves.
PRESSE Flora Joly et Pierre Gestède.
DALI, LE GRAND PARANOÏAQUE
ÉDITION Frédéric Morvan.
ICONOGRAPHIE Anne Soto.
MAQUETTE ET MONTAGE Vincent Lever.
LECTURE-CORRECTION Pierre Granet et Jocelyne Marziou.
PHOTOGRAVURE Arciel Graphic.

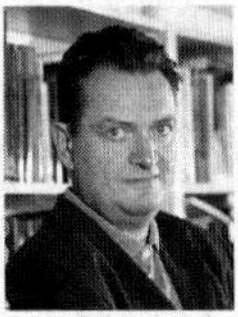

Historien d'art, Jean-Louis Gaillemin est maître de conférence à l'université de Paris-IV – Sorbonne. Rédacteur à la revue *L'Œil*, il est cofondateur de *Beaux-Arts Magazine* et a créé et dirigé *L'Objet d'art* avant de collaborer à de nombreux magazines internationaux comme *World of Interior's*, *F.M.R.*, *A.D.* (France et Italie). Ses *Décorateurs des années quarante* ont fait découvrir de nombreux créateurs méconnus parmi lesquels Emilio Terry dont il a publié les *Sièges, projets*, aux éditions de la RMN. La soutenance de sa thèse de doctorat sur « Architecture et Surréalisme », dont il a tiré *Dali, désirs inassouvis. Du purisme au surréalisme, 1925-1935*, publié en 2002 aux éditions Le Passage, a été l'occasion pour lui de renouveler l'état des connaissances sur Dali. Entre André Breton et Paul Eluard d'un côté, Georges Bataille et Carl Einstein de l'autre, Dali avec sa notion de « paranoïa » y apparaît en 1930 comme le nouvel acteur de la révolution surréaliste.

Dépôt légal : mai 2004
Numéro d'édition : 05686
ISBN : 2-07-076348-X
Imprimé en France par IME, n° impression :17357